復興と尊厳

震災後を生きる南三陸町の軌跡

内尾太一——〔著〕

Dignity after 3.11

An Ethnography of Post-Tsunami Reconstruction in Japan

Taichi Uchio

東京大学出版会

Dignity after 3.11:
An Ethnography of Post-Tsunami Reconstruction in Japan
Taichi Uchio
University of Tokyo Press, 2018
ISBN978-4-13-056117-4

まえがき

二〇一一年三月一一日午後二時四六分に発生した東北地方太平洋沖地震と、それに伴って生じた大津波は、史上稀にみる災厄を日本にもたらした。その被災地の中でも、甚大な被害を受けたのが、岩手、宮城、福島の東北三県の沿岸部である。津波により多くの人命が奪われ、辛うじて避難した人々もその多くが住む家を失い、沿岸部の高台や内陸部に建造された仮設住宅団地等に移り住むことを余儀なくされた。

この「国難」とも呼べる事態に、また別の大勢が支援に駆けつけた。そして、筆者もそのひとりであった。震災発生前から準備していたＮＰＯの立ち上げを契機に、宮城県の被災地に関わり始めた。また、当時、大学院の博士課程に籍を置いていた筆者は、その支援に次いで復興現場での調査を行うようになった。

筆者の学んでいた人類学は、本格的な研究のために、一～二年のフィールドワーク、つまり長期滞在型の現地調査を要する。通常、フィールドに入る前には、受け入れ先の選定や、当該地域に関する文献調査を、入念に進めておくものである。しかし、災害は、いつどこで発生するか予測ができない。だからこそ、被害を防ぐのが難しく、そしてその被災地の状況は不可逆に移り変わっていく。筆者が、震災発生直後から支援活動に従事しつつも、人類学的なフィールドワークに切り替えながら間断なく博士論文執筆にまで至ったのは、全くの偶然である。

本書はその成果のひとつであり、一言でいえば、東日本大震災発生から五年間の復興過程を辿ったエスノグラフィである。

エスノグラフィ（民族誌）とは、人類学の伝統において、フィールドワーカーにとっての異文化を記述するための方法、及びその作品を意味する用語であった。それが近年では、その原義を離れて人類学の外でも普及しつつある。遠く離れた国の文化の全体像だけではなく、現代社会の多様な現実を理解するために、当事者の視点に寄り添いながら現場のディティールを書き表すものとして、その認知度を高めている。

実際、国内において、こうしたエスノグラフィの活用が比較的早く注目されていたのが、災害対策の分野だった。それは、例えば、地震の規模を示すマグニチュードや、津波の高さ、死者数、建物の倒壊率といった数値データから読みとるには限界がある情報を明らかにしていくものである。その際、災害は、自然現象というよりも、むしろ人間の経験として観察される。具体的には、被災者自身の外部環境への働きかけや、その被災体験の心理的克服などに注目していく。

筆者のエスノグラフィでも、そうした震災復興のリアリティを描き出すことが試みられている。加えて、その調査と執筆においては、ふたつの原動力となる問いがあった。それらは、学問的な動機付け、とも言い換えられるかもしれない。ひとつは被災者に、もうひとつは筆者自身に関することであった。

ひとつ目は、被災者にとって「尊厳とは何か」ということである。単なる言葉だ、といってしまえば、それまでかもしれない。辞書を引けば、一定の答えには行き着けることだろう。過去の思想家の考えを辿ることもひとつの道筋だといえる。実際、本書でもフィールドについて書く前に、それらを概観していく。それでもなお、現代において尊厳は、その言葉の響きから、とても重要なものという認識はされても、それをどのように守っていくかについては、十分に議論が進んでいない。その守るべき尊厳の意味するところを、東日本大震災の被災地で探究したのが、本書である。それは、自然の猛威によって傷ついた人々が立ち上がっていく過程の記録に基づいている。

ふたつ目は、筆者の学んできた「人類学は何の役に立つか」ということである。ただし、その問いは、社会における学問の有用性といった一般論よりも、もう少し切迫感を伴うものであった。震災発生以降、筆者は支援者となって被災地に入っていくわけだが、その経験不足を補う「何か」を必要としていた。模索の末、自分が支援現場で対峙しているのは、人類学が敬意をもって対象としてきた「人間」だと考えるに至る。つまり、筆者は、支援者として、人類学の知識や方法にすがろうとしたのである。研究者としては、人類学者自体の要不要を唱えられるほど、この学問を担えているとは思わない。しかし、被災地支援や震災復興に携わる人々にとって人類学的な視点や発想は広く役立つ、ということは本書を通じて示していきたい。

＊　＊

ここからは、本書を読み進めていくための備えとして、序章から終章に至るまでの構成を極簡単に示しておく。

まず、序章では、本書が取り組む問題や、それに対して有効だと考えるアプローチ方法、そして筆者の学問的立場について説明する。キーワードは「人間の安全保障」と「公共人類学」である。併せて、続く本論への導入として、先行研究の整理も行っていく。

第一章では、筆者が具体的に関与した東日本大震災の被災地である宮城県南三陸町について紹介する。そして、発災前後にまたがってその全体像を整理する。

さらに、そこからの時間の経過に沿って、三つの事例研究が並ぶ。第二章では被災地支援の最盛期を、第三章では巨大防潮堤の建造計画の着工期を、そして第四章では震災の記憶継承の進行期を、それぞれ重点的に論じていく。こうした震災復興の過程で、被災者の尊厳は、どのように現れてくるのだろうか。その実態を詳述することが、筆者のエスノグラフィにおける中心的な取り組みとなる。

そうした事例研究に基づく第五章は、本書の中で学問的な貢献を最も強く意識した箇所である。そこでは、フィールドで深められた被災者の尊厳への考察を軸に、公共人類学の立場から人間の安全保障論が展開される。

そして終章では、将来の大規模自然災害を想定し、より汎用性の高い、被災者の尊厳を守るための問題発見の枠組みを提示する。

この「まえがき」の最後に、一冊の書籍にまとまるまでの紆余曲折を、筆者なりに改めて振り返ってみる。

支援と調査を行き来するようなフィールドへの関与は、本書のひとつの特徴といえるが、アマチュア実務者で研究者見習い、それが当時の筆者の実際のところだったかもしれない。ただ、その後、運良く大学教員になることができ、毎週の授業や会議等をこなすようになってから、実感したことがひとつある。それは、長期的かつ集中的に調査に専念できた期間が、実はとてつもなく貴重だったということである。

筆者が差し出るまでもなく、日本の大学には、過去の災害の被災地での調査経験に基づく、熟練のフィールドワーカーという教員は何人もいる。しかし、前述のような職務上の理由で、今回の東日本大震災の状況が気がかりでも、すぐに被災者の救援に駆けつけ、納得いくまで被災地に滞在できる立場になかった、という研究者も多かったのではないだろうか。

己自身は、というと、あの年、たまたま博士課程一年目の大学院生だった。その未熟な身分ゆえに、戻ってくる日を決めないまま、長い時間、被災地に留まることができた。その期間、非効率といっていいほど、じっくりと考えを練ることが許された。そのことは、結果的に先に触れた研究の方法論以上の「強み」になったと考えている。ただし、それは、筆者個人の資質や能力ではなく、巡り合わせによるものに違いなかった。同じ時間の使い方は、これからの筆者には難しいのかもしれない。その役割は、一回性のものとして、また次の誰かへと渡っていくものなのだろう。だからこそ、東日本大震災の被災地においては、復興のエスノグラファーのひとりとして、その務めを果たしたいと思うのである。

目次

復興と尊厳——震災後を生きる南三陸町の軌跡

カバー写真撮影　佐藤信一
装幀　藤澤美映

序　章　大規模自然災害と向き合う

一　大規模自然災害と人間の安全保障

人間の安全保障（human security）とは、国連開発計画（ＵＮＤＰ）の『人間開発報告書一九九四』によって初めて公表された、比較的新しい概念である。

その概念が登場する頃の国際社会では冷戦が終結し、社会主義・共産主義陣営（東側）と資本主義・自由主義陣営（西側）に分かれていた国々も、対立より協調の道を選ぶようになった。それ自体は歓迎すべきことだといえるが、国家間の戦争に代わって問題になったのは、同じ国土に住む人間同士が、人種や宗教などの差異ゆえに傷つけ合い、互いの命を危険に晒すような地域紛争だった。また、そうした紛争だけでなく、腐敗政権によって人々が搾取される場合も、国家が加害者の側にまわることになる。

加えて、経済のグローバル化による国家間の相互依存の強まりは、様々な恩恵を人々にもたらす一方で、貧困やテロ、環境破壊、伝染病の広域化などの国際的な問題を浮き彫りにした。こうした事態には、もはや国家が国境と国民を守るという「国家の安全保障」の枠組みのみでは対応できない。

この未だかつてない地球規模の問題と向き合うために、安全保障の焦点を個々の人間に向け、国家の安全保障を補完する役割として構築されたのが、人間の安全保障である。

では、人間の安全保障とはどのような考え方か。二〇〇〇年九月に国連ミレニアム・サミットを機に設立された人間の安全保障委員会（CHS）は、二〇〇三年提出の最終報告書 *Human Security Now*（邦訳：『安全保障の今日的課題』）において、次のような人間の安全保障の基本的な定義を示した。「人間の生にとってかけがえのない中枢部分を守り、すべての人の自由と可能性を実現すること」である［CHS 2003：4，人間の安全保障委員会 二〇〇三：一一］。具体的にそれは、紛争やテロなどの恐怖と、貧困や教育、医療のサービス不足などの欠乏から人々を解き放つための新たな行動指針であるとともに、広範で分野横断的な脅威に対し人々の保護とエンパワーメントを進め、個人の生存、生活、尊厳を守ることを目指す包括的取り組みを意味している。

以上のような概念成立までの経緯は、人間の安全保障について研究する者の間で概ね共有されているといえる。さらにここからは、その研究者が取り組む脅威によって調査を行う地域や時期が絞られ、その学問的背景によって問いの立て方や対象へのアプローチの方法も異なってくる。本書も、そうした通例に従って各論に進んでいくにあたり、多様な脅威の中から、災害に着目する。

大規模自然災害という人間の安全保障の課題

一九八〇年から二〇〇〇年までの二〇年間を振り返ると、世界の人口の約七五％は少なくとも一回は災害（地震、熱帯低気圧、洪水、旱魃）の被害を受けた地域で生活をしていた人々だとされている［UNDP 2004：9–10］。そして、地球規模での気候変動の中、災害の被災者は世界各地で生まれ続けている。その意味で、災害は人々に恐怖と欠乏をもたらす脅威として、人間の安全保障の今日的課題に位置付けられる。

しかしながら、人間の安全保障委員会による二〇〇三年の最終報告書において、災害に関する記述は、他の脅威と比して非常に少なかった。そして皮肉なことに、報告書提出後になって、二〇〇四年のスマトラ島沖地震（死者・行方不明者：約二二万九七〇〇人）、二〇〇五年の米国のハリケーン・カトリーナ（約五三〇〇人）、二〇〇八年のミャンマーのサイクロン・ナルギス（約一三万八四〇〇人）や、中国の四川大地震（約八万七五〇〇人）、二〇一〇年のハイチ大地震（約二二万二五〇〇人）など、大規模自然災害が相次いでいる［内閣府 二〇一〇］。

そして、二〇一一年の東日本大震災が巻き起こした事態は、国際基準からみても人間の安全保障の危機であった。警察庁の二〇一八年九月一〇日現在の発表によると、この震災による人的被害は、一二県で死者一万五八九六人、六県で行方不明者二五三六人、二〇県で負傷者（重軽傷者）六一五七人、建物被害は、九県で全壊一二万一七七八戸、一二県で半壊二八万九二六戸、一七県で一部破損六九万九一八〇戸、一五県で非住家被害五万九一五六戸、となっている［警察庁 二〇一八］。

そうした事態を受けて、二〇〇〇年代後半から今日まで、大規模自然災害と人間の安全保障の関わりについて、様々な分野での研究が進められている。

本論に入る前に、それらの研究の傾向を筆者なりにまとめておきたい。人間の安全保障の枠組みにおいては、その名が示す通り、災害から守るべき対象の中心に「人間」を据えた上で、次の四つの点に注意を払っているといえる。

① 防　災

まず、人間の安全保障における災害への取り組みにおいては、平時から被害を抑えるための策を講じておくことが基本となる。防災には、インフラ整備などの「ハード面」と、教育などの「ソフト面」があり、それらを効果的に組み合わせることが重要となる。そのため、人間の安全保障における防災の研究は、文科・理科の双方の学問分野から取り組まれている。(1)

また、人間の安全保障において、災害は一夜にして人々の生活を激変させる恐怖の出来事であると同時に、貧困地域にさらなる欠乏をもたらす「状況が悪化するリスク（ダウンサイドリスク）」としても捉えられる［Makino 2006 : 192-193, 室谷 二〇一二 : 一四―一五］。実際、低開発地域では安定した成長を目指す以前に、突如として襲いかかる脅威への対応が必要となる。

この現実に鑑みたとき、人間の安全保障委員会の最終報告書の中でアマルティア・センが示唆したように、「活力に満ちた楽天的な性質」をもった人間開発を、「守るべきものを守る後衛に徹する」ための人間の安全保障によって補完する、という視座がより説得力を帯びてくる［CHS 2003 : 8, 峯 二〇〇七 : 四〇―四一］。

また、こうしたリスク管理体制の強化とも関連して、前国連事務総長の潘基文は、二〇一〇年五月二〇日の演説の中で人間の安全保障について、様々な脅威に対する「早期警戒システム」と形容した(2)［United Nations 2010］。

② 脆弱性

しかし、いくら防災に注力しても、被害の全てを防ぐことはできない。そこで、人間の安全保障における災害対応においては、「脆弱性」が次なるキーワードになるといえる。

災害を伴う自然現象は誰彼かまわず襲いかかるが、その影響は地域や人の属性によって大きく異なる。地球規模の視点でみれば、先進国よりも発展途上国において災害の被害が甚大となる傾向にあり[3]、その途上国の中でも富裕層よりも貧困層がその影響を受けやすい［大井・三牧・桑島 二〇〇七：一八三―一八八］。さらに、同じ生活水準のコミュニティの内部に目を向けると、高齢者や障碍者、子ども、女性（とりわけ妊婦）、エスニック・マイノリティなど、多様な「災害弱者」[4]が存在する。そうした人々は、避難中や復興過程の生活において、他の人々以上の命の危険やストレスに晒されることがある。

特定の人間を災害に対して脆弱たらしめる要因には、先天的（身体的）なものと後天的（社会的）なものがある。人間の安全保障が国家ではなく人間を単位とする安全保障である以上、その実現のためには、人間の多様性に着目し、脆弱性の高い人々は誰で、どのようなサポートを必要としているのかを迅速に見極めていかなければならない。現在まで、研究と実践の両方から、この問題への取り組みが続けられている。

また近年は、人間の安全保障の文脈において、災害への脆弱性を減じさせるとともに、被災後の「レジリエンス（回復力）」を高めていくことも、同様に重要視されるようになってきている［Jimba, Hubbard. et al. 2011：339-340］。

⑶ 多様なアクター

災害弱者を見極め救う、という目的のために、人間の安全保障では様々なレベルでのアクターを想定している。

守るべき対象が国家から人間へとシフトしたことと同時に、その安全の担い手もまた、官僚、政治家、軍人、警察官といった公権力の行使者だけでなく、市場や市民社会の構成者など、より多様な人間へと開かれることとなった。関連して、外務省発行の『外交青書』二〇〇六年度版では、大規模自然災害という脅威への対応を例として、人間の安全保障実現のための主体の広がりを強調している。

……大規模な自然災害で多数の人々が深刻な影響を受けた結果、被災国のみによる復興活動が困難になるというのも脅威の一例であろう。このような趨勢の中で、国際社会としては、人間一人ひとりに焦点を当て、国家・国際社会による保護に加え、各国、国際機関、NGO、市民社会が協力して、人々が自らの力で生きていけるよう、人々や社会の能力強化を図っていく必要がある。これが、「人間の安全保障」の考え方である。［外務省 二〇〇六：一八二］

つまり、人間の安全保障に基づく災害へのアプローチは、国家間でのやり取りに留まらない救助隊や医療チームの派遣、資金協力や支援物資の提供などを意味している。

東日本大震災の場合でも、国家の災害対策の領域を補完する比較的小規模なアクターの活躍がみられた。例えば、発災直後に存在感を示した国際協力NGOをはじめ、国内のNPO法人や、地元の社会福祉協議会、災害ボランティアセンター、青年会議所、ライオンズクラブやロータリークラブ、宗教法人、学校や企業の有志、町内会、医師、ネットワークをもつ個人などが挙げられる［長 二〇一二：二四六］。これらはひとつひとつ、支援活動の開始時期や規模、期間、対象、種類、どれをとっても千差万別である。

そして、人間の安全保障はこうした被災地支援や災害復興に従事する多数の団体や個人にとっての共通の目的となり、より効果的な連携を促すものだといえる。

④ 被災者の視点

被災地における人間の安全保障推進の原動力となるのが多様なアクターだが、その中には災害による困難を経験した当事者らも含まれる。

例えば、人間の安全保障委員会の共同議長の一人である緒方貞子は、二〇〇四年のスマトラ島沖地震津波への注目の集まりの陰で、アフリカにおいて拡大を続けていた感染症を「静かな津波」と表現した。そして、このように各地で同時多発的に生じている広義の災害へのグローバルな対応を強化することの必要性とともに、その難しさを指摘する。援助の増額がまず求められるが、それだけでは限界がある。そのため緒方は、現地の人々がその援助を十分に消化して自分の力に変換していくような自助努力の能力、つまり「オーナーシップ」、を高めるための取り組みを重要な課題として位置付けている［緒方二〇〇五：一一―一二］。

また、人間の安全保障を測る上で最も適した指標を、自然災害や紛争によって発生した避難民だとするメアリー・カルドーは、「ボトム・アップ・アプローチ」を人間の安全保障の原則のひとつに据えている。カルドーによれば、安全が脅かされている地帯に暮らす人々は最良の情報源であり、彼らのニーズをめぐるコミュニケーションや協議、対話は、道義に関するだけでなく実効性を左右する問題である［カルドー二〇一一：二七五―二七六］。

人間の安全保障の枠組みでは、被災者を支援対象としてだけでなく、災害からの復興の主体としても捉える。地域防災の向上や脆弱性の克服は、被災した住民コミュニティの意識や姿勢の問題と密接に結びついている。そのため、外部からの支援者や援助団体による取り組みのみで、人間の安全保障が達成されることは決してない。彼らの役割は、復興過程における当事者不在の状況を回避しつつ、より確実な人間開発へとつなげていくことだといえる。そのためには、被災者自身だけでなく、被災者の見ているものにも目を向けていかなければならない。

本書の焦点

ここまで、災害と人間の安全保障を結びつける議論のいくつかの要点を挙げてきた。

筆者のみる限りにおいて、この領域の先行研究の多くは、①~④のどれかを深く掘り下げていくか、①~④の間に隠れた相互関係を描き出していく、という方向で展開されている。もちろん、こうした区分自体は絶対のものではなく、別の整理の仕方もあり得るだろう。ここでのねらいは、本書の議論を進めていくにあたって、便宜的にでも、災害と人間の安全保障に関する研究の特徴を摑みやすくすることと、全体像の見渡しをよくすることである。

ただし、一口に災害と言っても、自然現象に起因するものだけに限っても非常に多様である。また、災害は人々を危険に晒す凄まじい自然エネルギーが発生した瞬間だけを指すものではなく、後々まで恐怖や欠乏に絡む影響を残す一連のプロセスである。そこには年単位の時間の流れがあり、災害に巻き込まれた人間の絶望と希望が織りなす混沌の中から、復興への道が徐々に拓かれていく。

本書は、東日本大震災の被災地においてそうした期間を過ごしたフィールドワークの記録に基づいている。そして、震災の復興過程を生きる人々との日常的な関わり合いを通じてみえてくる災害と人間の安全保障の関係を明らかにしようとする。

その意味で、本書は既に列挙した四つの論点においては、④「被災者の視点」に寄り添いながら、①～③の「防災」や「脆弱性」、「多様なアクター」に関する議論を深めようとするものである。その研究遂行のための具体的な分析視角をここからは検討する。

国内問題としての人間の安全保障

災害は、時代を問わず世界中の至るところで発生し、人間にとっての脅威となってきた。ところで、「災害は進化する」という言葉がある。この場合、「進化」しているのは、災害を引き起こす自然現象そのものではない。

この格言が実際に意味するところは、人間の社会の側が長い時間の経過の中で変化していくことによって、仮に同じ種類で同じ規模の自然現象が発生したとしても、その結果としてもたらされる被害はかつてと異なる形で現れる、ということである。文明が発達すれば、前の時代にはなかった困難がその時代の災害では起こり得る。例えば、日本でも江戸時代以前の電力が普及していない社会では、そもそも強風や落雷、地震などに伴う「停電」という概念自体なかっただろう。「原発事故」など言わずもがなである。このように、災害の発生する時代によって、その被害の現れ方や人々の影響は一様ではない。その意味で、あらゆる自然災害は人災の側面をもつ。

一方で、「進化」する災害に対する取り組みも、更新され続けている。大規模災害を経験するごとに、将来の防災のために様々な教訓が蓄積され、広く法整備が進められ、新たな技術が導入されていく。

近年の災害と人間の安全保障の関連付けも、上記の取り組みを支える理念レベルでのアップデートのひとつであろう。それは、先に整理したように、新しい概念の登場によって、これまで災害対応の分野で軽視されていた点に注意を促したり、より重要な点への認識を高めたりすることにつながる。さらに、人間の安全保障は、世界を診る見方であるだけでなく、世界を編成する組織化原理でもある［カルドー 二〇一一：ix］。それは、人権同様、人類が掲げる共通目標となり、国際機関や国家の主導でより手厚い被災地支援を可能としたり、これまで無関係だと思われていたアクターの参入を推し進めたりもする。(5)

そして、東日本大震災もまた、「未曽有」の災害として、現代人の想像を超える災厄をもたらした。歴史的にも最大級の地震と津波は、自然の猛威を前にした人間の無力さをみせつけ、さらには原発事故という技術的な先進国だからこその二次災害を生じさせた。広域にわたる大規模自然災害により、対応を迫られた政府を含む社会全体は混乱を極めた。

元々、災害分野の協力は日本の国際貢献の強みのひとつのはずであった。(6) 政府系、非政府系を問わず、海外の被災者を援助することが事業として成り立ち、それを生業とする専門家も一定数存在している。そのような中、今回の震災は、そうした国際協力に携わる実務者や研究者の目を、否応なしに国内へと向けさせた出来事でもあった。

日本は過去二〇年、国際社会において人道的支援や開発援助を通じて人間の安全保障の考え方を推進してきたが、このとき初めて、自国の問題として本格的にそれと向き合わなければならなくなったのである。そして、その認識は国内に限ったものではなかった。二〇一二年四月の国連事務総長報告（A/66/763）も、この東日本大震災を、先進国、発展途上国を問わず、今日の世界に生きる人々が多様で不安定な状況下に置かれていることを明らかにした出来事、として紹介している［United Nations 2012a：5］。

では、その「多様で不安定な状況」とは、東日本大震災の被災地において具体的に何を意味しているのか。それを明らかにしていくことが、世界の中の日本という一地域を扱う本書のフィールドワークの課題である。

ただし、ここで筆者の構えとして、グローバルな俯瞰的視座の有効性を認めつつも、東日本大震災を国際基準に照らし合わせて類型的に理解することは目指していない。なぜなら、統計的に導き出される「日本よりも海外の災害のほうが深刻だ」という一般的見解は、東日本大震災の被災者にとっての慰めとはならないし、筆者にとっても、彼らの目に映る被災地の状況を共感とともに把握するための大きな助けにはならないからである。(7)

こうした「客観主義」の代わりに、本書は、人間の安全保障の質的研究においてより有効なアプローチ方法として、当事者の主観を多分に含む尊厳（dignity）に注目する。

尊厳という視座

目の前の他者の苦悩に寄り添おうとする際に、災害の被害の大小と、その被災者の幸不幸を、安易に一致させることに注意が必要なのは明らかだ。より重要なことは、その災害の当事者にとっての不安（insecurity）や屈辱（indignity）の源を特定することである。

もちろん、東日本大震災の被災者の尊厳と関連する状況は、既に普及している人間の安全保障の簡潔な定義でも説明することが可能かもしれない。しかし、筆者がまず目指すのは、人間の安全保障がどのようなものかを、自身のフィールドとなる地域の文脈で解明していくことである。そのためには、様々な事例を通して、そこでの具体像を描き出していくしかない。

そして、多くの人類学的研究がそうであるように、対象地域で生きる人々の生活や思考様式、集団で共有される価値観などの特徴を明らかにした上で、その地域を超えて適用できるより普遍性の高い「災害下での人間の生のあり方」へと考えをめぐらせていく。

その際にキーワードとなるのが尊厳である。しかし、尊厳は、社会的に脆弱とされる人々の生においてその重要性が言及されながらも、それをどのように守っていくかについては十分に議論が進んでいない。また、尊厳を中心的に扱う研究は、今日しばしば共通の文脈で登場する人権と比べて遥かに少ないといえる。ゆえに、ここでは東日本大震災の被災者の尊厳をフィールドから解釈するよりも先に、最低限、その概念の発展の歴史を押さえておきたい。

まず、今日におけるこの言葉の最も一般的な用法から確認しておく。例えば、『広辞苑 第六版』において「尊厳」は、「とうとくおごそかで、おかしがたいこと」と定義されており、そこから派生語として「尊厳死」の説明が続く［新村 二〇〇八：一六六四］。また、*Collins Cobuild English Dictionary* の"dignity"の項では、以下のような説明がなされている。

1. If someone behaves or moves with **dignity**, they are calm, controlled and admirable.（静かで、抑制の利いた、立派な振る舞い）
2. If you talk about the **dignity** of people or their lives or activities, you mean that they are valuable and worthy of respect.（尊敬に値する人間の生命や活動の性質）
3. Your **dignity** is the sense that you have of your own importance and value, and other people's respect for you.（自らが重要性や価値、他者からの尊敬を得ているという感覚）

[Sinclair, et al. 1995：459] 引用中の太字は原典通り、（ ）内の補足は筆者によるもの。

この言葉の語源は、ラテン語で「価値」を意味する名詞、"dignitas"である。そして、西洋において"dignity"は長い間、キリスト教の信仰の文脈で、人類という種の尊厳として用いられていた。それは、アウグスティヌスの有名な「神は人間の本性を、いわば天使と動物との中間のものとして造ったのである」という言葉にもあるように、人間という種を他の生物と比較した際に現れるものであった［アウグスティヌス（四二六）二〇一四：六一九］。また、日本において尊厳は、古くは神や仏、仏像及び王の形容をする言葉として用いられていた［瀬間 二〇一一：一三三］。

ただし、現代の人間の安全保障まで連なる尊厳の学説史を辿ると、その概念は中世以降のヨーロッパを中心とする長い歴史の中で深められてきたといってよい。それは、一四世紀から一六世紀にかけて北イタリアの都市を中心に商業によって経済力を蓄えた市民が、人間の能力を最大に発揮することを目指す運動としてルネッサンスを展開した頃まで遡る。その最中に、哲学者ジョヴァンニ・ピコ・デッラ・ミランドラは、人間の尊厳についての演説原稿を残している。彼はそこで、人間は、神による他の被造物と異なり、地上に生まれた後、己の自由な意思で自らの欲するものになれることを強調した。

それぞれの人間が育むものは、成長してそれぞれの人間の中に自分の果実を産み出すでしょう。（1）もし植物的なものを育むならば、その人は植物になるでしょう。（2）もし感覚的なものを育むならば、獣のようになるでしょう。（3）もし理性的なものを育むならば、天界の生きものになるでしょう。（4）もし知性的なものを育むならば、天使、ないし、神の子になるでしょう。そして、

（5）もし、彼がもろもろの被造物のいかなる身分にも満足せずに、自らの一性の中心に引きこもるのならば、彼の霊は神と一つになり、万物を超えたところにおられる父の「孤独な闇」に置かれて、万物の上に立つものとなるでしょう。［ピコ・デッラ・ミランドラ（一四九六）一九八五：一八］

ここで重要なのは、人間の尊さや厳かさは、キリスト教の伝統にみられたような人間という種に対してというよりも、人間の生き方と結びつけられるようになったことである。また、このピコ・デッラ・ミランドラの言明は、今日の尊厳に含意される「自己決定権」にも一部通じているといえる。

続いて、一七世紀のフランスの哲学者パスカルは、その遺著『パンセ』の中で人間の尊厳について記している。ここでは、今日一般に最もよく知られるパスカルのあの格言で始まる「断章三四七」を、以下に全文引用する。そこから彼の尊厳観をみてとることができる。

三四七

人間はひとくきの葦にすぎない。自然のなかで最も弱いものである。だが、それは考える葦である。彼をおしつぶすために、宇宙全体が武装するには及ばない。蒸気や一滴の水でも彼を殺すのに十分である。だが、たとい宇宙が彼をおしつぶしても、人間は彼を殺すものより尊いだろう。なぜなら、彼は自分が知ることと、宇宙の自分に対する優勢とを知っているからである。宇宙は何も知らない。

だからわれわれの尊厳のすべては、考えることのなかにある。われわれはそこから立ち上がらなければならないのであって、われわれが満たすことのできない空間や時間からではない。だからよ

く考えることを努めよう。ここに道徳の原理がある。［パスカル（一六六九）二〇〇一：二四八—二四九］(8)

パスカルの論考では、ピコ・デッラ・ミランドラも称揚したような自然界の中での人間の生における万能感は抑制されている。その代わりに彼は、「葦」というメタファーを用いて、種としての人間を低位に置き、その存在の脆さや儚さを強調した。そうすることで、人間の肉体的な有限性と精神的な無限性のコントラストを描き出し、前者との関係における後者に人間の尊厳の拠り所を求めた。パスカルのもたらした転換は、人間が生来の弱さや傷つきやすさを備えていることを認めた上で、そのこと自体も尊厳の構成要素の一つとして捉えたことだといえる。現代における尊厳の問題も、このことを反映するかのように、何らかの恐怖や欠乏によって人々の安全が脅かされているという限定的な状況において、活発に議論されるものとなっている。

そして近代以降、人間の尊厳の研究に関して、今日までの多大な影響を残しているのが、カントである。カントの人間観では、人間は、道徳法則の命じる行為を、実践理性（経験的動機に依存しない世界の姿を認識する能力）で捉え、自律的に行う主体であることが想定されていた。そして、このような道徳性をもつ限り、人間は理性的存在者であり、そのことが人間の尊厳の根拠となる。

カントにとって尊厳とは、理性的存在者であるところの人間がもつ、比較不可能で絶対的な価値であった。さらに、尊厳を付帯する人間同士は、ある法則に従っている。その法則とは、それぞれ相異なる人格をもった人間が理性的存在者として尊厳を有している以上、そのこと自体が「目的」であり、いかなる理由があっても互いを「手段」のみとして扱ってはならない、ということである［カント（一七八五）一九六〇：一〇一］。

これはつまり、自らのために他人を利用することは、人間の尊厳を傷つける行為とみなされることを意味している。ここへきて、人間同士の関係性の中に尊厳の問題が現れてくる。それにより人間の尊厳を侵害するのもまた人間である、ということが示されるようになった。カントの登場により、尊厳の意味するところは、より現代的な感覚に近づいたといえる。

しかし、二〇世紀前半の帝国主義、全体主義の中で人間の尊厳は一時的になりを潜め、その概念は、伝統の創造やナショナリズムの高揚のためのレトリックとしても利用されている。近代日本では、「嗚呼尊厳なる我が國體《こくたい》の忝さ嗚呼連綿たる皇統の尊さ説けども盡《つ》きず語れども果てしなし如何にして之を老幼にも一目の下に會《え》得せしむる術はなきか」［佐藤 一九一五：四―五］、とあるように、国体を尊厳の名の下に称揚していた。同時期のイギリスにおいても、王室の不可侵の尊厳とその君主制の歴史の長さを讃え、国民の意見をまとめあげようとする気運が高まっていたことが指摘されている［Cannadine 1983］。

そして、第二次世界大戦後の世界においては、別の潮流がこの用法にとって代わることになる。世界人権宣言（一九四八）の前文の冒頭に「人類社会のすべての構成員の固有の尊厳と平等で譲ることのできない権利とを承認することは、世界における自由、正義及び平和の基礎である」［外務省 二〇一四］とあるように、戦後になって尊厳は基本的人権の文脈で用いられてきた。

人間の安全保障における尊厳概念

さらに、近年では、人間の安全保障という、従来の国家単位の枠組みから個々の人間に焦点を移した新しい安全保障が提唱され、同時に人間の尊厳の重要性が殊更に強調されるようになってきている。そこでは、個人の自律などを含む尊厳を守ることが、人間の安全保障の質的側面に位置付けられる[Thomas 2000 : 9]。

また、人間の安全保障委員会が二〇〇三年に提出した最終報告書にも、「人間の尊厳を確固たるものとする」と明言されている。さらに続けて、「人々が人生のあらゆる局面で情報に基づいた選択を行い、自らのために行動できるようにすること」が目標に据えられている。この他にも同報告書は尊厳を、単なる生存を越えたところにある人間の愛（love）や文化（culture）、信仰[9]（faith）をその領域に含むもの、とも表現している[CHS 2003 : 4. 人間の安全保障委員会 二〇〇三：一二]。

そして二〇〇五年三月、コフィ・アナン国連事務総長（当時）は、*In larger freedom*（邦訳：「より大きな自由を求めて」）と名付けられた報告書の中で、既存の人間の安全保障の枠組みを念頭に置きつつ、「尊厳をもって生きる自由（freedom to live in dignity）」という新しい目標を提示した。

> ミレニアム宣言で、加盟国は、民主主義の促進と法の支配の強化、国際的に認められた人権と基本的な自由の尊重のために努力を惜しまないことを表明した。そうした中で、各国は恐怖からの自由と欠乏からの自由を不可欠としながらも、それだけでは十分ではないということを認識した。全ての人間は、尊厳と尊敬をもって扱われる権利をもつ、ということである。[United Nations 2005 : 34]

この報告書において、「恐怖からの自由」と「欠乏からの自由」という、人間の安全保障実現のためのレトリックとして掲げられてきた二つの自由の不十分さを指摘し、改めて「尊厳」という言葉が用いられたことは注目に値する。

尊厳への視座は、二〇〇三年の緒方・センによる報告書でも言及されていたが、アナンの報告書によって結果的に、それが第三の自由として昇格される形となった。こうした国連事務総長の言明は、今後の国際社会の方向性を示すことにつながる。実際にその後、二〇一二年九月に開催された国連総会本会議では、人間の安全保障概念を整理し、各国の共通理解として「自由と尊厳を持って生き、貧困や絶望から解き放たれる権利」などを確認する決議が採択されている［United Nations 2012b］。

以上のような一連の流れは学術界にも波及し、人間の安全保障研究における尊厳に関する議論を活発化する呼び水にもなっていると考える。次節では、人間の安全保障の質的研究において、筆者がとる学問的立場について詳述する。

二　災害の公共人類学へ

本書では、人間の安全保障の枠組みにおける尊厳の議論を、人類学の立場から深めていく。筆者の目指すところは、人間の安全保障の論点として尊厳をさらに突き詰めていった先に、どのように視界が開けるのか、どのような行動の指針を示すことができるのか、そうした可能性を東日本大震災の被災地から考えることである。そのための手法が、被災地で人類学的フィールドワークを行い、震災復興のエスノグラフィを執筆することである。

人間の安全保障と人類学

人間の安全保障に関する研究に、人類学の学問的アイデンティティともいえるフィールドワークやエスノグラフィの手法を取り入れることは有意義な試みだといえる。人間の安全保障委員会の最終報告書で、文化が尊厳の領域に据えられたことから、人間の文化を長らく研究してきた人類学の側も、その方面から人間の安全保障にアプローチする学問としての立場性を得ることとなる。そして、人類学者と人間の安全保障の実務者が目的を一にする際、尊厳は、文化の問題をめぐる共通言語ともなるだろう。

人々の多様な文化的価値を読み解くことを成果としてきた人類学ならば、その当事者が日常生活の中で何を護ろうとしているのか、何をされることによって深く傷つくのか、という尊厳の問題に最も接近できると考える。それは、西洋思想において長らく論じられてきた人間一般の尊厳では説明しきれない、地域文化に根差した尊厳の問題である。筆者が扱うのは、無論、後者の人間の安全保障と人類学が共有可能な概念としての文化的な尊厳であり、それを東日本大震災の被災地の文脈で考察していくことを試みる。

ここでは、筆者がどのような人類学的立場で、東日本大震災の被災者の尊厳について研究を進めていくのかについてもより詳しく説明しておきたい。

人間の安全保障の課題に人類学的アプローチをとる本書において、研究方法はそれ自体、十分な考察と検討を要する重要なテーマである。筆者の質的調査は、単なる観察者であることからもう一歩踏み込んだフィールドへの関与によって特徴付けられる。その詳細は次章に譲るが、筆者は自身が運営に携わるＮＰＯの被災地支援活動を、フィールドワークの中で継続していた。

公益性の高い組織をマネジメントし、人間の安全保障や尊厳と関わる問題の解決に取り組む。それと同時に、人類学的フィールドワークを行う。筆者のこのような立場を最も正当化する分野であったのが、公共人類学（public anthropology）である。

公共人類学は、人類学の学問的伝統を受け継ぎつつ、脱アカデミズム、自らの研究営為の公益的側面、調査対象者を含む市民との対話・協働・共有など、「学界以外」の社会領域との接点を重視する分野だといえる。それは、問題解決型の思考に基づいて分析と行動がなされるため、人類学の様々な分野の中でも、人間の安全保障の理念との親和性が特に高いといえる。

その理念の構成要素として、とりわけ尊厳は、公共人類学的研究における重要なレトリックのひとつに位置付けられる。幾分重々しい響きをもつこの言葉を用いることに、筆者は戦略的な意義を見出している。それというのも、ある地域文化が不当に軽んじられた状況を尊厳の危機と捉えることは、その問題の深刻さを主張することと結びつく。そして、そこでのローカルな価値観が、例えば、国民国家の一体性や経済成長といった主流の価値観に対して、なぜ重要かということを、学界の他者に向けて発信する手助けをする。つまり尊厳は、対象となるコミュニティにおいて重要な何かを名指す言葉であるとともに、公共における人類学的研究の訴求力を高める論理を支えるものだと考える。

公共人類学の展開

ここからは、筆者の研究に先立つ公共人類学の展開について振り返る。この分野の泰斗として挙げられるのが、アメリカの人類学者であるロバート・ボロフスキーとペギー・リーヴズ・サンデイである。ボロフスキーにとって公共人類学は、今日のジレンマを（必ず解決が必要とは言わないまでも）捉え直したり緩和したりするために人類学者が何を提供できるかを、ディシプリンを越えたところにいる他者にとっても理解可能な方法で示しつつ、幅広い公共の関心事に取り組もうとするものである［Borofsky 2000 : 9］。また、"public interest anthropology" という言葉を用いたサンデイは、社会的正義、人種的調和、平等、人権、福祉への関心の中で、問題解決と理論の開発や分析を合わせたアプローチによって、人類学と公共領域の接点をつくり出すこと、を目指している［Sanday 2003］。

加えて、一九八〇年代以降の人類学における理論的展開の牽引役の一人であるジョージ・マーカスも、現代における公共人類学の高まりについて扱っている。マーカスは、人類学の研究成果の評判に関して、同業の専門家よりも公共からの反応に強い関心が払われるようになっている現状を認めた上で、その関心傾向をどのようにこれからの研究プロジェクトの中に織り込んでいくのかを課題として挙げている［Marcus 2009 : 31］。そして現在、より多くの人類学者を巻き込みながら、公共人類学の議論は続いている。

日本における積極的な動きとして、北米の公共人類学に呼応する形で、山下晋司や、嶋陸奥彦らが、人の移動や異文化共生を主題として国内の公共人類学の発展に取り組んでいる［山下（晋）二〇〇八、嶋・沼崎・久保田 二〇〇九］。

国内でも、この二〇〇〇年代からの流れが、東日本大震災以降の公共人類学の基礎をつくったという見方ができる。とはいえ、そうした学問による社会貢献を志向する動きは、近年になってようやく日本に輸入されたものではないことも付け加えておく。日本民俗学の創始者である柳田国男は、「学問救世」を説き、「なぜに農民は貧なりや」という問いを発して、「私たちは学問が実用の僕となることを恥としていない」と断言している［柳田 一九六四：九二―九三］。

しかし一方で、公共人類学を含む人類学の実践分野は、学術的探求を旨とする人類学者の立場からの批判にもしばしば晒されてきた。植民地主義や軍事目的下で人類学が発展してきたという歴史的背景への反省から、社会の変化に直接関わろうとする応用人類学者の態度は、学問の領分を逸脱したものと考えられ［Evans-Pritchard 1946］、また、理論と実践を明確に区分する立場からは、後者を志向する人類学自体が非理論的とみなされてきた［Rylko-Bauer, Singer, Van Willigen 2006］。さらに、日本文化人類学会関東地区研究懇談会が二〇〇六年に開催した「第一回人類学バトル」では、「人類学は役に立つ人類学を目指すべきか」というテーマでその是非をめぐって討論が行われ、観客を含む参加者全員での投票結果は、賛成二三票、反対四三票、白票七で反対派が勝利している［若松 二〇〇七：九二］。

そもそも、反対派も含めて、現代においてこうした論争を再燃させている背景についても、また少し遡って考えておく必要があるだろう。

第二次世界大戦後、科学としての価値中立性を重んじ、再出発をした人類学であったが、一九八〇年代以降、エドワード・サイードの『オリエンタリズム』や、ジェイムズ・クリフォードと前掲のマーカスらの『文化を書く』などの問題提起によって、学術的な成果としてのエスノグラフィに内包されていた異文化表象の政治性が取り沙汰されるようになった［サイード 一九九三、クリフォード／マーカス（編）一九九六］。それ以来、人類学は本質主義的な「文化」概念を手放し、他者に代わって語ることの潜在的な問題に対する深い内省の時代に入ったといえる。

しかしながら、他方で、現実には開発や紛争、災害などにより、様々な困難が世界各地のフィールドで生じている。この現状について、『文化人類学二〇の理論』の「実践論」を執筆した関根久雄は、「人類学がフィールドワークを行う社会やそこの人びとが国家的枠組みの中で抱える現実的諸問題に対する何らかの『実践』的コミットメントを拒否することは、少なくとも現行システムの継続を支持することと同義であるといえよう」と述べている［関根 二〇〇六：三四九］。

以上のことから、現代の人類学においては、社会領域に積極的に関わろうが、意図的に関わるまいとしようが、いずれの研究的立場ももはやその「正しさ」を守りきるのが難しくなっているといえる。そして、フィールドワークにおいて、〝do no harm（害を及ぼさない）〟を貫くか、それとも、〝do good（善いことをする）〟の方向へ舵を切るのか、結局のところ、それは今日、個々の判断にゆだねられている。

その上で改めて耳を傾けたいのが、一九九八年に当時のアメリカ人類学会の会長を務めていたジェイムズ・ピーコックが発した、〝public or perish（公共的でなければ、破滅）〟という警鐘である。ピーコックは人類学の社会貢献を力説し、一九九八年のアメリカ人類学会年次大会の分科会で、研究者への至言である〝publish or perish（論文を書かなければ、破滅）〟をもじってこの言葉を用いた［山下（晋）二〇〇八：一七二］。

今や人類学の公共性が、その学問全体の存続に関わる重要な問題であることに間違いはない。フィールドで得られた知識が、学術的な概念を豊かにすることのみに使われるとしたら、人類学の将来は明るいものではなく、限られた人々の間で細々と生き残る道しか選択できなくなるだろう。そうであるなら、過去の実践を反省することは、人類学の社会貢献の方法を改善することにつなげられるべきで、社会貢献を目指す動きを抑止するために持ち出されるべきではない、というのが筆者の考えである。

災害の公共人類学

ここからは、公共人類学の中でも、災害の分野に焦点を絞っていく。

まず、『災害の人類学――カタストロフィと文化』の編著者、アンソニー・オリバー＝スミスとスザンナ・M・ホフマンによると、災害が人類学的研究の中で位置付けられたのは、戦後になってからのことである。対象となる社会の普段の姿を観察することに主眼が置かれていた時代において、災害はそこから逸脱した異常事態であった。それゆえに、災害の人類学的研究には、何らかの別の目的でフィールドワークをしていた地域で災害が発生した、というケースがよくみられる。そして、元々調査を通じて信頼関係を築いていた人々が被災したのだから、そのときの人類学者による応答も、多かれ少なかれ、災害によって生じた問題解決のための実践的な性質を帯びることになる。オリバー＝スミスらは、そうした災害の人類学的研究において、さらに次の二つの問題が生じることを指摘している。

①人類学は、災害を研究することに加えて、とりわけ援助という倫理的な事柄をめぐって、災害対策のために何ができるか、ということ、そして②人類学の学術面に関して必ずつきまとう亡霊、すなわち理論と実践の関係をどうするかということである。［オリバー＝スミス／ホフマン 二〇〇六：一九］

公共人類学は、こうした災害の人類学的研究から付随的に生じるこの二つの問題を、むしろ中心に据えて、本格的な議論を開始するためのアリーナを形成するものだといえる。[10] そして日本においては、二〇一一年に発生した東日本大震災が、結果的にその門戸の拡大をもたらす契機となった。

その過程で再注目された、災害と人類学に関する先行研究として、清水展の『噴火のこだま――ピナトゥボ・アエタの被災と新生をめぐる文化・開発・NGO』がある。同書は、一九九一年六月にフィリピンのピナトゥボ山の大噴火によって被災した先住民族アエタの人々の生活再建の歩みと、清水自身の彼らに対する関与を綴った民族誌的研究である。

清水は、噴火後一〇年間にわたる自身と被災地との関わりを振り返り、「人類学の可能性は、洗練されたテクストや実験的なテクストを試行することではなく、テクストの外部における人類学者の現地へのコミットメントを含めて追求していくことによって開かれる」ということを主張している［清水 二〇〇三：一六］。筆者はこのテーゼを、災害分野における公共人類学の原型を成すものとして、本書の中で受け継いでいく。

ここからは、東日本大震災に対する様々な人類学者たちの取り組みを、直近の先行研究のレビューとして確認していきたい。

まず、木村周平は、二〇〇四年に開始したトルコ北西部での地震に関するフィールドワークと、二〇一一年に発生した東日本大震災の被災地との関わりから、他の日本の人類学者に先駆けて「震災の公共人類学」の構想を試みている。

木村は、東日本大震災の事態を目の当たりにした際、人類学に何ができるのかという問いに直面し、大きな無力感に苛まれたことをその著作の中で告白している。それでもなお、津波の被災者と向き合う過程で、木村は、トルコでの経験を踏まえつつ、公共人類学の可能性を見出すに至る。彼にとってそれは、災害の被災地において多様な利害関係をもつ人々を結びつけることや、忘却に抗して書くこと、あるいは、悲劇的な状況を固定化しない方法で現実を作り上げるために書くことであった［木村 二〇一二］。

また、東日本大震災発生以前から国内における公共人類学の推進者であった山下晋司も、この事態を重く受け止めた上で、人類学による貢献の在り方を模索し始めた。山下の取り組みは、東京大学における人類学教育や、国内外の人類学会での活動など多岐にわたる［山下 二〇一四］。さらに、それらに留まらず、山下は、自身が理事長を務めるＮＰＯ法人「人間の安全保障」フォーラムを通じて、東北の被災地への直接的なコミットメントを続けていた。それについては、筆者の被災地における体験と共通する部分も多いため、後で詳述する。本書において山下は、筆者のフィールドとの出会いに関わる登場人物でもある。

山下に続いて東京大学からは、アフリカ開発の応用人類学を専門としてきた関谷雄一も、東日本大震災発生以降の公共人類学の議論に参加するようになった。関谷は、アドバイザーとして関わってきた公益社団法人青年海外協力協会（ＪＯＣＡ）と、アフリカ連合（ＡＵ）の連携による東北地方の災害復興支援と地域社会活性化について論じている［関谷 二〇一四］。さらに関谷は、それとは別に、福島県出身の被災者との関わりを続けており、自身が研究代表者を務める科研費助成事業「震災復興の公共人類学――福島県を中心とした創造的開発実践」を二〇一四年四月に開始している。

東北大学の高倉浩樹は、仙台市内で自らも震災の影響を受けながらも、人類学者による社会貢献の可能性を示す中心的な役割を果たしている。例えば、高倉が監修に携わり、震災発生からちょうど一年後の二〇一二年三月一一日に刊行された『聞き書き 震災体験――東北大学九〇人が語る三・一一』は、宮城県仙台市において被災大学であるからこそ作り得た、震災発生直後の貴重な証言集である。同書によると、参加した大学関係者は一〇〇人近くとなり、集めた聞き書きの分量は四〇〇字詰め原稿用紙にして六〇〇枚を超えていたという。このような忍耐力を要する取り組みの意義について高倉は、被災を理解する上で「個人的で主観的なかたちで吐露される経験に枚挙的に出会うことを積み重ねていくこと」の重要性を主張する［高倉 二〇一二：一二三］。

これ以外にも、高倉が所属する東北大学東北アジア研究センターは、二〇一一〜二〇一二年度に宮城県の委託事業として、「東日本大震災に伴う被災した民俗文化調査」を実施している。その目的は、民俗芸能や祭礼、年中行事などの無形民俗文化が、震災によって受けた影響を明らかにすることであった。高倉を代表に、多数の研究者や大学院生によって聞き取りと参与観察が行われ、その調査地域は宮城県沿岸部の広範に及ぶ。その成果として、『無形民俗文化財が被災するということ――東日本大震災と宮城県沿岸部地域社会の民族誌』という書籍を刊行している。その結論部分で編者の高倉は、大規模自然災害後に人類学はいかなる社会的関与が可能なのか、という問いへの具体的回答を示している。

大災害によって地域社会が大きな被害を受けたときに、民俗文化財行政を外部者として見るのではなく、むしろ民俗文化財行政を好ましく改善するという目的をもって近づくことを職業的人類学者は自分たちの行動の選択肢の一つとして保持する必要があるというのが私の主張である。そしてそれは、(中略) 行政がこちらにむけて求める枠組みでもあったということである。[11] [高倉 二〇一四：三〇八]

東日本大震災への人類学による応答として、上記以外の主要なものを紹介する。それらは、公共人類学という名前こそ用いていないが、いずれも被災地や被災者を単純な観察対象として扱わない、自らの人類学的営為を何かしらの貢献につなげる、といった点では共通しているといえる。

例えば、竹沢尚一郎は、震災発生から一ヵ月も経っていなかった四月の上旬、親子三人でボランティア活動に参加したことをきっかけに、岩手県沿岸部の被災地と関わっている。竹沢は、断続的におよそ八ヵ月にわたって現地に滞在し、そこで出会った人々の被災後の行動や、心の動きに意識を向け続けてきた。そして、二〇一三年一月に出版された『被災後を生きる――吉里吉里・大槌・釜石奮闘記』では、多くの個人による証言と、豊富な地理情報や数値データの参照によって、津波発生時に人々がとった判断や行動、震災直後の混乱や避難所生活での困難、今後のまちづくりの課題と展望などを描き出している。その文中で竹沢は、被災地における対人関係の築き方に関して、「傍観者ないし観察者として接してきたのではなく、ときに共感し、ときに批判やアドバイスを寄せ、しばしば共に笑ったり涙を流したりする主体として接してきた」と、自らの姿勢を振り返る［竹沢 二〇一三：一一二］。

筆者のフィールドワークとの共通点は、支援活動を被災地への入り口としたことである。そして、竹沢の動きは早かった。その著作からは、学問としての貢献に時間がかかることが、関与そのものを遅きにすることの勧めではないことを学ぶことができる。

ところで、日本文化人類学会は、東日本大震災に対して、公式にどのような立場を表明したのだろうか。二〇一一年六月に発行された学会誌『文化人類学』七六巻一号には、既に紹介した清水、木村らによって、「東日本大震災によせて（資料と通信）」という文章が掲載されている。彼らは、震災直後に浮かび上がってきた「専門能力を駆使して事態の収拾や改善にあたる力強い行動家ではなく、むしろ消極的にすら見えるかもしれない内省的な人類学者像」を自認しつつも、まだそこが出発点であることを強調している［市野澤・木村・清水・林 二〇一一：八九］。

そして、その延長線上として、同誌七八巻一号では、林勲男と川口幸大によって「災害と人類学――東日本大震災にいかに向き合うか」という特集が組まれた。その序文では、掲載論文の執筆者六名（筆者も含む）に共通する特徴が、以下のように記されている。

いずれも人類学的手法により、災害という状況下での人間の活動に積極的に関与しながら、微視的にデータを収集し分析したものである。そして、被災地、被災者に実践的に関わっていくことによって、初めて事実が明らかとなってくる災害の状況を描いている。［林・川口二〇一三：五三］

こうした関与のあり方は、災害の理解に資するだけではなく、公共人類学の方法論とも関わるものである。かつては人類学の実践分野への批判となった倫理や権力、自己反省といった論点も、今日においては、アカデミズムから一見逸脱した実用主義に映るような「介入」の場においてこそ、より深い考察が可能になると筆者は考える。

さらに、この震災への人類学者の応答は、日本人によるものだけではなかった。日本を調査フィールドとする三人の人類学者、トム・ギル、ブリギッテ・シテーガ、デビッド・スレイターが編者となった『東日本大震災の人類学――津波、原発事故と被災者の「その後」』は、多国籍の執筆陣による東日本大震災についての論集である。ほとんどの執筆者にとって、東北地方太平洋沿岸部は、外国の被災地であった。日本語に翻訳された彼らの論文の随所に、災害下にある文化的他者としての日本人の姿を読み取ることができる。それが、被災した当事者にも読める形で出版されたことは、学問の公共性の観点からも重要だといえる。[12]

そこに掲載されている各論は、必要に応じて後に続く章で参照するとして、ここでは、編者のギルが、「あとがき」で書いた震災直後の体験に注目したい。

二〇一一年三月一一日にイギリスにいたギルは、その数日後にオックスフォードで、福島支援デモに参加している。そして、「ノーモア・フクシマ」と大声で叫んでいたところ、偶然その場に居合わせた日本人の中年女性にそのスローガンをやめるよう咎められる。しかし、翌月日本に戻ったギルは、東京での大規模反原発デモの最中に、何度もその言葉を耳にする。このとき、福島の人々の気持ちを知るために調査を行う決意をしたという。

このように、震災発生後、比較的早く人類学者としての行動を起こしたギルだったが、当時の日本人の人類学者の反応について以下のように述べる。

当時、被災地で人類学・社会学の調査を行うことの是非を問う声もあった。「日本研究の方が東日本大震災に関して興奮しているような話をここで読むと時々気分が悪い」とある有名な日本人が英語でメーリングリストに投稿した。「被災地を調査するのは時期尚早、被災者の心を傷つけるリスクが高い」と今でも言う人類学者はいる。［ギル 二〇一三：三六九］

改めて東日本大震災発生初期を振り返ってみても、やはりあの時期、被災地の外にいた多くの人類学者は事態を静観するより他なかったように思う。被災地の混乱に乗じて平常時では得難きデータを収集に行くことは非難されて当然の行為であったし、その時期に筆者が参加した災害をテーマとするいくつかの人類学分野のセミナーでも、学問としての被災地への貢献よりもまず、災害現場のデリカシーに配慮すべきとする自粛論、慎重論が優勢であった。

もちろんギルも、それを完全に無視したわけではなかった。被災地の調査が様々な倫理的な問題を引き起こすことを認めた上で、自身の調査経験について短く言及している。

実際、フィールドに入ってみると様々な反応があった。特に津波で身内を失った人は誰とも話したくないことがよくある。無理に話をさせることは、もちろんなかった。しかし同時に、自分の経験を話したい、地元の問題を外部に分かってほしい、という人もいた。そして年月が経ち、三・一一の話題性が次第に薄れるなか、被災地をまだまだ訪れてくる研究者の存在を有り難いという人もあった。［ギル二〇一三：三七〇］

結局、これまで現実に行われた具体的な調査の是非をめぐる議論は、時間の経過とともに有耶無耶になってしまった感がある。しかし、批判的な意見はいつの時代も学問の方法を発展させるために必要である。その渦中にあった公共人類学の立場からみれば、この種の議論を人類学者同士の価値観のせめぎ合いだけにとどめず、少しずつ公共に対しても開き、人類学の可能性を再検討していくことが重要だといえる。

次章では、大規模自然災害下の人間の安全保障について、公共人類学的に考察をするための、筆者のフィールドについて説明する。

第一章　津波常習地に生きる人々

一　宮城県南三陸町の歴史・自然・文化

日本の東北地方太平洋側（三陸地方沿岸部）はリアス海岸が連なり、歴史的にも地震と津波による大災害が繰り返されてきた。そして、本書では、上記の地域の中でも国内有数の津波常習地である、宮城県（本吉郡）南三陸町を中心的な調査地として取り上げる（図1）。

ここでは、東日本大震災発生以前の南三陸町を、自然や歴史、文化といった観点から説明する。こうしたフィールドの基本情報は、エスノグラフィの読み手の想像を助けることにも役に立つ。

まず、南三陸町は全国的な「平成の大合併」の流れの中で、二〇〇五年に志津川町と歌津町が合併して誕生した町である。その経緯については、宮城県総務部市町村課が作成した『宮城県の市町村合併誌――平成の市町村合併の記録』に詳しく書かれている。

この自治体再編成の過程では、上記の二町に隣接する津山町（現登米市）や本吉町（現気仙沼市）も含めた、より広域的な合併案もあった。ただし、町長間の意見の相違や町民意向調査の結果などの理由から、その案は実現せず、現在の行政区画へと変更されることになった。新たな町名については、公

図１　宮城県三陸地方沿岸部の地図

募の中から候補が挙げられ、志津川町・歌津町合併協議会の委員の投票によって、最終的に南三陸町に決定された。その他の候補には、リアス町や志津歌《しづか》町などがあった［宮城県 二〇一一：六二―六七］。

以上のように、この地域の「南三陸町」としての歩みはまだ十数年ほどのものである。その歴史、自然、文化をさらに過去に遡って調べていくためには、志津川町と歌津町それぞれの町誌（町史）を、基本的な資料としてあたることになる。

南三陸町の歴史

古代〜近代

この地域では、先史時代より人間が生活していた。宮城県が登録した南三陸町の遺跡は、縄文時代のものだけでも三五ヵ所を数える。それは全て「貝塚」か、地表面に遺物が複数発見されたものの遺跡としてその性格が未だ明確ではない「散布地」のどちらかに分類される［南三陸町 二〇一三a］。弥生時代（前三世紀―後三世紀）は、一般的に、農耕定住型の社会が拡がったことで知られるが、志津川町・歌津町のいずれの町誌（史）にも詳細な記述は残っていない。この時代の遺跡は町内にわずかに二ヵ所あるだけである。志津川町誌では、広い水田を拓くのにも向かない地形であることから、少数の人々が縄文式の狩猟採集型の生活を続けていた、と想像されている[13]［志津川町 一九九一：五八］。また、それに続く古墳時代、飛鳥時代、奈良時代までの約五〇〇年間も、この地域での人々の営みについてははっきりしたことはわかっていないようだ。

平安時代（八世紀末―一二世紀末）に入ると、中央集権的な統治制度が東北地方にも及ぶようになり、現在の南三陸町にあたる地域は、当時の令制国であった陸奥国の一部となる。この時代の比較的古い記録としては、歌津地区にある田束山が、第五四代仁明《にんみょう》天皇の承和年間（八三四―八四八）に、天台宗の霊場として開山したことが伝えられている［歌津町 一九八六：一一九］。

また、この時代には、貞観地震（八六九年）が発生している。陸奥国の東沖（現在の三陸沖）を震源とする地震・津波災害としては最古の記録となる。志津川、歌津、それぞれの町誌（史）でも、この地震について言及されている。その概要は、次のようなものである。貞観一一年（八六九年）五月二六日の夜、陸奥国でマグニチュード八・六の大地震が起こった。城郭や門櫓、垣壁は崩れ、倒壊家屋は無数にあり、圧死者多数となった。さらに津波が、陸奥国の国府であった多賀城下を襲い、溺死者一〇〇〇人余の他、多くの資産や稲の苗も流出した。流光は昼の如く隠映していた［歌津町 一九八六：一〇八二、志津川町 一九八九a：二一八][14]。しかし、いずれの町誌（史）にも、この地域の被害については、当時の人々の具体的な暮らしが明らかになっていないためか、一切描かれていない。

平安時代も後期ともなると、この地域は本吉庄（本吉荘、本良庄）という荘園、つまり貴族の私有地、として平泉藤原氏の支配下に置かれるようになる。本吉庄は、「摂関家領奥羽の五荘」のひとつで、平泉藤原秀衡の四男の藤原高衡と縁が深い。志津川に今も残る朝日館跡は、高衡の館跡であったとも伝えられている。この本吉庄は砂金の産地であり、平泉の黄金文化を支えていたことが現代まで伝わっている［岡田 二〇〇六：三〇］。産金地であることの他に、三陸の海上権益の掌握や陸奥北部の海岸地域の支配という点からも特別な意味をもったはずだとされる［菅野（文）二〇一一：八二］。

やがて、栄華を誇った平泉藤原氏も、源頼朝との戦で滅亡のときを迎える。そして、一二世紀末の鎌倉時代の幕開けとともに、日本各地で平安貴族による古代的な支配から、幕府が直属の家臣である御家人を派遣する中世的な支配へと移り変わっていく。かつて本吉庄があった地域も、平泉藤原氏の討伐戦で功績のあった千葉氏や葛西氏、その流れを汲む本吉氏などによって、約四〇〇年の間、治められることとなる。この期間も、それまでの時代同様、文献資料はほとんど残っていない。代わりに、志津川・歌津の両地域で発見された複数の城館跡や板碑（中世に立てられた供養のための板状の石碑）が、その歴史を考察する上での重要な手がかりとなっている。こうした遺物の存在によって、当時も多くの住民がこの地域に暮らしていたことや、信仰を広める寺院などがあったことが示される。それぞれの町誌（史）では、それらの記録に基づいて、当時この地域に「清水川（志津川）」という領地があったことや、「歌津城」が建設されたことが紹介されている［歌津町 一九八六：一三九―一四〇、志津川町 一九九一：一二四］。

近世になると、この地域を治めていた葛西氏らの子孫も豊臣秀吉によって滅ぼされ、仙台藩の成立に伴い伊達氏の領土となる。この時代から、「本吉郡」という現代まで続く名称も歴史書の中に現れるようになる。

この時代の大きな自然災害として、一六一一年に慶長三陸地震が発生し、伊達領内の沿岸部は大きな被害を受けている。志津川町誌によると、このときには津波が現在の南三陸町の内陸部に位置する入谷地区まで到達したという。そこでは、入谷村に居住していた伊藤清右衛門祐次という仙台藩の家臣について、「海水があふれて溺死、この時、武具や系譜も流出してしまった」という記録が残されている［志津川町 一九九一：二六五］。

町誌（史）に描かれた当時の人々の暮らしについても簡単に触れておきたい。仙台藩の直轄地の中でも、この地域は農業に適した場所ではなかった。近年は密生する黒松樹林で知られる三陸地方沿岸部は、この時代には岩石がそそりたつ荒涼たる風景が広がっていたという。遮蔽物のない海岸では、荒波のしぶきが霧状になって飛び散り、相当隔たったところにある田畑まで塩害が及んでいた。その代わりに、漁や製塩、養蚕、林業などが行われていた。また、住民が連帯責任を負う「五人組」の制度や、地域の互助と親睦を目指した「講」という民間組織があったとされる［歌津町 一九八六：一七四―一七八、志津川町 一九九一：三五四―三五九］。

そして、近代を迎え、明治政府の樹立とともに、本吉郡は水沢県の一部となる。県体制が敷かれ始めた明治五年（一八七二年）、当時の志津川村は、周辺地域と合併して本吉村と名称を改め、明治八年（一八七五年）には、この本吉村の南に位置する複数の集落が合併して戸倉村が成立した。その内陸にある入谷村は、この時代も単独村のままであった。これらの三つの村が、最終的に志津川町を形成することになる。また、旧歌津村はこうした改廃の対象とならないまま、近代行政区となった（町制施行は一九五九年）。そして、この水沢県が宮城県の一部となるのは明治九年（一八七六年）のことである。

明治三陸地震、昭和三陸地震、チリ地震津波

明治期以降は、あらゆる資料が豊富となる。近代以降の志津川や歌津の人々の生活については、南三

陸町の「文化」に注目する際に触れることにして、ここでは災害の記録を重点的に取り上げる。

まず、明治二九年（一八九六年）六月一五日夜に、明治三陸地震津波が発生した。北海道から宮城県までの太平洋沿岸部において、死者二万一九五九人、負傷者四三九八人という日本の津波災害史上最大の被害となった。本吉村と入谷村が合併して、新たに志津川町が成立した翌年の出来事であった。

その日は、陰暦の端午の節句でもあった。志津川と歌津それぞれの町誌（史）によると津波が押し寄せたのは午後八時一〇分で、そのとき住民らは、軒端に菖蒲とヨモギをさした家々で餅をついて食べるなどして過ごしていたという。第一波は、波高一〇メートルに及ぶ大津波だった[15]。津波は第三波までが強かったが、最も強烈だったのは第二波で、これによって致命的な打撃を受けた。沖合から山をなして押し寄せた津波は、一部は湾内の島にぶつかり勢いがそがれたものの、余勢を保って島と陸の狭い海峡を突き抜け、激流となって沿岸部を襲い、町村内でその惨禍を広げていったと伝えられている。古来「畳石」と称されていた町内湾岸中央部の巨石（推定四〇〇キログラム）が、約三六〇メートル離れた陸地に打ち上げられていたことも、その威力を物語っている。

また、明治三六年（一九〇三年）に宮城県が発行した『宮城県海嘯誌』には、当時の行政側の動きが詳しく記されている。この津波の第一報が県本部に届いたのは同日午後一一時頃で、「志津川ニ海嘯アリ人畜ノ死亡多シ」という本吉郡長からの短いものだった。翌朝には、牡鹿半島からも「女川海嘯被害多シ」との電報が届いた。ただならぬ事態を察した県知事は、警部長や技師などを従え、午後二時に志津川に向けて出発し、人力車と徒歩で午後八時に到着した。現地の志津川警察分署には、拾集された死体が山をなし、酸鼻を極めていた。知事一行は一七日の夜明けから志津川の被災地を視察したが、その被害は彼らの予想を超えるものであった。半死半生の負傷者が各所で呻き声をあげていたほか、家屋の瓦礫が町中に山積し、筆舌に尽くし難い惨状であったという［宮城県 一九〇三：四七―四九］。

志津川町と後に志津川町に編入される戸倉村で合わせて、死者四四一名、負傷者二〇一人、流出家屋一七五戸、全壊三九戸、半壊五四戸の被害があった。また歌津村では、家屋被害は、全戸数五〇四戸のうち、三〇六戸（全壊二七三戸、半壊三三戸）で、被害割合は六〇・七パーセント、人員被害は、人口三五六〇人のうち、九三〇人（死亡七九九人、負傷一三一人）で、被害割合は二六・一パーセントとなっている［歌津町 一九八六：一〇八六―一〇八九、志津川町 一九八九a：二九七、一九八九b：三五五―三五六］。

日本有数の津波災害史研究家の山下文男によると、今日まで伝わる教訓「津波てんでんこ」は、この災害を契機に編み出されたという。このときの津波の襲来では、大混乱のさなかに親が子を、子が親を、あるいは兄弟姉妹が互いに助けに行こうとして、結局逃げ遅れてしまったケースが多かった。肉親の情が、緊急時にはかえって犠牲者を増やす結果につながることにもなる。そうした反省から「てんでんこ」、つまり、てんでばらばらに、それぞれが自分の身を守る前提で避難行動をとるという教えが地域に根付くようになった［山下（文）二〇〇八：五二―五三］。

そして、この時代から義援金の呼びかけなど様々な救済活動は行われ、当時の内務大臣であった板垣退助も志津川町を含む被災地を視察に訪れている。しかし、政府の救済費四五万円は、明治二九年度の国家歳出約二億円に対して微々たる額でしかなく、当時の三陸大津波への認識は甘かったともいえる［安田 二〇一三：一七二］。

その復興も束の間、明治三陸地震から四〇年も経たない昭和八年（一九三三年）三月三日には、昭和三陸地震が発生し、この地域に次の津波が襲いかかる。地震は夜中の午前二時三〇分頃に発生した。五分ほど揺れが続き、そのため、屋外に飛び出す人々も多かったという。志津川町への津波の襲来は、午前三時五分前後であった。志津川町を襲った津波の高さは、場所によっては明治三陸地震のときを超えるところもあったが、人的被害は比較的少なく、死者は戸倉村で女児一名、負傷者は志津川・戸倉を合わせて二一名であった。しかし、この地域の人々の生活には深刻な影響をもたらした。昭和初期の世界恐慌以降の不景気は、日本の三陸地方にも及んでおり、この震災はそこへ追い打ちをかけたのである。

他方で、この時代から、災害対応における国家の役割が大きくなっていることがうかがえる。国から県、県から市町村へと、予算に基づき、組織的に復旧・復興事業が遂行されていった。救援物資の配給や罹災救助基金の設置が速やかに行われた他、被災児童の救済・見舞金の配布や学校再開のための様々な支援が行われた。また、医療分野でも、軍隊による負傷者手当てだけでなく、東北帝国大学からも医師が派遣されている。そして、広く被災者には国税の免除及び徴収猶予といった措置がとられた。志津川町や戸倉村の再建においては、公的な補助金や貸付金によって、養蚕、水産、畜産などの産業復興や、宅地造成、町村土木事業が進められていった［志津川町 一九九一：七七四―七八五］。

しかし、歌津村の事態はより深刻であった。本吉郡内で最も大きな被害を受け、八六名もの犠牲者が出ている。そのせいか、震災の復旧・復興に関する記述が多い志津川町誌に比べると、歌津町史では、地元の小学校の児童及び教員による津波体験記が複数掲載されていて、災害発生の直前直後の様子がより詳しく再現されている。

「津浪」（伊里前小學校 高一　渡邊なつよ）より一部抜粋

戸板はガタ〳〵揺れる。家はミツ《ママ》〳〵と動いて、居てもたっても居られなかった。一時はあまりにもひどく揺れるので外へ出ようと思ったが、屋根から石が落ちてくると大変なので、しかたなくジッと座っていた。（中略）もう安心と思っている内に、思ひもよらぬ誰かの「津浪だから、早く逃げろー。」と一しきり外で叫ぶ声を耳にしてハッと思った。［歌津町 一九八六：一〇九九―一一〇〇］

「つなみ」（名足小學校 尋二 三浦源一）より一部抜粋

僕のおとうさんが、「つなみだ。つなみだ、はやくにげろ。」と、したの方からさけんで来ました。僕はびっくりして、おかあさんと高いほうへにげましたが、とてもさむくて、ぶるぶるふるえました。その所に、ちょうど一けんうちがありましたので火たいてもらってあたりました。［歌津町 一九八六：一一〇四］

「歌津村海嘯記」（名足小學校 訓導 梶原良雄）より一部抜粋

その時打ちつけた第一回目の魔の波！ ひびき、音光、恐怖！ 反射的にとびのいた。と、追っかけ第二の大浪が襲ってきた。それと殆ど同時に、「先生、津波だ」、「助けてけろ」「先生、津波、助けて」等という人声がした。（中略）夜が明けた。白日の下に照らし出された惨たる光景は實に目もあてられぬ。道もない、橋もない。山越えを漸く平地（被害の最も甚しい所）の方へ向かった。一物もなくなった夢の跡、親に別れ、子に先だたれ、泣くに涙なく、茫然としている罹災者の姿を見ては慰める言葉さへなかった。［歌津町 一九八六：一一〇六―一一〇七］

第二次世界大戦後のこの地域では、昭和三〇年（一九五五年）に旧志津川町、戸倉村、入谷村が合併し、昭和三四年（一九五九年）には歌津村も町制に移行したことで、平成一七年（二〇〇五年）まで続く志津川町と歌津町の枠組みが成立する。次なる津波災害に見舞われたのは、その直後のことである。

昭和三五年（一九六〇年）、遥か南半球よりチリ地震津波がこの地域に押し寄せた。この災害は、同年五月二三日午前四時一〇分（日本時間）頃、チリ近海でマグニチュード九・五の大地震が発生したことに端を発する。そして、その二二時間半後、チリから約一万七〇〇〇キロ離れた日本の太平洋沿岸部に津波の第一波が到達した。震源が遠く離れていたため、日本で被災した人々は、事前の地震を感じることがなかった。その点で、明治二九年や昭和八年の津波とは質の異なるものであった。さらに、この災害では、気象庁による津波警報の遅れが問題となったという。

当日も、気象庁は、ハワイからの電報によって、数時間前には、目下、チリ津波がハワイで猛威を奮っていることを知っていた。けれども、これまでの経験主義から、よもや日本に到達しまい、来たとしてもたいしたことがあるまい、と高をくくっていた。［山下（文）二〇〇八：一六二］

とりわけ、志津川町では四一名の死者を出す惨事となった。過去二回の大津波のような鎌首をもたげた直立状の大波とは異なり、海ぶくれ、という形の津波が、比較的ゆっくりとした周期で、繰り返し陸地に迫った。また、波高は最大で四・三五メートルだったが、湾の入口で高く、奥へ進むに従って低くなる従来の津波とは逆に、チリ地震津波では、湾の入口で低く、奥へ進むに従って高くなる傾向にあった。市街地のほとんどの家が水につかり、田畑をはじめ、水産養殖施設や漁業施設、道路橋梁等の被害も甚大であった。負傷者五〇〇名、家屋の被害は流出三一二戸、倒壊六五三戸、半壊三六四戸、床上浸水四五八戸、床下浸水一〇八戸となっている［志津川町 一九八九a：二九八―二九九］。

歌津町では、三・一メートルの波高を測定したものの、津波による人的被害はなかった。午前三時三〇分頃、海に出ようとしていた漁師が海水の異常に気付き、役場に通報したため、町も比較的余裕のある対応が可能となった。しかし、第一波から三波まで、沿岸部を走る県道を越えて町内に浸水した。田畑や建物、船舶、かき処理場などに、様々な被害が出ている［歌津町 一九八六：一一一二―一一一六］。

南三陸町の自然

地理、気象

以上のような津波常習地としての歴史をもつこの地域だが、その地理的要因として、①太平洋の三陸沖を縦走する日本海溝の周辺が、地震多発地帯であること、そして、②リアスと呼ばれる太平洋に向かってV字に開いたいくつもの小さな湾が複雑に並んだ海岸が、津波の高さを増大させる構造になっていること、が挙げられる。

南三陸町の場合は、陸地に向かって食い込むように志津川湾が広がっている。陸地に目を移すと、その湾奥部に町が形成され、東側の海以外の三方は標高三〇〇～五〇〇メートルの山に囲まれている。地図上の町の形はアルファベットのCに見えなくもない。その北部に歌津地区、中央沿岸部に志津川地区、中央内陸部に入谷地区、南部に戸倉地区となっている。

近年の南三陸町の公開データによると、年平均気温は一一・一度で、年間降水量は約一二五〇ミリとなっている（一九九六～二〇〇五年の一〇年間のデータ）［南三陸町 二〇一六］。とりわけ、冬の寒さは厳しい。歌津町史によると、降雪量は毎年累計五〇センチ前後でそれほど多いわけではないが、一月二月の最低気温は零下五度を下回り、一九八〇年二月のようにひどいときは零下一一度を記録している［歌津町 一九八六：一五—一六］。志津川町誌でも、この地域が沿岸部としては気温が低いところであることが書かれている。海辺の町でありながら周囲を山で囲まれているため、冷え込みが厳しくなる盆地気候の特徴も備えているのだという［志津川町 一九八九ａ：二三五］。

三方を馬蹄形状にぐるりと山が連なり、東側の一方だけ海に対して開かれているためか、この地域は海洋気象の影響を受けやすいようである。例えば、春先から夏にかけて、外洋から陸地に向けて吹く北東風（やませ）は、この地域の山々に遮られて低迷し、しばしば冷害をもたらしている。通常、七～九月は三〇度を超す日もよくあるが、一九八〇年の八月は、稲の出穂期に異常低温となり、最高気温が二五度に達せず、稲作はほとんど収穫皆無となった［歌津町 一九八六：一四］。

この地域は、気象災害としての火災も比較的多い。志津川と歌津では、明治維新以降、一〇戸以上焼失した大火災が、記録に残っているだけでも一三回発生している。特に、昭和一二年（一九三七年）の火災は、「志津川大火」として知られ、焼失戸数三三六戸、罹災者一五〇〇名余の大きな被害をもたらしている。ちなみに、一三件中一一件の火災は、二月下旬から五月上旬までの春先に発生している。こうした火災は、出火原因だけをみると、炭焼釜や山作業従事者・山菜採り入山者の喫煙などによる人災であることも多い。また、現代と比べた場合の防災意識の低さや、家が燃えやすい素材でできていることも災害の背景にあるだろう。それに加えて、この季節の異常乾燥や突風といった気象が要因となって、その被害を拡大させる傾向にある。町内でも特に山間部の集落は、他の地域よりもこうした脅威に晒されやすかったといえる［志津川町 一九八九ａ：二八五—二八六］。

気象に続いては、この地域の海や山に目を向けてみたい。南三陸町が含まれる東北海区は、南から黒潮、北からは親潮、さらには津軽暖流が流れ込む混合水域が形成されている。そのため、三陸沿岸は、各海流から派生した暖水、冷水が交錯分布する複雑な海洋環境となっている。また、そのリアス海岸の地形は、湾港として優れた特徴をもっているだけでなく、魚介と藻類の養殖や、黒松の植樹にも適している。南三陸町を代表する志津川湾は、湾口の幅が約六・三キロ、湾の奥行きは八・二キロで、湾内にはいくつもの小島が浮かんでいる。また、志津川湾岸には小さな支湾も多い。そのうちのひとつ、伊里前湾の湾奥部には、歌津町の中心街が形成されていた［歌津町 一九八六：五、志津川町 一九八九a：五六］。

志津川湾を取り囲む山々は、北上山地という宮城県牡鹿半島から青森県八戸市まで南北に長さ約二五〇キロ、岩手県宮古市から盛岡市まで東西に幅最大約七〇キロの、なだらかな丘陵地形の一部を成している。町内の最も高い山は、歌津地区と気仙沼市にまたがる標高五一二・四メートルの霊峰田束山で、その頂上からは周辺の海岸を一望することができる。他にも、標高二〇〇メートル台後半から四〇〇メートル台半ばの山々が多数連なっている(16)。

生物相

海と山が非常に近い距離にあるこの地域では、植生も多様である。宮城、岩手の平地に見られる植物はもちろん、寒冷地または高山性のものまで存在している。加えて、この地域の自生植物の中には、海岸特有の、潮風や海水を浴びても枯れずに生き残る、耐塩性の高いものが多い。例えば、タブノキは国内でも温暖な地方の海岸部に多いクスノキ科の常緑高木だが、志津川湾内に浮かぶ椿島がその群生の北限だとされ、その植物学上の価値から「椿島暖地性植物群落」として国の天然記念物に指定されている。また、そのタブノキ林内には、同じく常緑で海沿いに生育する比較的背の低いヤブツバキも多く生えている。

このような環境においては、したがって、そこに住む昆虫も多様で個体数が多い。食物連鎖の法則によって、それを捕食する鳥獣もまた多く生息している。野鳥に関しては、ウミネコが多数見られる他、絶滅危惧種のイヌワシもこの自然環境を住処としており、南三陸町の町鳥となっている。

また、沿岸の岩礁や砂底には、アワビ、ウニ、ホヤ、ナマコ、タコ、アサリなどの生育が見られる。さらに、暖寒流を回遊する魚類として、イワシ、タラ、サメ、カツオ、マグロなどの他、海底に定着する魚類としては、アイナメ、アナゴ、ウミタナゴ、カレイ、シラウオなどが挙げられる［歌津町 一九八六：四一—四二］。そして、南三陸町では海の生物の中から、マダコ（タコ）が、公式のイメージシンボルに指定されている。

南三陸町の文化

産　業

この地域では、繰り返される津波の歴史を背負い、現代まで残る豊かな自然の中で生きる人々の暮らしも注目に値する。この地域の自然環境に根付く生業や、人々に伝統として認識されている習慣や祭事を、ここでは「文化」として紹介する(17)。

海に面したこの地域の地場産業として真っ先に想像されるのは、漁業である。ただし、志津川湾内での養殖漁業や栽培漁業の技術が進歩するまでは、具体的には、第二次世界大戦が始まる前までは、農業が主幹産業であったという。とはいえ、日本を代表する米どころのひとつである宮城県にあって、この地域は地形的に水田を拓くのに適した地域ではなく、小規模な稲作が行われてきた。その代わりに、注力されてきた分野が、養蚕である。特に内陸の入谷地区は、山内甚之丞という江戸時代の人物が、蚕の飼育法や生糸製造の技術を導入したことで、仙台藩領の養蚕の中心地となった。それ以来、養蚕は入谷だけでなく、現在の南三陸町を構成する他の地区でも積極的に取り組まれ、農家にとって重要な副収入源となっていた。明治時代になると、機械式製糸会社「旭館製糸機械場」が結成され、この地域の一大産業となった。同社のブランド「金華山」は、明治三三年（一九〇〇年）のパリ万博でグランプリを受賞している［太齋 二〇一〇］。しかし、この地域に限らず、宮城県の製糸業は第一次大戦後に衰退し、同社も昭和一二年に解散している。そして、労働集約的な生産体制が解かれた後、この地域の養蚕は、農家の作目のひとつとして、昭和五〇年代頃まで続けられていたという［菊池 一九八三］。

続いては、この地域を特徴付ける産業として、漁業に目を向けたい。昔から、定置網や地引網漁が行われ、動力船の普及により船員として遠洋に出漁する町民も多かった。この地域では、戦後になって旧来の採取・捕獲漁業から、養殖漁業へと移行していく。

そのきっかけのひとつとなっているのが、一九六〇年のチリ地震津波である。この災害により、湾内の漁業は大きな被害を受けた。その復興の過程で、既に他の地域で行われていたワカメの養殖を取り入れようという気運が急速に高まったという。その直後に、ワカメの張り網にホヤが付着することにヒントを得て、その養殖も始まった。それからさらに、一九七〇年代後半には、この地域で、全国に先駆けてギンザケの養殖も取り組まれている［志津川町 一九八九b：九五―九七］。一時は、チリから安くて質のよいギンザケが入ってきたことで厳しい競争に晒されることにもなったが[18]、町民の努力もあって、志津川湾でとれたギンザケは脂の乗りの良さとクセのなさが評価され、一定のブランド力を獲得するに至っていた［志津川町戸倉漁業協同組合 一九九九］。

共同体

人々の暮らしの中で特筆すべきコミュニティの形態として、「講」というものがある。これは主に既婚者を構成員とする伝統的集団で、性別やライフステージごとにいくつかの種類がある。男性の場合は、結婚をして家督を継いだところで「契約講」に加入し、またその息子が結婚することで「六親講」に移行する。「六親講」は、さらにその孫が結婚した時点で引退となる。女性の場合は、家督の嫁になった時点で「観音講」に加入し、その息子が結婚した時点で「念仏講」に移行する。男性同様、その男孫が結婚した時点で、講そのものから引退する。「男性」と「結婚」を中心に展開するこのコミュニティにおいて、より上位の集団に移ることを「みあがり（身上がり）する」という。

講の中でも、働き盛りの男性で構成される契約講は、町民の生活において重要な位置を占めていた。志津川町の場合は、町誌で五〇の契約講数が確認されている。その規模は、小さいもので一〇戸、大きいもので八〇戸から成り、創設の年代は、古いもので江戸中期、新しいもので昭和後期となっている［志津川町 一九八九b：一二六四―一二六六］。

契約講では、薪炭用の山林や草刈場、地元漁業権などを共有財産として管理していた。つまり、講に入らなければ生活に困ることになり、それゆえに内部での結びつきは強固なものとなった。冠婚葬祭に必要な什器や座布団等も、講で所有していた。講の拘束力が弱まった現代でも、町内の集会所で必需品を揃えておく習慣が残っている。また、構成員の家屋の修繕には全員で取り組み、建築する場合は、共有林から木材を無償で与えるところもあった。用水や道路の改修申請も共同で行った。浜では同時に漁獲を開始したり、山の草刈場でも同時に鎌入れしたりするなど、平等が重んじられていた。紐帯が強かった分、講則に背いた者への制裁も厳しかった。俗にいう「村八分」といわれる処罰で、火事と葬式の二分を除いて共同体から排除される、というものだった。ゆえに「契約（講）に教えるぞ」と言えば、大抵のトラブルは収まったという［佐藤 一九八五：五一三―五一五］。

簡単にその他の講についても触れておく。六親講は、息子の結婚により、契約講を引退した男性で構成されるため、「年寄り講」ともいわれる。細かい講則や共有財産はなく、主な機能は、村落内の身内に不幸があった際に、葬式の世話をすることであった。結婚した女性が嫁として加入する観音講は、集会が年に二回か三回、講員の家にて持ち回りで開催される。当日は米や野菜、経費を持ち寄って精進料理をつくり、山の神や観音を拝んだ後に、共同で飲食をする。講員の慰安と親睦を図ることが、観音講の主な目的であった。また、男性が契約講から六親講に身上がりするのと同時期に、女性も自らが姑の立場となることによって、観音講から念仏講へと移行する。その主な目的は、この世代の女性同士の交流であったが、伝統的には、六親講と協力して死者を弔う役割も担っていた［志津川町 一九八九b：三〇一―三〇六］。

講は、この地域の信仰的な行事とも結びついている。代表的なものとして、春祈禱がある。この行事は、旧暦の二月一五日を中心に行われる。祈禱の当日は、まず早朝に神社に集まって朝日を遥拝する。それから、神官、笛と太鼓、獅子頭、講員の一行が、東の村境から西へと地区内の全戸を回り、獅子舞によって家々の厄払いを行う。伝統的には、この日には全ての家が仕事を休み、遠方に出稼ぎに出ていた者も帰郷することになっていたという。その際に、お互いの消息や家族の動向がじかに確かめ合われ、村人としての連帯感を高めることにつながっていたと考えられている［志津川町 一九八九ｂ：三一二―三一四］。

春祈禱の他に、この地域の代表的な風習として、切り紙「きりこ」がしばしば言及される。これは、南三陸の法印（神官）が半紙で作る神棚飾りである［志津川町 一九八九ｂ：五八五］。折り重ねられた複数枚の白い和紙を型に合わせ、決められた部分を切り抜いていく。そうして所々に穴が開き、端が欠けた紙束は、広げてみると、網にかかった真鯛や、末広がりの扇など、縁起物の模様をした紙細工へと姿を変える。各戸に配布された切り紙を、人々は正月に神棚に飾り、豊漁や海での安全を祈願したものだという(19)。

観　光

そして、震災直前までの南三陸町は、リアス海岸特有の風光明媚な景観に代表される豊かな自然環境と、基幹産業の水産業を結びつけた「観光立町」を目指していた(20)。町内には元々、波の穏やかな人工海水浴場のサンオーレそではま（志津川地区）や、志津川湾の南端に位置する南三陸町屈指の景勝地である神割崎キャンプ場（戸倉地区）、世界最古の部類に入る魚竜の化石がこの地域で発掘されたことを伝える魚竜館（歌津地区、二〇一一年の津波で流失）、仙台藩養蚕の発祥の地として数多くの民俗資料を展示したひころの里（入谷地区）といった観光名所があった。

観光による地域活性化の具体的な取り組みとして、合併した二〇〇五年には、国から「南三陸型グリーン・ツーリズム特区」の認定を受けたりもしている。「環境」と「交流」を意識したまちづくりを進め、交流人口の拡大を図ることを目的に、人材育成や受入体制の整備を行うというものである。その計画には、民宿や特定農業者による濁酒製造の他、産地直売所や農漁家レストランの起業促進による地産地消と食育の推進が掲げられていた［内閣府地方創生推進室 二〇〇五］。

また、南三陸町の食と関連する観光についても、少し触れておきたい。二〇〇八年一〇月〜一二月に、「美味《うま》し国 伊達な旅」をメインテーマとする仙台・宮城ディスティネーションキャンペーン[21]という全国規模の観光振興策が実施された。これを受けて、南三陸町でも「汐風を食べてみませんか」をキャッチフレーズに、観光客誘致に向けた積極的なPR活動が行われた。町内最大の宿泊施設であるホテル観洋でも、関連イベントやオリジナルメニューなど、この地域の食と結びつく様々な取り組みがなされていた。さらに、その翌二〇〇九年末には、地元の海産物をふんだんに使った「キラキラ丼」シリーズが、町内の飲食店組合を通じて各店で提供され始めた。このキラキラ丼は、その季節ごとの旬の食材（イクラ、めかぶ、ウニなど）を使うことを共通の前提として、各店がそこに独自のアレンジを加えていくというものである。海の高級食材が、惜しげもなく白飯の上に盛りつけられた様は、視覚的にも鮮烈な印象を与え、この町の看板メニューとなるまで大した時間はかからなかった。

津波のような災いもあれば、上記のような海からの恵みもある。さらに、人々は時間の経過とともに、災いであったはずの過去の津波からも、観光的要素を見出してきた。一九六〇年にチリ地震津波が発生して、旧志津川町で大勢の犠牲者が出たことは前述の通りである。それから三〇年後の一九九〇年、当時の駐日チリ大使が合併前の志津川町を訪れ、友好のメッセージを贈ったことから、チリとの国際交流が始まった。「志津川町の皆様へ」で始まるそのメッセージは、次のようなものである。

三〇年前、チリ国南部海岸地帯を襲い、貴町にも、津波の大きな被害をもたらした悲しむべき災害を記念されることに、チリ国民は、深い共感を覚えます。この記念碑建立は、両国民の友好と相互理解をより深め、そして、将来にわたり、両国間の絆を一層強めていく証となるでしょう。チリ国民は、この長い歴史を持ち、かつ、友愛に満ちた両国の関係に、深い愛着の念を抱くものです。

［志津川町 一九九〇：七二］

このメッセージの後に「駐日チリ大使館」と書かれ、最後に丁度チリ地震津波が発生した三〇年後を意味する「一九九〇年五月二四日」という日付が明記されている。これと同じ文言は、その際に寄贈されたコンドル（チリの国鳥）の記念碑にも刻まれた。さらにその翌一九九一年、町内市街地の中で海に面した松原公園には、そのコンドルの碑の隣に、チリ共和国領イースター島の誇る巨石文化にちなんで、実際にチリ本土でつくられたモアイ（像）も設置された。この時点で、志津川町ほど、日本国内でチリと関係の深い地方自治体は他になかったであろう。実際、町内数ヵ所にモアイのレプリカ像が置かれ、マンホールにもモアイのイラストが描かれていた。しかし、こうしたチリ地震津波からの一連の出来事を観光資源として積極的に活用し始めたのは、比較的最近になってからのことであったといえる。

中でも目立った動きとして、二〇一〇年に宮城県立志津川高校の情報ビジネス科が、「課題研究」という授業をきっかけに、地域活性化を目的とした「南三陸モアイ化計画」をスタートさせている。モアイ像を活用した商品開発や町のＰＲ活動、防災意識の向上、チリとのさらなる国際交流を図ることが目的であった。そこには、町民の有志もその計画のサポーターとして関与していた。生徒による一般人向けのプレゼンテーションや、実際に商品化されたモアイグッズの販売など、その活動は校外でも展開していった［モアイプロジェクト実行委員会 二〇一三］。

防災

最後に、この地域の津波対策についても概観しておきたい。まず、ハード面に関して、運輸省第二湾岸建設局が一九七八年に発行した『三陸沿岸の津波対策』によると、明治三陸地震の後、その被災地では、道路、橋梁、堤防の復旧などとともに、民家の高地への移転、防潮林の植栽などの津波対策が行われた。しかし、多くの地域では、海岸堤防を築造するといった積極的な対策までには至らなかった。次に、昭和三陸津波による被災後には、やや積極的な津波対策がとられた。宮城県においては「海嘯罹災建築取締規則」を県令として発し、津波来襲の恐れのある地区に建物を建てる際は、その構造に厳しい制約をつけ、知事の認可を必要にした。そして、政府による本格的な津波対策事業が行われるようになったのは、一九六〇年のチリ地震津波以降である。志津川湾の場合は、T.P.（Tokyo Peil：東京湾平均海面高）＋〇メートルから＋四・六メートルまで高低の幅のあった防潮堤が、このときを境に、＋三・三メートルから＋四・六メートルまでと底上げされている［運輸省第二湾岸建設局 一九七八：七六］。

また、志津川町誌のより詳細な記述をみると、明治三陸地震津波の後、町内には災害時にスムーズな移動を可能とする横丁ができ、一部の海岸には堤防もつくられていた。こうした対策は一定の効果があるとされながらも、地域的なバラつきもあり、昭和八年（一九三三年）の昭和三陸地震では、歌津町に大きな被害がもたらされた。また、当時の対策は、一九六〇年のチリ地震津波の前では微力であった。しかしその後、防災の技術的進歩と相まって、さらに強大な防潮堤と広い避難道路がつくられることとなった［志津川町 一九八九b：三八六］。加えて、一九九五年には志津川町の役場の隣に、防災対策庁舎が建設された。同地におけるチリ地震津波の浸水の深さを踏まえて、同庁舎は鉄骨造の三階建で、高さ約一二メートルの屋上には避難場所も用意されていた。

この地域のソフト面での防災についてもみていきたい。前述のハード面では、津波の波高（メートル）などの実測値をもとに、将来世代のための対策が講じられる。一方で、ソフト面は、被災者の実体験が土台となる。その代表的な取り組みは、記憶の伝承である。その方法は、口承であったり、石碑であったりする。国土交通省東北地方整備局によると、南三陸町においては一六ヵ所に碑文が刻まれている。明治三陸地震では、志津川地区に「海嘯遭難死亡各霊供養碑」が立てられている。この当時は、防災というより、慰霊の側面が強かったといえる。そして、昭和三陸地震以降、本格的に津波の教訓を伝えるための碑文が、町内各所に残されるようになる。例えば、歌津地区では「地震があったら津波の用心、津波と聞いたら早く高地へ」、志津川地区・戸倉地区では「地震があったら津波の用心」というメッセージで、後世への注意喚起が行われている。さらに、チリ地震津波では、地震がなくても大きな被害を受けたことから、「異常な引潮津浪の用心」という新たな防災の教訓も追加されている［国土交通省東北地方整備局 二〇〇五］。

また、チリ地震津波の経験から、近年までは毎年、その災害が発生した五月二四日に、津波避難防災訓練が行われることが慣習となっていた。そして、丁度五〇年目となる二〇一〇年には、町民ら約五〇〇〇人が参加した大規模な訓練も実施された。東日本大震災発生の約一〇ヵ月前のことである［河北新報 二〇一〇］。

二　東日本大震災による被害、町民の震災当日の体験談

ここからは関心の焦点を、二〇一一年三月一一日以降の南三陸町へと移す。次章以降で紹介する事例は、震災復興過程に入ってからの出来事が主だが、代わりにこのパートでは、震災当日での出来事の再現に心を砕く。

筆者が、南三陸町の人々を対象とするインタビューを行う際は必ず、震災発生前後に何をしていたのか、ということを尋ねていた。彼らの口からは、何気ない日常が暗転する瞬間や、生死を分けたとっさの判断、故郷が崩壊していく様子などが語られた。自ら体験した災害について、真に迫る語り口で表現豊かに話す人もいれば、沈黙にも意味を持たせるがごとく慎重に言葉を選んで話す人もいた。

人間の安全保障の観点からみても、人々が最も深刻な恐怖と欠乏に晒されたのがこの日からの数日間であったことは間違いない。ここでは、筆者が聞き取った災害の語りを中心に、東日本大震災という脅威の実体を描き出すことを試みる。

二〇一一年三月一一日の南三陸町

その前兆は、後から振り返れば、東日本大震災発生二日前の三月九日にあったとされる。その日の午前一一時四五分に、三陸沖を震源とするマグニチュード七・三（最大震度五弱）の地震が発生した。当時まだ記憶に新しかった二〇〇八年の宮城・岩手内陸地震と比較した際、直下型地震特有の真下からの叩き付けるような揺れではなく、最初小さかった震動が徐々に増幅していく海溝型地震の揺れの特徴を

示していた。三陸史における津波災害の多くも、同種の地震によって引き起こされたものである。このときは、津波注意報が発令され、南三陸町の隣の気仙沼市では二〇センチの津波を観測している［気象庁 二〇一一a］。少なくとも、この地震や津波による死者が出たという報告はない。その日、この地震は全国ニュースとしてテレビで放送されるほどには注目を集めたが、これを二日後の本震の前兆（前震）だと考えた者は、当時、ほとんどいなかっただろう。

そして、三月一一日午後二時四六分、東北地方太平洋沖で、マグニチュード九・〇の大地震が発生した。南三陸町で観測されたのは、震度六弱の烈震であった。午後二時四九分に大津波警報が発せられた。最初に予想された津波高は六メートルであった。しかし、その後すぐにその数字は修正され、一〇メートル以上の津波が来ると発表された。そして、午後三時二五分前後に大津波が襲来した。

南三陸町の調査協力者が筆者に提供してくれた津波の映像に基づいて、その瞬間の様子を描写しておく。志津川地区の中心街にいた撮影者は、一定の高さの建物階まで避難した後、携帯電話のカメラで一〇秒ほどの動画を記録している。

そこには、津波が間近に迫って来る様子が映されていた。まず、茶色く濁った海水が、鉄筋のビルの間からしみ出してくる。眼下の駐車場に浸水した途端、何台もの自動車が軽々と押し流された。それに続いて、本格的に水量を増した津波の中には、木造住宅の破片も浮かんでいた。遠くにあるうちはゆっくり近づいているように見えた津波は、目の前まで来たかと思えば一瞬でその横を通り過ぎ、町のさらに奥まで被害を拡大させていった。

沿岸部に近いところから、例えば、チリ製のモアイ（像）のあった松原公園が、まず海水に飲み込まれたと考えられる。そのモアイ（像）は、後に頭部だけが瓦礫の中から発見された[22]。志津川町にあった木造二階建の町役場（本庁舎）は津波により全壊し、行政機能がほぼ完全に麻痺した。その隣に建っていた防災対策庁舎も、屋上（地上から約一二メートル）まで海水が迫った。今ではその鉄骨だけが残されている。

防災対策庁舎では、避難放送を担当した女性職員が、今際《いまわ》の際まで、町民の安全を希い続けた。尊い犠牲もあってか、多くの人々は、高い建物の屋上や、高台にある学校に避難することができた。しかし、戸倉地区の小学校と中学校は、小高い丘の上にありながらも、津波の勢いはそれを上回り、校内での犠牲者も出している。

町内の浸水深（洪水・津波などで浸水した際の、水面から地面までの深さ）は、志津川地区で一三・八〜二三・九メートル、戸倉地区で一〇・七〜二二・六メートル、歌津地区で一二・二〜二三・四メートル、となっている［南三陸町 二〇一二a：一九］。チリ地震津波の後につくられた防潮堤は高いものでも四・六メートルであったことから、それがいかに想定を大きく上回る桁違いの津波であったかがわかる。

結局、南三陸町では、建物用地と幹線交通用地の四八パーセントが浸水した［国土地理院 二〇一二］。志津川湾の湾奥の低地に行政や経済、交通が集中していたこの町は津波によって、一般にもしばしば表現されるように、丸ごと飲み込まれ、壊滅的な被害を受けることとなった（写真1）。宮城県の報告によると、死亡者六二〇名（直接死六〇〇名、関連死二〇名）、行方不明者二一二名の人的被害があり、住家被害は全壊三一四三棟、半壊一七八棟、一部損壊一一〇四棟となっている［宮城県 二〇一五］。南三陸町の震災前（二〇一一年二月末時点）の人口は一万七六六六人だったので、その約五パーセントが犠牲者となったことになる［南三陸町 二〇一二b］。その後の最大避難人員は、二〇一一年三月一九日時点で、消防団などの状況把握により、三三の避難所で九七五三人が確認された［南三陸町 二〇一七］。

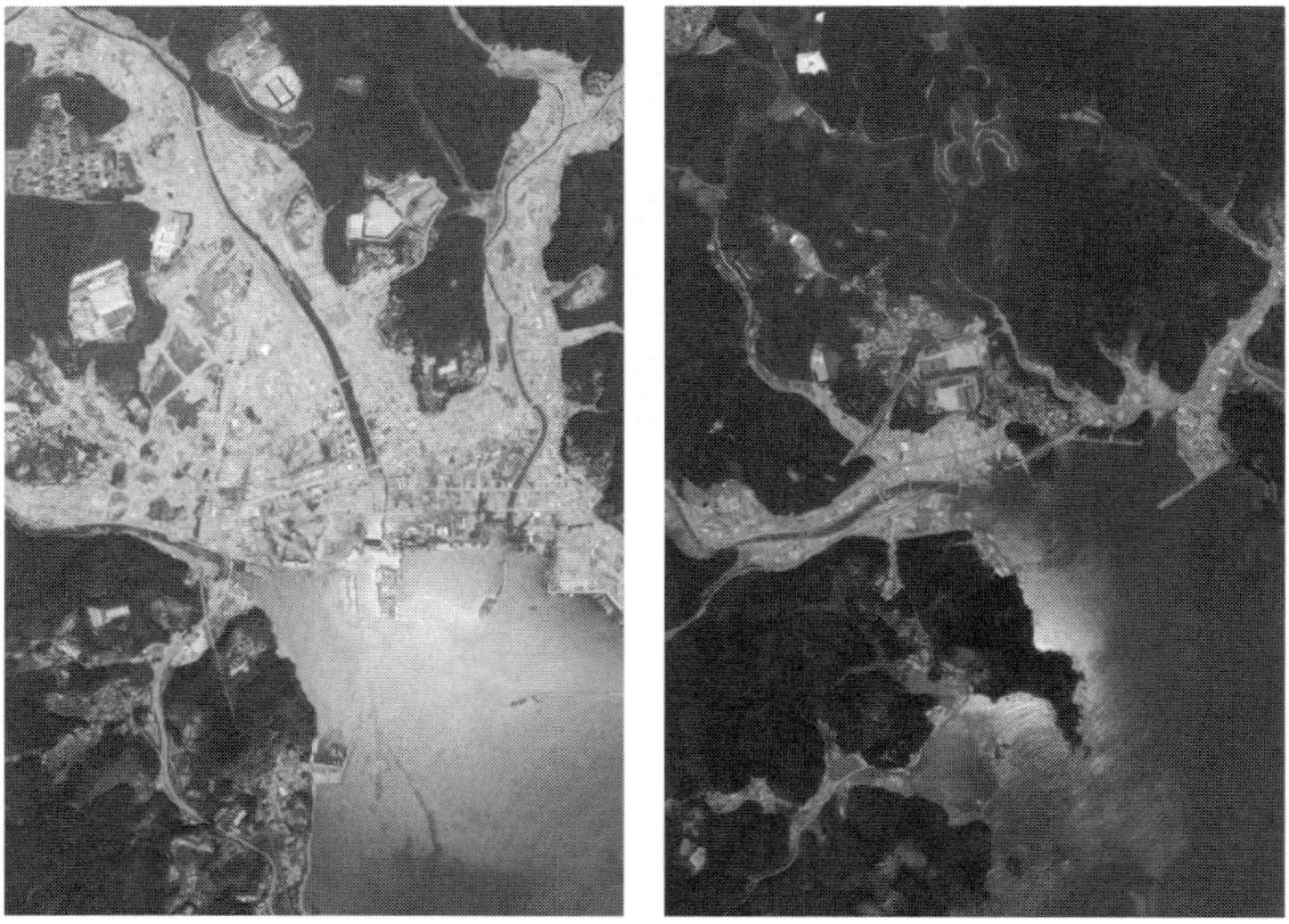

2011年6月7日国土地理院撮影

写真1　津波で壊滅的被害を受けた志津川地区中心部(左)と歌津地区中心部(右)

南三陸町の避難所が直面した困難について、被災者の多様性と脆弱性の観点から補足しておく。既に多くの報道機関も発信しているが、人々がひしめき合い、最小限の個人スペースしかない環境は、様々な問題を引き起こした。

後期高齢者は、容易にその場から動くことができず、血行が悪化し足腰も弱まり、いざ立ち上がったり歩いたりするときに、転倒してしまうこともあった。また、子どもの中には、被災後のストレスから、失禁を繰り返し、頻繁に爪をかむようになった者や、支援者に対して攻撃的になる者もいた。

そして、避難所の医療・保健衛生面でのリスクも深刻であった。公立志津川病院に勤務をしていた菅野武は、その現場の状況を克明に記している。食事と処方薬のバランスが乱れ、元々患っていた糖尿病が悪化したケースや、津波で倒壊した家屋からの粉塵が原因で、喘息やアレルギー性鼻炎が発症したケースもあったという［菅野（武）二〇一一：六六―六七］。

さらに、避難人口のおよそ半数を占めていたはずの女性のニーズもなかなか満たされることはなかった。ひょうご震災記念二一世紀研究機構が南三陸町で実施した調査報告によると、生理用品や下着等の物資の分配にあたっては、その調整に苦労した避難所や、途中から女性が運営メンバーに加わった避難所が多数だったとされる［ひょうご震災記念二一世紀研究機構 二〇一四：一〇］。

南三陸町の人々の被災体験

大筋として、東日本大震災がどのような災害であったかは、日本社会の成員であれば、ある程度把握しているだろう。しかし、その恐怖と欠乏の細部までを想像するのは容易くない。ここでは、断片的ではあるが、災害の現実を学び知るために重要な、個別の被災体験をいくつか紹介したい。

① 佐藤清太郎・京子

佐藤清太郎は、元郵便局員で、志津川十日町という南三陸町の中心の一角であった地区の区長も務めていた。

二〇一一年三月一一日当時、七〇歳手前であった彼は、妻の京子とともに、日課となっていた近所の散歩に出かけていた。海沿いを走る国道四五号線に架かるはまゆり大橋の付近を歩いていたときに地震が発生した。その道路橋は、佐藤の自宅のあった十日町から、町内の山間部へと続いていたため、二人も当然その方向へと駆け上がった。

彼らはその前々日の三月九日の前震のときも、高台の公民館に避難していた。そのとき、地域の女性らは、朝に炊いたご飯やおかずを持ち寄ったりもしたという。避難警報がなかなか解除されずに、午後七時半まで待機していたが、その日は結局何もなかった。

そして、三月一一日は、地震から一時間も経たないうちに津波が押し寄せたため、二日前のように食料を持ち寄る余裕は全くなかった。京子がそのとき持っていたのは、いくつかの飴玉だけであった。大勢の人が避難している中で、平等に行き渡るだけの数はない。周囲に気遣いながら、一緒に避難した知り合いの間でこっそりと分け合った。

また、清太郎は持病用の常備薬を必要としていたが、避難所生活の中でそれが尽きる危険もあったという。しかし、彼は区長という責任感から、自分の体調を最優先に他の人よりも早く避難所を出る、という選択ができなかった。

清太郎は、仮設住宅団地に移ってからも、そこで自治会長を務めることになる。この佐藤夫妻は、筆者のＮＰＯによる支援活動やフィールドワークにおいても重要人物となるので、次章以降でまた紹介したい。

②　阿部雄久

阿部雄久は、その日、南三陸町に隣接し、県内第二の人口を擁する石巻市のハローワークにいた。求職活動を終え、車で内陸部の登米市を通って、自宅に帰る途中に大地震が発生した。阿部はカーラジオでその第一報を受けた。

登米市から山を越えて南三陸町へと至る道は、大きく二通りある。南三陸町の戸倉地区へと続く道と、入谷地区へと続く道である。阿部が最初に選んだのは前者だった。しかし、南三陸町に入る手前で、その道は警察官によって通行止めになっていた。自宅が志津川地区にあるので通してほしい旨を警察官に伝えると、強い調子で追い返された。

代わりに、そのときに聞かされたのが、町内の警察署の三階にまで達するような津波が襲来したという衝撃の事実である。阿部が父親と二人暮らしをしていた実家は、警察署とほぼ同じ海抜にあったため、そのときは、「終わった」と思った。

それでも、すぐに来た道を引き返し、もう一方の道路から南三陸町へと戻ることを試みた。町内の山側にある入谷地区を通り、志津川地区が目の前になったところで、今度は沿岸部から流れ着いた大量の瓦礫が山をなして道を塞いでいた。押し潰された車からは、クラクションが鳴り続けていた。止むを得ずまた道を引き返し、結局、入谷地区の友人宅を訪ねることにした。しかし、その友人は不在宅であったため、身勝手を知りながらも、他に行くところもなく二晩をそこで過ごした。

それからは、高台にある志津川小学校の避難所に移り、そこで父親の生存を確認することができた。

③ 高橋恵美（仮名）

高橋恵美は、町内で医療従事者として働いていた。

彼女の勤務先の志津川病院は、町内唯一の総合病院で、防災対策庁舎から数百メートルほど離れたところに建てられていた。鉄筋造りで階数も多く、津波の避難場所としての条件を備えた建物であった。しかし、それでも、東日本大震災の日には、上の階層を残して病院の大部分が浸水している。院内にいた人々は皆、迫り来る津波から逃れるために、上へ上へと避難しなければならなかった。

高橋ら、医療に従事する者たちが、避難後に直面した重要な課題は、患者の健康管理である。彼女らは、自らの安全だけでなく、他人の安全にも責任を負う立場であった。そのことは、院内にいる限りは、被災後も持続していた。

むしろ、より高度な判断と行動が求められていたといってよい。実際、緊急時の医療現場は、壮絶さを極めていた。カルテが流されたため、医療上の必要情報は、患者の身体に直接マジックで書き込むほかなかった。紙オムツは思いの外、役に立った。それを身体に巻きつけることで寒さを凌ぎ、断水中のトイレでは、便器の底に敷くことで衛生状態を保つことができた。

④ 佐々木真

佐々木真は、町の社会福祉協議会の職員だった。その日、道路を挟んで志津川病院の向かいにある高野会館では、新春芸能発表会という高齢者向けの歌や踊りの催しがあり、佐々木はその担当であった。そして、地震の後は、出席していた高齢者を、安全な屋上に避難させるための介助に力を尽くした。

その結果、なんとか全員の命は助かったが、佐々木の身体は、海水でずぶ濡れになっていた。そして、正面の志津川病院の方を向いたときに、ベッドごと流されていく寝たきりの患者の姿が目に入ってしまった。生と死を紙一重で分ける極限の状況であった。屋上では、突然襲いかかってきた自然の猛威に、先に避難していた人々は皆呆然としていた。灰色に曇った空からは、雪も降り始めていた。佐々木が、腰を下ろす頃には疲労困ぱいになっており、九八歳の高齢者にも、心配されたという。

翌日になっても、地面から約二メートル半の高さまで水が残っていた。そして、佐々木を含む体力のある男性三人が、高野会館を脱出して、救助要請を行うことになった。目指したのは、夜から回転灯が光っていた志津川小学校の避難所である。

かつての住み慣れた町は、瓦礫があふれ、汚泥にまみれ、歩くのもままならなかった。しかし、佐々木らは、その瓦礫で橋をつくりながら、なんとか少しずつ目的地に近づいていった。長い時間をかけて辿り着いた高台の小学校では、幸いにして、彼の家族の無事も確認できた。

しかし、佐々木は救助を待つ高齢者のために、高野会館に戻る必要があった。大量のカンパン（非常食）と水を手渡され、また来た悪路を引き返した。建物の屋上で移動もできず孤立した高齢者のためには、こうした道のりを何度か往復しなければならなかった。

そのとき、佐々木は、自分たち以外にも、津波の跡地を歩いている人々を目にした。その中には、身元の分からない死体から、行方不明になった肉親を捜す人も複数いた。彼らは、うつ伏せになった死体を見つけると、ひっくり返してでもその顔を確かめていたという。そのときの人々の心情には、想像を絶するものがある。佐々木自身にとってもそれは忘れられない光景として、記憶に残り続けている。

震災の後、佐々木は、社会福祉協議会を退職し、彼の親が経営していた居酒屋「食通さとみ（現、和来）」の店主を引き継いだ。志津川地区に構えていた店舗は流されてしまったが、新たに入谷地区で再開し、地元の人々や復興関係で南三陸町にやってくる人々の憩いの場をつくり出している。

⑤ 竹内正義

竹内正義は、そのとき、高野会館で行われていた新春芸能発表会の参加者のひとりであった。高野会館の屋上に避難した高齢者は、佐々木真も証言しているように全員が、事なきを得ている。

しかし、竹内のとった行動は、他の高齢者とは異なっていた。大地震の揺れが収まると同時に、戸倉地区の自宅に真っ先に戻った。長らく愛でてきた盆栽一〇〇株の様子も気になった。地震発生から津波襲来までの猶予は長くなかった。自宅のある場所にも危険が及ぶことを察知した彼は、近所の高台に昔から建っていた五十鈴神社に避難した。

その場所には、近隣住民だけでなく、地元小学校の児童らも逃げ込んでいた。津波は押し寄せては引き返し、その場所で竹内は第一波から第五波までを視認している。

津波の動きが落ち着いてからも、危機が去ったわけではなかった。避難した先に都合よく備蓄があるわけではない。そのときたまたま手に入れることができた食料は、全体でみかん二箱と日本酒二升のみであった。

また、その日の夜は冷え込みも厳しく、避難者らは集めた枯れ木に火をつけて暖をとっていたが、夜中の二時には手近な燃やすものも尽き、流されてきた木造アパートの一部を引き剥がして燃料とした。なんとか一夜を乗り切った後、竹内は志津川地区の高台で鮮魚店を営む親類の家に身を寄せた。そこは津波による被災を免れたとはいえ、停電で冷蔵庫が動かなくなると、その中身が腐るのは時間の問題である。そのため、震災直後はかえって魚をたくさん食べたという。

⑥ 三浦洋昭

三浦洋昭は、町内に知れ渡るマルセンという水産加工会社の経営者である。会社は志津川地区にあり、海からの距離はたったの三〇メートルほどであった。

地震があったとき、三浦は工場でデスクワークをしていた。社長という責任ある立場ゆえに、自らが避難行動を開始する前にまず、工場や町内の直営店で働く社員の安全確認と避難の呼びかけを行った。

幸いにして社員一八人は全員無事だった。しかし、彼は、元々介護を必要としていた母をこの津波で失った。

三浦は、避難のときにノートパソコンを一台持ち出していた。夜は暇になるからという程度の理由だったが、結果的に、それが重要なデータを守ったことになり、後に会社を再建するときの役に立った。

一時的に、町内最大の多目的施設であるベイサイドアリーナで津波の危機を回避し、その後しばらくは志津川小学校で避難生活を送った。数百人規模のその避難所で、三浦は、避難所炊事班のリーダーを務めた。薪を集めるチームや、沢に水汲みに行くチームなどに指示を出す役割であった。

三浦にとって、自身の生活再建とは会社を立て直すことでもあった。建物や機材は津波で流出してしまったため、震災直後は全く仕事にならなかった。一旦は社員を全員、解雇しなくてはならなくなった。彼らに失業保険で生活をしてもらっている間に、まずは採算度外視で内陸の問屋から魚を仕入れた。次に、二〇一一年七月から一二月まで移動販売車で、町民の暮らしに貢献するとともに、会社の復活をPRした。そして、翌年二月には、町内の「さんさん商店街」に仮設店舗を出店した。

⑦ 佐藤穂芳

志津川中学校の生徒だった佐藤穂芳は、朝起きるとふと二日前の地震が頭をよぎり、机の上にあった愛用の携帯音楽プレイヤーを室内の安全そうな場所に移した。通学のために家を出るとき、祖母が窓から見送ってくれていた。彼女にとって祖母の顔を見たのは、それが最後となった。

その日は、学期最後の給食の日だった。教室の掃除中、自身は机を移動しているときに地震が発生した。

教師に促されて校舎の外へ避難に出ると、泣いている生徒や、ショックでぐったりしている生徒もいた。学校は高台にあったため、地域の人も集まってきていた。その後、体育館で一時的に待機した。卒業式の前日であったため、並べられたパイプ椅子が散乱していた。そして、最終的には生徒は全員、自分のクラスに戻ることになった。このとき、外は既に真っ暗になっていた。大漁旗や、来賓用のテーブルに敷く白布に包まって寒さをしのいだ。水の止まったトイレからは強い臭いがした。明かりのロウソクも徐々に消えていった。

震災のショックで取り乱した同級生らは、既に泣き疲れていたようだった。しかし佐藤は、少し遅れて、落ち着いてきてからのほうが、涙が溢れてきたという。家族が全員死んでいたら、その後の自分はどうやって生きていけば、といった不安が、そのとき一気に押し寄せていた。

寝るときは男女別に分かれた。制服の中にジャージを着て、友達と身を寄せ合って寝た。しかし、眠れなかった。担任の教師に時刻を尋ねたら朝五時だった。日が昇ってから、校舎に旗を上げるのを手伝うよう頼まれ、屋上に登って初めて津波の事実を知った。家のあった場所は、何もなくなっていた。そうしている間に、支援物資が届いた。おにぎりと水だった。水は回し飲みし、おにぎりはひとり一個ずつ配られた。

この二日目になって、同じ高さの小学校に通う六年生の妹と一緒に入谷地区の友人宅に避難した。その後は、別の避難所にいた他の家族とも合流し、登米市の親戚宅に身を寄せた。そのまま、登米市内で転居先も見つかり、佐藤は四月から登米市の中学校に転校することになった。内陸部は安心ではあった。しかし、彼女は同時に、元いた中学校の仲間は自衛隊のお風呂に入って炊き出しでご飯を食べているのに、自分だけ普通の生活に戻ってしまった、とも感じていた。

⑧ 酒井禅悦

酒井禅悦は、町内の志津川地区で三〇〇年以上続く曹洞宗の寺院、金秀寺の副住職である。本堂には、明治三陸地震のことを記した掛け軸がある。

震災当日、午前中は南三陸町にいたが、午後からは泊まりがけの用事のため、仙台に出かけていた。仙台駅でバスを降り、予約していた近くのホテルに到着したところで地震が発生した。ホテルは停電していて、宿泊客は毛布にくるまっていた。酒井は、そのホテルをキャンセルし、自宅兼お寺のある南三陸町に帰ろうとした。

そのような折、大混乱の最中にあった仙台市で、たまたま石巻市行きのバスを見かけた。乗車口のドアをノックし、その場で運転手に交渉して乗せてもらった。これで南三陸町の隣の市までは行けると考えた。しかし、大地震の影響で都市部の交通機能は麻痺し、バスはなかなか進まなかった。

やがて、目的地までのルートが通れなくなっていることがわかり、結局そのバスは、仙台市内を出る前に、もと来た道を引き返すことになった。そのとき、既に辺りは暗くなっていた。酒井は、少しでも南三陸町に近づいた地点でバスから降り、自力でそのまま進むことにした。やがて、同じ方角に向かう車をヒッチハイクすることに成功し、石巻の矢本というところまで行くことができた。

そこに至るまでの道路には浸水していた箇所もあった。一人になった酒井は、そこからは自分の足で、深夜の三陸自動車道を歩き始めた。河北インターチェンジで、一旦その道を離れ、付近の警察所に立ち寄り、夜明けまで一休みさせてもらった。歩き続けた足は棒のようになり、酒井自身も疲れ果てていた。

それからはヒッチハイクと徒歩を繰り返しながら、少しずつその距離を縮めていった。津波で変わり果てた南三陸町に辿り着き、帰宅できたのは三月一二日のお昼を過ぎてからのことだった。幸いにして、金秀寺は津波の届かない場所にあった。それからというもの、酒井は自らの意思で、同じく被災した町民を救うための活動に身を投じていった。

⑨ 仲松敏子

仲松敏子は、三〇年以上幼稚園で教員を務め、引退した後は「しづがわ民話の会」の会長を務めている。震災前から、周辺の保育所や小学校の依頼を受けて、この地域の民話を子どもたちに伝えてきた。仲松は、横浜の生まれだが、三歳から志津川で育った。以降、地震があったら高台に逃げなければならないことは、親から繰り返し教わってきた。その自宅は、志津川地区の山のふもとにあり、多くの建物が並ぶ町の平地部分よりも若干高い位置にある。

三月一一日は、近所の保健センターで健康教室に参加していた。大地震が発生してからは、すぐに屋外に出ようとしたが止められ、皆それぞれが座っていたパイプ椅子の下に潜り込み、揺れが収まるのを待った。建物の天井もミシミシと鳴り、崩れ落ちてくる危険を感じた。当然、健康教室は途中で解散となった。一緒に参加していた戸倉地区の友人は、「お互いに気をつけようね」という言葉を別れ際に交わしたきり、還らぬ人となってしまった。

仲松も自宅に戻ったが、夫が不在であったため、家の外でその帰りを待つことにした。ほどなくして、夫の軽トラックが現れたが、その頃には、津波襲来の危機で、町全体が大騒ぎになっていた。結局、バッグも何も持たずに、愛犬と一緒に軽トラックの荷台に乗り、高台の志津川小学校に避難した。しかしこのとき、一旦安全な場所まで移動したにもかかわらず、夫はまた、彼女の制止を振り切って、貴重品を取りに自宅に戻ってしまった。

その直後、津波が町を破壊し始めた。尋常ではない量の黒いほこりが舞い上がり、凄まじい音は避難場所まで聞こえてきた。夫は逃げ切れずに津波に飲み込まれたのではないか、と悪い想像が頭をよぎった。恐怖で足がガクガクと震えた。幸いにも、しばらくして夫は、家の裏山を伝って小学校へと避難してきた。諦めかけていた仲松の目には、その登場の瞬間、夫に後光がさして見えたという。

高台からは、自宅の一階部分が水に浸かり、自家用車がぷかぷかと浮かんでいるのが見えた。仲松夫婦は、小学校のすぐ下にアパートを所有していたため、震災の翌日から、その一室でしばらく生活をした。浸水した自宅の中は、泥だらけで、様々な破片が飛び散っていた。住めるようになるまで、片付けや修繕、防犯などに、多くの労力と時間を要した。同時に、濡れずに済んだ一部の備蓄米や、元々商品として売っていた家鶏の卵を、避難所に届けたりもした。

震災発生からしばらくは活動どころではなくなった民話の会だが、仲松は二〇一一年八月に自らの被災体験を話す機会をたまたま得たことがあった。それ以来、町外の人々を主な対象に、この地域の民話を紹介するだけでなく、震災当時の様子についても語る活動を続けている。

⑩ 佐藤さゆり

佐藤さゆりは、町の内陸部と隣接する登米市のスーパーマーケットに勤務していた。母と息子の三人暮らしで、自身が一家を支える働き手であった。

前日の三月一〇日は夜勤のシフトに入っていたため、三月一一日の午前中は自宅で高齢の母と家事をしていた。その日の午後は、小学校中学年の息子の下校時刻に合わせて車で迎えに行き、その足で彼を病院につれていく予定であった。

佐藤が韓流ドラマを観ていた午後二時三〇分頃、突然、彼女の母（息子にとっての祖母）が、息子を迎えにいくよう強い口調で促し始めた。志津川地区の自宅から小学校まで、車で一〇分もかからない。下校時刻に間に合わせるには、まだ少し余裕があった。そんな母の言動を不思議に思いながらも、佐藤は早めに家を出ることにした。

そして、高台の小学校に近い崖の空き地に駐車したとき、大地震は起こった。車内にいた佐藤は、自分の車が前後に大きく揺れるのを感じ、慌てて外に飛び出した。携帯電話からは、緊急地震速報を知らせる警報音が鳴っていた。不安な気持ちのまま息子の身を案じ、小学校のグラウンドへと向かった。坂道の下から、津波の襲来を予感した大勢の町民が、急いで高台へと駆け上がってくるのを目にした。その中には、彼女の親戚もいて、「（避難場所に）来るの早いね」と言われた。佐藤は息子を迎えにそこへ来ていたのだが、この状況下では学校も、残った子どもたちを下校させるわけにはいかない。そうなると、家にひとり残った母のことが心配になった。

そのため、もう一度自宅に戻って母もここに連れて来るつもりだと、知人に話したところ、ものすごい剣幕で叱られてしまった。それから間もなく、津波が押し寄せた。じっくりとその様子を見ていたわけではないが、町の中を瓦礫が流れ、電線が切れたときの火花が散る様子を目にした。やがて大量の雪も降り始めた。そのまま、小学校での避難生活が始まった。

その間も、家の様子や母の安否が気がかりだった。震災発生の翌々日となる三月一三日に、自分の足で確かめにいった。平地よりも若干高い位置にあった自宅は既に原形を留めておらず、母親も行方不明のままだった。

近所で聞き込みをしていると、母の最期に居合わせたという男性に出会った。震災の直後、彼らは近所の何人かで一緒に、志津川小学校とは別の最寄りの高台に避難しようとしていたらしい。その男性は佐藤の母の手を引いて坂を上がっていた。背後から迫る津波を見て、このままでは間に合わないと悟った母は、その男性に「(自分のことは)いいから逃げろ」と言ったという。男性は佐藤に、「悪いけどそこで手を離した」と正直に伝えた。しかし、それはもはや手遅れのタイミングであった。母だけでなく、男性も、津波に飲まれてしまった。他にも一緒に行動していた数名がそのときに命を落とした。その男性が生還したのは、全くの偶然である。

その事実を知った佐藤は、それから二日に一回の頻度で、町内の遺体安置所に足を運ぶようになった。結局、母の遺体が発見されたのは、自宅の解体作業が始まった四月中旬頃である。自身は、母の死を受け入れ始めていたが、それを息子に伝えるのはとても辛いことであった。この母子が避難生活から落ち着いた先は、登米市の仮設住宅である。新たな環境での二人暮らしに、少しずつでも慣れていかなければならなかった。

⑪ 鈴木清美

鈴木清美は、町内で高齢者の社会参加を促進するシルバー人材センターの職員だった。彼の事務所は海のすぐ近くであった。地震発生の後、その場に留まっていては、真っ先に津波に飲み込まれる場所にあった。そのため、まずは全員それぞれの家に戻ってからすぐに避難し、津波警報が収まったらまた職場に戻ってこようということになった。

鈴木には、親族の中に知的障碍をもつ者がいたため、そのとき、町内の障碍者の生活介護事業所であるのぞみ福祉作業所へと向かった。その作業所は、海岸からおよそ五〇〇メートル離れ、海面よりも一五メートルほど高い位置にあり、災害時の指定避難所であった特別養護老人ホーム慈恵園と併設されていた。

午後三時頃そこに到着したとき、まだほとんどの利用者がいて、鈴木もそこで津波の様子を見ることにした。目の前には町内を横断する気仙沼線があり、その高架式の線路が津波を阻んでくれると思っていた。しかし、津波はその「防波壁」をも容易に乗り越えた。

建物や交通インフラが破壊し尽くされていくのを呆然と眺めているうちに、一本の流れが坂道を遡って鈴木らの避難所の足元まで迫ってきた。この指定避難場所も危ない、と思ったのはそのときだった。鈴木は慌てて作業所の中に逃げ込んだが、津波の高さはその一階の天井に届くほどのものであった。鈴木もその暴力的な波に飲まれた。溺れもがく中で、偶然にも窓際の雨樋に摑まることができ、なんとか水面に顔を出して息をすることができた。数十秒遅ければ命を落としていた、と振り返る。作業所内でも、部屋の位置や構造によって流れ込む海水の勢いや量は異なった。幸いにも、障碍をもつ彼の親族は無事であったが、同作業所から犠牲者が二人出てしまった。

また、寝たきりの高齢者を介護していた慈恵園では、より多くの人命が失われている。九死に一生を得た鈴木も、身体はずぶ濡れで、疲弊し切った状態であった。一度津波に飲まれた後で、普段からかけている眼鏡が流されてしまったため、それから町全体がどうなったのかを、はっきりとは見ていない。それでも、この避難所ももはや安全でないことは、身をもってわかっていた。視界はぼやけ、本人曰く「半狂乱」の状態になりながらも、一緒にいた障碍者や高齢者の町民らが、より高い場所にある志津川高校へと避難するのを手伝った。鈴木も、そのまま五日間を志津川高校の避難所で過ごした。

自宅も失った鈴木は、復興過程に入ってからは、「みなし仮設」として登米市内のアパートに移り住んだ。そして、入谷地区に設置された宮城大学の南三陸復興ステーションの職員として、住民主体の町づくりにおいて様々な役割を果たしていった。

⑫ 菅原つるよ

菅原つるよは、歌津地区の韮の浜という海に面した地域で、酒店を営んでいた。夫は既に他界し、町内で働く息子との二人暮らしであった。

三月一一日の地震の瞬間は、友人を乗せた軽自動車を運転中で、気仙沼市へと続く国道四五号線を走っていた。車内で、携帯電話から緊急地震速報のメッセージが再生され、最初は車が喋っていると勘違いした。揺れの激しさを実感したのは、歌津大橋に差し掛かったあたりであった。電柱や橋そのものが大きく揺れているのに助手席の友人が気付き、三分の一ほど進んでから、Uターンして自宅の方向へと引き返した。このとき、息子に電話をしたが、通じなかった。

住宅地を通る道路には、倒れた塀ブロックや、屋根から落ちた瓦の破片が散乱していた。その上を車で突き進み、自宅へと帰り着いた。

そこで、息子とも合流し、家の中を一通り確認した。家財道具の全てがひっくり返っていた。二階の窓が、鍵をかけていたにもかかわらず開けっ放しになっていた。長い揺れで自然に解錠されることがある、という話を以前に聞いていたことを、このとき思い出した。ガスと電気を切り、貴重品を持って、息子とそれぞれの車で高台に避難した。自分の足の具合がよくないことを知っていたため、できる限り早め早めの行動をとるように心がけた。そのため、韮の浜を襲った津波を自分の目では見ていない。

その日から、この親子は、町内高台の団地で一人暮らしをしていた彼女の姉の家で、避難生活を送ることになった。津波の恐怖からは逃れることができたものの、深刻な欠乏の日々が続いた。実際、親族や友人の個人宅に避難していた人々は他にも大勢いたが、そうした場合は、学校のような大規模避難所と違ってなかなか支援物資も届かなかった。最初に届いた食料は、一人に対してクロワッサン半個ずつであった。停電による寒さと暗さには、気が滅入った。木造の家だったため、余震で感じる揺れも大きく、夜中に飛び起きて、外の木に摑まることもあった。生活をしていく上で欠かせない水は、近所の井戸のある家から分けてもらっていた。ガスの代わりに、旧式のストーブで水を沸騰させていた。志津川地区の避難所から、知り合いが弁当やおにぎりを多く貰って持ってきてくれることもあったが、中には日にちが過ぎて傷んでしまったものもあった。そういう食材は、ストーブで炒飯にして食べた。

このような生活が三月末まで続いた。震災の日、車で高台に避難するときに、自分の店で大量に仕入れていた食べ物、飲み物を積んでくればよかったと後悔した。それから、五月に二〇日間ほど、東日本大震災の被災者を受け入れていた沖縄のホテルで過ごし、七月に歌津地区内の仮設住宅に入居した。

⑬ 阿部美佑

阿部美佑は、歌津中学校に通う三年生だった。その日は卒業式前日で、卒業生はタイムカプセルを校舎の屋根裏部屋に保管することになっていた。

校舎の三階にクラスで集まり、屋根裏に続くカギを先生が取りに行ったときに、地震が発生した。最初に揺れを感じたとき彼女は、男子が騒いでいるせいだと勘違いした。しかし、直後に窓ガラスが「ぐわんぐわん」と揺れ、割れるかと思うほどであった。非常扉も勝手に動き、男子がそれを押さえながら、女子に「先に逃げて」と促した。揺れが続く中、校庭に出た。教師を入れて二〇〇人近くで校庭に待機したが、誰もどうしていいかわからなかった。中学校のある高台には、眼下の歌津地区の中心部に暮らす人々も、続々と避難してきていた。その後、より安全な場所を目指すため、生徒は校舎の裏山の斜面にある畑まで登ることになった。そのとき雪が降り始めていた。山の麓を走る気仙沼線の線路が、海水に浸かって見えなくなっていた。

消防士による校内点検の後、体育館の中に入ったのは午後六時頃だった。辺りは暗くなっていた。発電機があったので、暖房はついたが、体育館全体を暖めるには至らなかった、元々避難所に指定されていたため、毛布の蓄えはあったが、それも避難者全員分には足りなかった。

そのまま、阿部の学校での避難生活は四~五日続いた。水道と電気は止まっていたが、無事だった周辺地域の家庭でガスは使えた。食事は、地域住民が自宅で調理したものを持ってきてくれた。しかし、四日目の朝に、食料が尽きた、と知らされた。味のついていない小さなおにぎりが、最後の配給だった。窮地に陥ったかに思われたが、その日の夕方、ようやく外部から食料が届いた。最初は二人でひとつのパンで、十分な量ではなかったが、その支援をとても有り難く思った。しかし、こうした状況では、「うちの家族、今トイレ行ってるからもう一つ頂戴」と言って、多く貰おうとする人もいたという。

この間も、阿部は家族の安否を気にし続けていた。自分の住む地区から避難している知人に中学校で会ったときに、祖父と祖母のことを尋ねると、「諦めな」と言われた。父は仕事の関係で、震災の日は宮城にいなかった。母は地震の後、職場から家に戻っていったことだけを人伝てに聞いていた。毎日毎日、大勢の保護者が自分の子どもを迎えに中学校に来ていた。しかし、阿部の家族はなかなか来なかった。最終的に、迎えがまだないのは、彼女ともうひとりの女子の二人だけとなっていた。しかし、五日目の朝になって、それぞれの母親が揃って現れた。そのときに、初めて家族全員の無事を知った。

阿部は、同年四月から気仙沼市内の高校に通い始め、さらにその後、関東の大学に進学したのだが、そこで新たに出会う人々に対して被災地の話をすることはほとんどなかった。憐れみや慰めの混じる反応には居心地悪く感じるため、出身を尋ねられた場合は、「宮城の北の方」とだけ答えるという。

ここまで紹介してきた個々の被災体験を、南三陸町の地図に反映させると、次頁のようになる（図2）。また、本書の調査協力者の中には、既に自らの筆でその震災体験を発表している方もいる。筆者とのインタビュー内容は後述することにして、ここでは、震災当時の再現という目的に沿って、彼らの文章を引用したい。

町内の神社で禰宜《ねぎ》（宮司の補佐）を務める工藤真弓は、震災直後の体験を自作のイラストや五行歌とともに綴った『つなみのえほん――ぼくのふるさと』を、東京の市井社から出版している。家族とともに志津川小学校に避難した彼女は、震災当夜のことを、以下のように描いている。

それから、体操マット二枚を借りて、近くにいた人たち八人で過ごすときが始まりました。暗幕のカーテンや、明日行うはずだった卒業式のためにはっていた紅白の幕もはずして、毛布の代わりにかけました。けれど、横になれるだけわたしたちは幸せで、パイプいすに座ったまままねむる人はもっと大変でした。いつしか、七百人がひなん所にあふれ返りました。

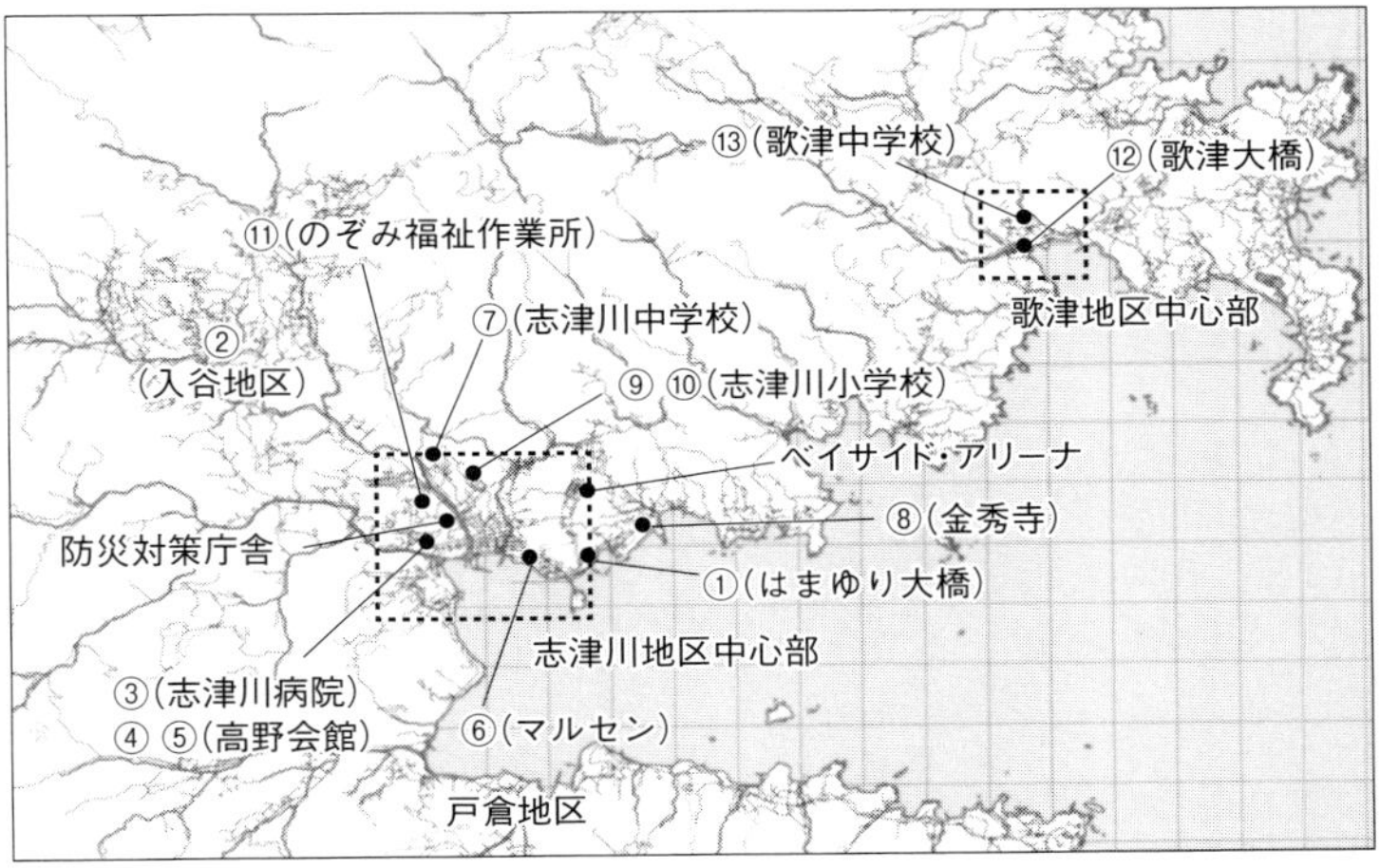

国土地理院の基盤地図情報と調査協力者の証言を基に筆者作成（図の数字は、本文のケース番号と対応している）

図２　被災体験の俯瞰図

わずかな毛布を
かけ合って
眠る
砂だらけの足を
重ねて［くどう二〇一二：二八］

歌津地区出身の千葉拓は、『現代思想』の二〇一三年三月号（特集＝大震災七〇〇日）に寄せた文章の中で、海とともに生きる漁師の視点から、あの震災の日を振り返っている。

震災の日の午前中、不思議な出来事があった。僕の左耳に今まで聴いたことのない耳鳴りが響いていたのだ。カモメもいつもと飛び方が違う風に見えた。嫌な予感がして、浜の作業場で牡蠣むき作業をしている家族に「大きな地震が来るんじゃないか」と伝えた。家族は不安そうな顔をしたが、その二日前にも震度五弱の地震があったので、もしもの時には誰がどうするか、具体的に話し合った。

その午後、あの震災に見舞われた。

僕は妻と生後五ヶ月の娘を連れて高台に逃げた。皆が冷静に動いた。シミュレーションが生かされたため、家族は無事だった。

しかし、仕事道具と家は、根こそぎ津波が奪っていった。

そして、我々が茫然と立ち尽くす中、自然だけは眩しいくらいに本来の輝きを取り戻していった。

［千葉 二〇一三：八〇］

ここでは、一六名の南三陸町での震災体験を、その手記の引用も含めて紹介してきた。地震や津波の数値データに加え、彼らの言葉を借りることで、自然災害という人間の安全保障に対する脅威の深刻さが示されたといえる。

しかし、発災直後からの緊急対応期、つまり、恐怖と欠乏のピークを乗り越えれば、問題解決というわけでもない。災害は、被災地に深い爪痕を残すことから、年単位で続くプロセスとして捉えられるべきだろう。震災復興過程に注目する次章以降で、新たに登場する調査協力者もいる。

また、被災地には、NPOや市民ボランティアといった外部からの支援者も数多く参入してくる。筆者もそのひとりであった。次では、本書のフィールドへの入り口となった、筆者自身の被災地支援の経験について書く。

三　被災地支援というフィールドへの入り口

東日本大震災は、筆者のいた東京をはじめ、津波の被災地以外にも様々な影響を生じさせた。震災発生直後の携帯電話ネットワークの輻輳、帰宅困難者の発生、日用品の買い占め、福島第一原発事故に起因する電力需給や放射能の問題、そして、被災地ボランティアへの参加などが挙げられる。政治や経済への影響も、枚挙に暇がない。政府の緊急対応の会見は、連日報道されていた。テレビのスポンサー企業はコマーシャルを自粛し、それに代わって公共広告機構（ＡＣ）の宣伝が流され続けた。こうして振り返ってみれば、「被災者」でなくとも、震災直後の非日常を何らかの形で共有していたという意味では、あの災害の「当事者」だといえるのかもしれない。そして、かくいう筆者も、東日本大震災によって、人生が大きく変わった人間のひとりである。

ここでは、筆者が、南三陸町に関わるようになった経緯について説明し、次章以降の事例研究へとつなげていく。ここでの内容は、東日本大震災に際しての、筆者自身の災害の語りともいえる。

ＮＰＯ法人の立ち上げ

実のところ、筆者のフィールドワークは、最初からアカデミックな文脈に沿ってデザインされたものではなかった。その代わり、序章で論じた人間の安全保障や、被災者の尊厳、公共人類学といった筆者の関心は、偶然に、全て同一の出発点から派生してきている。

それが、東京大学大学院総合文化研究科「人間の安全保障」プログラム（ＨＳＰ）の有志によって設立されたＮＰＯ法人「人間の安全保障」フォーラム（ＨＳＦ）である。

事の発端は、二〇一〇年まで遡る。同年三月、博士課程への進学が決まったばかりの筆者に、初めてＮＰＯ法人の設立の話をしたのは、指導教員の山下晋司である。結果的に、東京大学大学院総合文化研究科「人間の安全保障」プログラムの関係者を多数巻き込んでＮＰＯ法人が立ち上げられるわけだが、そのときの山下の真意は何であったのか、一〇年近く経った今でもよくわからない。そのやり取りがあってからというもの、修士課程からの指導学生という立場もあったが、自分の研究の合間に手伝う程度のつもりだった。

実際に作業に取り組み始めたのは、同年一一月にアメリカのニューオリンズで開催されたアメリカ人類学会での口頭発表の後である。筆者の当時の研究テーマは、「現代日本の多文化共生とフィリピン人移民」についてであった。山下の影響もあって、公共人類学という分野には、この頃から関心をもっていた。しかし、当然のことながら、ＮＰＯ法人の設立に関しての知識は、皆無であった。『自分たちでつくろうＮＰＯ法人！』［名越 二〇〇三］というマニュアル本を参考に、書類の作成に取り組んだ。団体の定款や設立趣意書、事業計画、予算案などの下書きである。紹介された弁護士から法人設立にあたっての助言を得たりもした。ほぼ独りでの作業だったために、気付けば準備事務局を任されていた。ただし、この段階で自身に、主体性、のようなものが芽生えていたかどうかは疑わしい。

それでも、年が明けて二〇一一年になる頃には、前国連大使で東京大学特任教授（当時）の高須幸雄を初代理事長とするＨＳＦを、新年度から始動させる手筈が整っていた。

しかし、そこまでは順調に思われたＨＳＦの船出も、二〇一一年三月一一日をもって一変することになる。その航路は、あの東日本大震災が引き起こした大きなうねりによって、予想もしていなかった方向へと変わっていった。

結局、ＨＳＦは日本社会が混乱に陥っている最中の二〇一一年四月二日に設立総会を終えた。筆者は、準備事務局からの流れから、正式に事務局長に就任した。ただし、事務局員が他にいたわけではない。そして、今回の震災がもたらした甚大な被害は、東京の任意団体として始まったばかりのＨＳＦが立ち向かうには、余りに深刻な人間の安全保障の危機であった。何か行動を起こすにしても、震災直後から現地に入っている国際ＮＧＯのような組織的な支援活動を展開できるはずなどない。

フィールドとの出会い

そこで筆者はまず、ＨＳＦの今後の被災地支援活動の手がかりを得る目的もあって、四月三〇日〜五月五日の期間、宮城県庁内に設置された災害保健医療支援室が募集するボランティア「(第五次) 何でもやります隊」に参加した。その派遣先となったのが、南三陸町内の避難所である。それが筆者のフィールドとの初めての出会いでもあった。

そこは、ハイム・メアーズという高齢者介護施設で、約三〇人が避難していた。幼い子どもも一人いた。彼らは、筆者らボランティアが到着した時点で、一ヵ月半もそこで生活をしていた。その慣れもあったためか、予想していたよりも温かく迎えられた。

ボランティアとしての日課は、被災者と寝食を共にしながら、その避難所の衛生状況のチェックや、炊き出しなどの支援活動を行うといったものだった。炊き出しにおいては、水道が止まっていたため、調理に必要な水汲みが主な仕事であった。例えば、現地で最初に口にしたメニューは、白飯、トマト二分の一切、ほうれん草、肉入りのシチューだった。水を有効活用するため、食器には、料理を盛りつける前に、ラップフィルムを敷いていた。食後は、それを剝がすだけで、洗わずとも再利用することができた。

トイレは、地面に掘られた深い穴の周囲をベニヤ板で覆った簡素なものであった。入浴は、自衛隊が県外から運び込んだ仮設入浴設備を、筆者らボランティアも利用することができた。そして、電気が通っていなかったため、日が沈むと寝る以外にほとんどすることはなかった。暗くなってからの灯りには、日中に外で蓄電したソーラー懐中電灯を使っていた。この頃はまだ、余震も頻繁に起こっていた。

五月に入った時点では、まだ町中の瓦礫は撤去されてはおらず、最低限、車が通れるように道脇に除けられていただけだった。破壊された船もあちらこちらに転がっていた。夜間、カーライトだけを手がかりに津波跡地を通過するときは、その不気味な光景と荒れた路面で不安な心持ちになった。

滞在期間中、南三陸町の人々から被災体験について様々な話を聴いた。しかし、そのときのノートを見返しても、「何でもやります隊」としての活動内容の記録に比べて、そうした個人との会話はほとんどメモに残っていない。

筆者自身、この時点で、博士課程の二年目以降に研究テーマを変えることなど頭になかったし、被災者の語りを支援目的以外に使うことに抵抗を感じたのも事実である。とはいえ、私心を完全になくしてボランティア活動をしていたわけでもなかった。当時の筆者にとって、被災地支援の現場での経験は、ＨＳＦとしては今後何ができるか、ということに還元されるべきものであった。

被災地支援の継続

初めての南三陸町での滞在を終えた後、ＨＳＦは、五月末に「ウィークエンド・ボランティア」という最初の被災地支援プロジェクトに着手した。それは、平日忙しい東京在住の人々を主な対象に、週末限定でボランティアを宮城県に派遣するというシンプルな活動であった。HSFの中でも、その中心となったのは、東京大学特任准教授（当時）の山本哲史と筆者である。山本は、仙台に拠点を形成するためのアパートを見つけ出し、筆者は、岡山県にある実家が営む会社から、大きめのワンボックスタイプの社用車を無償で借り受けた。また、事前に、長靴やゴム手袋、遮蔽率の高いマスクなどの備品も、HSFで用意していた。参加者にとって「体一つで参加できるボランティア」であることを目指していた。自己完結、というあるべきボランティア像がメディアを通じて広がっていた時期であった。

金曜日の夕方に東京を出発してから、首都高速道路と東北自動車道を通り、片道約六時間で三五〇キロ離れた仙台に着く。参加者は、寝具の用意されたアパートでその日は休み、土曜日終日と日曜日の午前中に、ボランティア活動に取り組んだ。主な活動場所は、仙台市の南にある名取市や岩沼市、そして南三陸町に隣接する気仙沼市本吉町の被災地であった。

各地の社会福祉協議会が運営するボランティアセンターに申し込むことで、瓦礫撤去や泥かきなどの作業が用意された。具体的な活動先は、被災した個人宅に行くこともあれば、田畑やビニールハウスを指定されることもあった。屋外での肉体労働だけでなく、泥や海水で汚れた写真の洗浄作業のような、慎重さが求められる役割を与えられることもあった。

筆者自身もボランティア活動に参加したが、中心的な仕事はむしろ、出発前の社会福祉協議会へのボランティア申し込みや、高速道路を無料で通行するための証明書[23]の申請、参加者全員分のボランティア保険の加入手続き、そして、東京〜宮城を車で往復するためのドライバーであった。

主に山本と筆者が、交代でその役割を務めた。ボランティア活動後にはよく参加者らを乗せて、津波

図3　HSFのロゴマーク

の被害が最も甚大だった地域を一緒に見学した。県南の場合は名取市閖上地区、県北の場合は気仙沼市鹿折地区に行くことが多かった。回数を重ねるうちに、震災前まで行ったことのなかった宮城県の市町村の位置関係がある程度わかるようになり、毎回通る道では、地震の影響で隆起や陥没した路面の箇所も大体把握できるようになっていた。

活動継続の間に、東京大学の卒業生や在学生の父母などで構成される駒場友の会からは、五〇万円の寄付を受けた[24]。そして、ＨＳＦは同年九月に内閣府より認証を受け、任意団体から正式にＮＰＯ法人となった。併せて、公式ホームページの開設や、オリジナルロゴマーク（図３）の使用も始まった。ロゴマークには、見ての通り、人間の安全保障との関連から、〝ＤＩＧＮＩＴＹ（尊厳）〟という言葉がデザインに組み込まれている。筆者が尊厳についてじっくりと考えるようになったのは、この頃からである。

結局、ウィークエンド・ボランティアは、同年一一月中旬まで続けられた、約半年間で計一六回の派遣を行ったことになる。毎回の参加者は四～五名ほどで、目覚ましい活躍とは言い難かったが、ＨＳＦとしての継続性を重視していた。平日は、東京大学駒場キャンパスの隅の駐車場に車を置かせてもらっていたが、何度か被災地を往復するうちに、正門の守衛にも覚えられ、いつもご苦労様、と声をかけられるようになった。

再び南三陸町へ

こうした地道な活動と理事長の人脈が功を奏し、ＨＳＦは、二〇一一年一二月から公益財団法人トヨタ財団の助成を受け、「宮城県内の仮設住宅地における『子ども未来館』の設置」という大型プロジェクトに取り組むことになる。助成総額は、三年間で一八七五万円であり、二年度目からは、公益財団法人パナソニック教育財団との共同助成となった。

筆者はここでも、NPO法人設立準備のときと同様に、事務局仕事として、プロジェクト申請書の作成を担当した。基本的な活動内容は、宮城県内の複数の仮設住宅団地を、決められた曜日に訪問し、そこで暮らす子どもらの学習支援や学童保育、様々なイベントを行うというものであった。

プロジェクトの着手にあたって、HSFは、まず宮城県登米市に新たな拠点「HSF東北出張所」を置いた。これを契機に、筆者の被災地での長期滞在も始まった。そして、二〇一二年に入ってからは、隣接する南三陸町や気仙沼市、石巻市の仮設住宅地を対象に、徐々に本格的な教育支援活動を展開していった。

HSF東北出張所は、登米市の地元中小企業から無償貸与を受けた大型プレハブ施設で、その後、市内の古民家へと移された。スタッフは、筆者を含めて五年間で計八名となり、関東地方や関西地方、宮城県内出身の二〇～三〇代の男女で構成されていた。スタッフには、助成金から、月々の自宅と被災地を行き来する交通費と人件費が支払われた。筆者が出張所を居所としていた頃は、常時二～四名のスタッフが交代で現地生活を送りながら、支援活動に携わっていた。

そのプロジェクトの最初の支援先となったのが、登米市内に建造されたイオン南方店跡地応急仮設住宅（通称、南方仮設）である（写真2、3）。ここには、南三陸町出身の被災者が多数暮らしていた。南三陸町の人々と関わるのは、筆者にとって、二〇一一年の四月から五月にかけて避難所に滞在していたとき以来のことであった。

2011年12月14日筆者撮影
写真2　南方仮設集会所での学習支援

2012年1月1日筆者撮影
写真3　同所前から見た南方仮設住宅

思い返してみると、この時期はまだ、被災地支援現場での参与観察というより、「支援者」になりきっていた。[25] 博士課程三年になる直前の二〇一二年三月になって漸く、指導教員の山下と相談して、研究テーマそのものを、フィリピンの移民から日本の災害に変更することになった。

実践と研究の架橋

このことは筆者にとって、大きな転換点となったが、研究をゼロから再スタートすることを意味したわけではなかった。既にここまでの過程で、NPO向け助成金の申請書を作成し、獲得した資金でスタッフを集め、被災地支援を継続しながら、その現場で被災者の生活や考え方について理解を深めていく、という筆者のフィールドワークの原型はできあがっていたからである。[26]

結局、筆者は支援現場の陣頭指揮をとるために、東京のアパートを引き払い、二〇一三年五月まで約一年半の間、HSF東北出張所を自宅代わりに長期滞在を続けた。その支援活動を通じて築かれた被災者との信頼関係（あるいは利害関係）が、筆者の調査を可能としていたことはいうまでもない。そこでは、支援と調査は地続きのものとなる。

ＨＳＦの支援を追尾する形で被災者の生活や考え方について調査が行われ、その調査で得られた知見は次の支援に活かされる。このような行動と洞察の往復運動を繰り返すことにより、人間の安全保障をめぐる現場と言葉をつなぐような公共人類学的研究を目指した。そして、二〇一三年六月以降、東京に居を戻してからも、定期的にＨＳＦ東北出張所を訪れ、支援活動や聞き取り調査を続けた。

ここまで、震災発生前からの組織づくりや、見よう見まねで始めた支援活動、そして、被災地でフィールドワークを始めるようになった経緯を辿ってきた。

続く第二章から、いよいよ本格的に筆者の事例研究が始まる。

それは、震災発生から五年経過後までの現実の時間を共に歩むものである。

第二章　人道的支援と痛みなき抑圧

一　大規模自然災害下の贈与論

被災者にとって自らの尊厳とは何か。少なくともそれは、本人の主観的な要素を多分に含んでいる。そのため、尊厳と一口に言っても、具体的に何が守られるべきなのかということは、公の場で宣言され明文化されている人権と比較した際、より状況や文脈に依存的である。本書は、それを東日本大震災の復興過程で、公共人類学の立場から解き明かしていくことを目指す。

ただし、そのために、被災者に対して「あなたの尊厳は何ですか」と尋ねても首をかしげられるだけだろう。それは、その質問の代わりに、世間から向けられた視線をどのように意識しているか、「被災者」と思われることに対してどのように考えるか、あるべき現在の自己像やこれからの将来像をどのようにイメージしているか、それは現実の生活とどのようなギャップがあるか、被災地の外からやってきた支援者とどのように付き合っているか、現時点で自身が大切にしているものは何か、などのインタビューを通じ、丹念に対話を重ねることによりみえてくる。

そして、被災経験をもつ複数の個人によって共有されている守りたい何か（尊厳の実態）が浮かび上がってきたとき、一人ひとりの語りは個別のストーリーの域を脱し、集合的な被災者の尊厳として改めて社会に対する問いかけとなるだろう。このことが、筆者の考える尊厳を研究することの意義である。そして、その問題意識は、各章の事例研究に共通している。

本章では、震災発生直後の緊急対応期が過ぎ、被災者が仮設住宅に入居し始めてからの復興初期に注目する。そして、人道的な支援を引き寄せ続ける磁場の中に分け入り、そこで展開される支援活動と被災者の尊厳を考察していく。そのために、ここからの議論では、支援を贈与（gift-giving）として捉える[27]。

支援という贈与

贈与は、マルセル・モースをはじめ人類学の古典でも説明されてきたように、受け取る側に返礼の義務を感じさせる拘束的な一面をもつ。このことが本章においては重要であり、三・一一以降に支援者が提供してきた金やモノ、その他無償のサービスが結果として一部の被災者に精神的負債を課してきたことを議論していく。

そして、善意の贈り物に対して被災者が見せる反応は、やはり彼らの尊厳と密接に結びついていることを明らかにしたい。

ここで、被災地支援を贈与として捉えることの妥当性について触れておく。人類学の伝統において贈与論は、非西洋社会を対象にしばしば贈り物と商品を対置する形で展開されてきた［Malinowski（1922）1978, Strathern 1988］。しかし、現代日本社会の贈与交換を研究したキャサリン・ラップは、この贈り物／商品という贈与論の分析枠組みに異議を唱える。ラップによると、日本は世界的にも主要で先進的な資本主義社会のひとつでありながら、贈り物／商品という明確な区分がなされていない。そのことは、香典やご祝儀のように現金をそのまま包んで贈る習慣や、お中元やお歳暮のように相手の社会的立場に相応しいとされる金額の品物を購入して贈る習慣などから観察される［Rupp 2003：182-183］。このラップの研究から、日本の贈与の習慣は、商品経済の中で養われた金銭感覚を抜きにしては成立しないことが示される。

そのことは、冠婚葬祭や季節ごとの贈与の習慣に限った話ではない。大規模災害後にも商品経済を基盤としながら一時的に贈与経済が発生することが既に確認されている［永松 二〇〇七］。ゆえに、今回の東日本大震災で全国の市民から集められた支援目的の金品も、贈り物／商品が渾然一体となった被災者への贈与として捉えることができる。

ここからはまず、全国から被災地に結集した支援という贈与の体系と、その結果として現れる副次的効果についての説明を試みる。

周知の通り、震災発生以後の日本社会においては、被災地の状況に心を痛めた市民により莫大な義援金と支援物資が集められた。この日本の市民社会の反応は、応答可能性（responsibility）としての「責任」の議論とも関係する。高橋哲哉の展開する人間の安全保障論において、「責任」の原型は、他者からの助けを求める呼びかけや苦痛の訴えを聞いた（見た）者が、否応なく、それに応答を求められることにある［高橋 二〇〇八：二七二］。

東日本大震災の場合も、遠隔地にてメディアを通じて被災地の窮状を見聞きしたとき、人々はある選択を迫られることになった。それは、無視して通り過ぎるか、応答として被災者との関係に入っていくかであり、いずれにせよ、この選択自体からは逃れられない。その結果、日本社会の成員の多くは、同じ日本人としての連帯感や、激甚災害という事態に対する人道的配慮などによる贈与衝動に駆り立てら

筆者が南三陸町内の避難所でボランティアをしていた頃，近隣の集会施設には連日，食料品等が入ったダンボール箱が届けられた（2011年5月4日筆者撮影）

写真4　積み上げられた支援物資

れ、義援金や支援物資を被災地へと送付した[28]（写真4）。こうして、モースの贈与論において起点となる「贈る義務」が一斉に履行されていく。

一見それらは、大規模自然災害下での遠隔からの純粋贈与（pure gift）の体をなしていたが、実際は多くの場合、「見返りを求めない」と同時に、「送付先や受取人の詳細については関知しない（つまり、特定の誰かからの返礼を期待しない）」という類いのものであった。

さらに、こうした個々の市民による金品の集積である巨額の義援金と膨大な支援物資は、現場により近い中間組織が窓口となって被災者に分配された。そのため、被災者の手元に届く頃には、それらの多くが「差出人不明」の贈与と化していた[29]。

匿名であれば被災者も返礼のしようがない。この遠隔からの贈与の形態は、人類学がかつて想定した、互いに個体識別できる間柄で結ばれる贈り手と貰い手の関係を脱臼させることになった。そして、贈り手の市民はといえば、小口の金品が自分の手元から離れた瞬間に、無視か関与かの選択を迫られていた「責任」を果たし、さらにこの間接的な贈与を行うことで「東北の人々が大変な目にあっているのに何もしない」という居心地の悪さからは、ひとまず解放される。ただし、被災地の具体的なニーズがわからない段階で、遠隔地から仲介者を通じて持ち込まれた支援物資の中には、そのまま行き場を失い「ダブづく」ものもあった。[30] この支援の過剰は、本章の議論においても重要な意味をもつ。

震災直後の被災者にとって、全国から寄せられた支援物資は、確かに救いであった。しかし、被災者の立場からみれば、こうした善意の贈与には心理的に複雑なものがある。岩手県釜石市で震災以前から調査を行ってきた玄田有史は、震災直後に現地を訪れ、被災者にインタビューをしている。『避難太りしそうだ』。日頃から慎ましい生活をしていた人たちが、全国から届いた沢山の物資を残すのを申し訳なく思い、真面目にそんなことを口にする」［玄田 二〇一一：一四四］。わざわざ遠くから贈られてきたものを拒否すれば、相手の気持ちを無碍にすることに後ろめたさを感じ、有り難く受け取ったとしても、これらの全国から寄せられた匿名の支援物資に対して、被災者は直接返礼をすることはできないし、物によっては有効活用することもできない（写真5）。「申し訳ない」という気持ちになるのは、この一方的に続く贈与に対する精神的な負債、だといえる。[31] 東日本大震災の被災者の窮状を気の毒に思った日本の市民からの支援は、被災者の生活の充足への貢献と引き換えに、彼らに負債の刻印を残すことになった。

すなわち、支援という名の大規模災害下の贈与の副産物は、受け取り手が自らを矮小化させるほどの精神的負債であった。その負債感についての被災者の語りに移る前に、被災地支援という贈与の負の側面と尊厳

登米市にて，「処分するから使える物は持っていっていい」と地元支援者から筆者に電話があった．向かった先の倉庫では，大量の中古ランドセルの他，古着や古本，使用感のある食器などが残されていた（2012 年 10 月 5 日筆者撮影）

写真 5　最後まで残された支援物資

の関係をもう少し解きほぐしておきたい。

遠隔から、匿名で

そもそも、全ての社会関係は負債状態を伴う、と主張したのはエドマンド・リーチである。確かに、我々は社会の中で、他者と互いに補完的な義務と権利をもつ。それぞれがその社会的人格に則り、与えられた役割を果たすことで、誰かを生かし、また、誰かによって生かされている。リーチはそれを、負債の網の目として捉えた[32]。そして、個人と個人のやり取りの際には、同じようなものが用いられることは稀で、それらの大半は不平等な身分の間で、異なるものが与え合われるという。

> 教師、生徒、医者、患者、主人、召使、といった社会的人格のラベルは、それぞれが、教師／生徒、医者／患者、主人／召使といった対の相手と結びついた時に初めて、意味をもつのである。我々は、誰が誰に何を与えるかということを実際の脈絡において観察することで、その関係が何であるかを認めることができる。［リーチ 一九八五：一九〇］

このリーチの定式に従うならば、被災者は、その対となる相手との関係において理解されねばならない。本章の展開する大規模自然災害下の贈与論において、それは当然、支援者ということになる。この支援者／被災者の関係に注目しながら、さらに考察を進めることにする。

まず、確認しておきたいことは、これらの社会的人格のラベルが、災害を契機に現れる動態的なものだということである。災害の発生に巻き込まれた人々は、それ以前の安定的かつゆるやかに負債を行き渡らせていた社会ネットワークから一旦弾き出されることで、新たに「被災者」として括られることになった。次いで、面識のなかった人々が、「支援者」となって、被災後の自身の生活に関わってくるようになる。また、被災者自らもそれを甘受してしまうのは、元々「対等」だと信じていたはずの市民同士の関係が、災害によって変質してしまったからに他ならない。このことは、多くの被災者を、負債に対して敏感にさせた。同時に、被災地の窮状は、社会の中のヒト、モノ、カネの流れも実際に大きく変えることとなった。

そして、両者を最初に結びつけたのが、ここまで論じてきた遠隔からの匿名の支援である。それが、被災者に負債感を与える理由について、もう少し言葉を追加しておく必要がある。

第一に、「遠隔からの」という部分について考えてみたい。人類学において、贈与を行う当事者同士の距離感は、ひとつの重要な要素である。関連して、マーシャル・サーリンズは、様々な部族の贈与や返礼の慣習について、「互酬性（reciprocity）」という言葉を用いた類型化を試みている。サーリンズによると、それは、①一般化された互酬性、②均衡のとれた互酬性、③否定的互酬性の三つに分けられる。①は、惜しみなく与える援助であり、贈り手は返礼を期待せず、貰い手にも長い時間の猶予が与えられている。②では、贈り手に対して、貰い手は、その関係を対等にするため、贈り物と等価物の返礼を短期間のうちに行う。③では、双方が自己利益の最大化を目論み、モノのやり取りをする。さらに、サーリンズは、当事者からの同心円上の広がりで、家族、親族、地域内、地域外のように、他者との社会的距離が遠ざかるにつれて、①から②、そして③へと移行していくと分析した［サーリンズ 一九八四：二三〇―二四〇］。

この論理を、被災地支援に当てはめようとすると、奇妙なねじれが生じてくる。被災者と支援者は、そのほとんどが、互いに見知らぬ間柄で、物理的にも心理的にも遠く離れているもの同士である。③否定的互酬性の関係が適用されるとするならば、被災者は、自己利益の最大化を目的に、贈られてきたものを一個でも多く受け取り、負い目を感じる必要もない。また、そもそも、支援者側にも、見知らぬ相手に対して無償援助を行う強い誘因は働きにくいはずである。[33] それにもかかわらず、筆者の見てきた限り、被災者の中には、一定期間が過ぎてからは、②の均衡的な関係を望む者が増えるようになった。支援者の中にも、一回の贈与で終わることなく、①のように相手の返礼を待たずして、ボランティア活動を続けるものも大勢いた。

このような事態は、大規模自然災害下という特殊な状況と、国内外に張り巡らされた情報・物流ネットワーク、そして、現代人の内なるナショナル、グローバルな想像力によって成り立つものだといえる。おそらく、かつて人類学が部族単位で調査をしていた頃に比べ、我々が生きる現代においては、見知らぬ他者との社会的距離は、ある部分では緊密になり、また、何かの拍子に流動化しやすくなっているのだと考える。だからこそ、有事の際に、人権や人道といった「普遍的」理念の後押しを受けた人々は、無縁だった相手に対して、私心を挟む余地が少ない分、かえって純粋度の高い贈与を行うことが可能となっている。そして、その宛先となった人々も、ただモノを受け取るだけでなく、遠隔地だからこその善意を、そこから読み取ってしまうようになっている。

上記の内容を踏まえながら、第二の「匿名の」という部分についても言及しておく。ここでは、社会政策学者リチャード・ティトマスの、献血による互いに見知らぬ人間同士の利他的行動の研究を参照したい。一般的に、血液の提供者になることは義務ではなく、受血者から返礼を得ることもない。それにもかかわらず、献血制度がドナーの自発的参加によって維持されている理由を、ティトマスは、人類学の贈与論を援用しつつ、明らかにしようとした。ティトマスが、一九六七年にイギリスで、献血の専門機関との協力で実施した質問紙調査の結果によると、回答者約三八〇〇人の八割近くが、「利他主義（altruism）」や「互酬性」などの項目を含む、社会的ニーズへの応答を献血の動機としていることがわかった［Titmuss 1971 : 319］。しかし、こうした献血制度において、名も知らぬドナーに救われるレシピエントの事情や主観については考察の意義を見出さなかったのか、ティトマスは多くを論じてはいない。

それというのも、きちんとした制度設計の下で行われる献血と、震災下の緊急アクションとしての被災地支援では、匿名性を共通項に据えた場合でも、受け手の解釈は大きく異なる。献血の場合は、同じ社会の中で、匿名であることが前提の制度と、誰もが恩恵に預かり得るという循環の認識が、その負債感を薄めていると考えられる。一方で、被災地支援は、平常時に機能していた制度が破壊ないし停滞したときに発生する。その混乱の中、日本全国、延いては地球規模での善意の奔流を制御することは不可能であった。個々人が寄せる単発で小口の支援は、わざわざ名乗るほどのものではないはずだった。しかし、結果的に膨大な量となった無私の支援は、いつ始まり、いつ終わるか、何が贈られ、誰が手渡しにくるか、システムとして未分化なまま、被災地各所で同時進行していた。それが一定期間を過ぎた後、見知らぬ他者の善意は、被災者にとって社会的弱者としての自己を再確認させる意味を帯びるようになった。

痛みなき抑圧

ここまで、遠隔からの匿名の贈与が、負債感を生じさせる理由について確認してきた。では、被災者の感じる返礼の義務が果たされないままだとすれば、それの何が問題となるのだろうか。

いくつかの文献から、まずはその手がかりを探りたい。ピーター・ブラウは、自身が発展させた社会的交換理論において、価値ある贈り物や重要なサービスを提供する側の人間が、提供される側の人間に対して返礼の義務を課すだけでなく、その義務の履行／不履行により、両者の権力関係も決定づけられることを示した［Blau 1986 : 108］。また、ニーチェは古代エジプトや古代ローマより債権者が債務者に対して行使してきた権利の在り方を明け透けに記している。その権利とは、債務者の金銭や土地を差し押さえることだけでなく、刑罰を与え、軽蔑し、虐待することで、その結果として自らが非力な者の上に立ち、快感や満足感、優越感を返済または補償として受け取ることまでが許されることであった［ニーチェ（一八八七）一九四〇：九一―九四］。そして、クロード・レヴィ゠ストロースは、アラスカやヴァンクーヴァー地域のインディアンたちが行う贈与の儀式であるポトラッチの機能のひとつとして、「気前のよさの点で競争相手をしのぐこと、できるなら、履行不能を期待しつつ過重な返礼義務を相手にかけて彼を打ちのめし、彼から特権、肩書、地位、権威、威信をもぎとること」を挙げている［レヴィ゠ストロース（一九四九）二〇〇一：五三］。

ブラウやニーチェ、レヴィ゠ストロースの議論からは、与える側が他者よりも上位に立つための戦略的な手段としての贈与が想起される。しかし、本書の扱うケースは必ずしもこれに当てはまらない。東日本大震災下で行われた贈与の場合、そこに債権者は不在である。遠隔地より中間組織を介して個別に金品を贈った市民の多くは、それが具体的に誰に与えられたのか、いつ配られたのか、どのように扱われたのか、といったことを正確に突き止めようとはしない。また、被災地において支援に携わる者も、「困ったときはお互い様」という論理に基づき、被災者から直接的な見返りは求めたりはしない。

これまでもみてきたように、人道に基づく遠隔からの匿名の贈与は、多くの場合、金品を贈る側が、受け取る側に対する優位性獲得の機会を、放棄することで成立する。ただし、それは、返礼の義務とは無関係の純粋贈与を意味するものではない。贈る側のこの種の寛大さ自体も、受け取る側にとっては自尊感情を刺激する贈与の構成要素となっているのである。

こうした一連の考察から、他者の善意によって傷つき得る被災者の尊厳の在り方が見出される。もし、過度に善意の贈与が行われた場合、それは負債感を通り越して、受け取る側に対する侮辱（humiliation）となり得る。"Human Dignity and Humiliation Studies" という世界的なアカデミック・ネットワークを立ち上げたイーヴリン・リンドナーは、侮辱を個人あるいは集団を強制的に低位に置くような征服のプロセスとして定義し、災害発生後の人道的介入が、しばしば侮辱を招くことを指摘している［Lindner 2010：338］。

ジョージ・ケイティブは、個人の地位が苦痛を伴わずに侵害されることを人間の尊厳の問題の範疇に置く。人権を尊重する社会においてすら、人々は遠回しに、静かに、ときには気づかぬまま操作され、支配され、貶められ得る。それにもかかわらず、人々はその状況から得られる利益に喜びを見出し、支配者に対して感謝の念すら抱くこともある。ケイティブは、尊厳の概念による人権の理論への貢献は、この痛みなき抑圧（painless oppression）の可能性を提起する点だと主張する［Kateb 2011：19-20］。

より直接的に関連する先行研究として、二〇一一年四月に宮城県石巻市を訪れた人類学者デビッド・スレイターも、筆者同様に贈与と尊厳の関連に着目している。スレイターは、被災者も支援に対して返礼をするか、さもなければ不名誉かの選択を突き付けられていたことを指摘している［スレイター 二〇一三］。

振り返ってみれば、東日本大震災の被災者への支援も、痛みなき抑圧を生じさせていたと筆者は考える。もちろん、支援物資や義援金、生活を支える様々なサービスの贈与は、提供された時点で被災者に直接的な害や苦痛をもたらすものではなかった。しかし、この贈与を少しでも多く受け入れ、手放しに喜ぶ被災者がいた一方で、誰かの世話になって生きることを惨めに思い、自らの境遇を深刻に悩む被災者もいたのも事実である。このような人道的支援に対する認識の差異は、基本的には、それぞれ異なる被災者個人の生活状況や考え方に依るものだといえる。

しかし、支援状況が長引けば長引くほど、この痛みなき抑圧は、個人の認識レベルを超えて、被災者全体のイメージをネガティブなものにし、その社会的立場を一般市民よりも下位に固定化するという構造的な問題にも転じ得る。こうした支援の構造は、被災者個人に集団全体のステレオタイプを押しつけるとともに、他者への感謝の念と同時に自己の矮小化をもたらす。非対称的な関係の下に支援が継続するということは、被支援側にとって「脆弱な存在」として憐れみの眼差しを向けられ、情けをかけられ続けることと同義である。それは、自らの存在が価値をもち社会的に自立していると感じることに対する自信を揺るがせることになる。

では、このような支援者と被災者の間に生じた関係の歪みを正すためには、どうすべきか。次のパートでは、こうした現状を両者がどのように受け止めていたのかに注目する。

二　善意による負債

これまで、本章の理論的背景を提示するとともに、震災一年目に集中して起こった出来事について論じてきた。ここからは、被災地に流れるその時間をさらに進めつつ、具体的な調査内容へとつなげていきたい。

二〇一二年二月一一日の日本経済新聞に、「震災きょう一一ヵ月」、「冷めるボランティア熱」という見出しの記事が掲載された。また、さらに「ピークの一割、寒さや就活影響」のような小見出しも付記されていた［日本経済新聞 二〇一二］。

筆者はこれを見たとき、驚きというよりも「やはり」という感想をもった。被災地で生活を続ける中で、被災者からも支援者からもそうした危惧は随分以前より聞かされていたし、実際に前年の夏頃に比べ、季節の移り変わりとともに、ボランティア活動のために被災地を訪れる人の数は目に見えて減っていったからである。

全国社会福祉協議会（全社協）の仮集計によると、ボランティア活動者数は、東北三県（岩手・宮城・福島）において二〇一二年一月までで九七万一二〇〇人で、その内訳としては岩手三二万六一〇〇人、宮城五〇万人、福島一四万五一〇〇人となっている［全国社会福祉協議会 二〇一七］。その推移は図4の通りである。

確かに、震災発生後一〜二ヵ月（四月、五月）をピークに、翌月以降は下降の一途を辿っている。日本経済新聞の記事の「ピークの一割」という言葉以上に現状は厳しく、ボランティア活動者数の最大値を記録した二〇一一年五月の一八万二四〇〇人（岩手：四万六〇〇〇人、宮城：一〇万二〇〇〇人、福島：三万四四〇〇人）と比較し、二〇一二年一月には一万二八〇〇人（岩手：五六〇〇人、宮城：六〇〇〇人、福島：一二〇〇人）と、実際には一五分の一近い数字となっている[34]。

震災復興にかかる時間の長さに反して、外部からの支援の量的ピークは最初の年に訪れる。それは、災害のメディア報道による刺激の強弱と連動しているからだといえるだろう。支援物資については、前

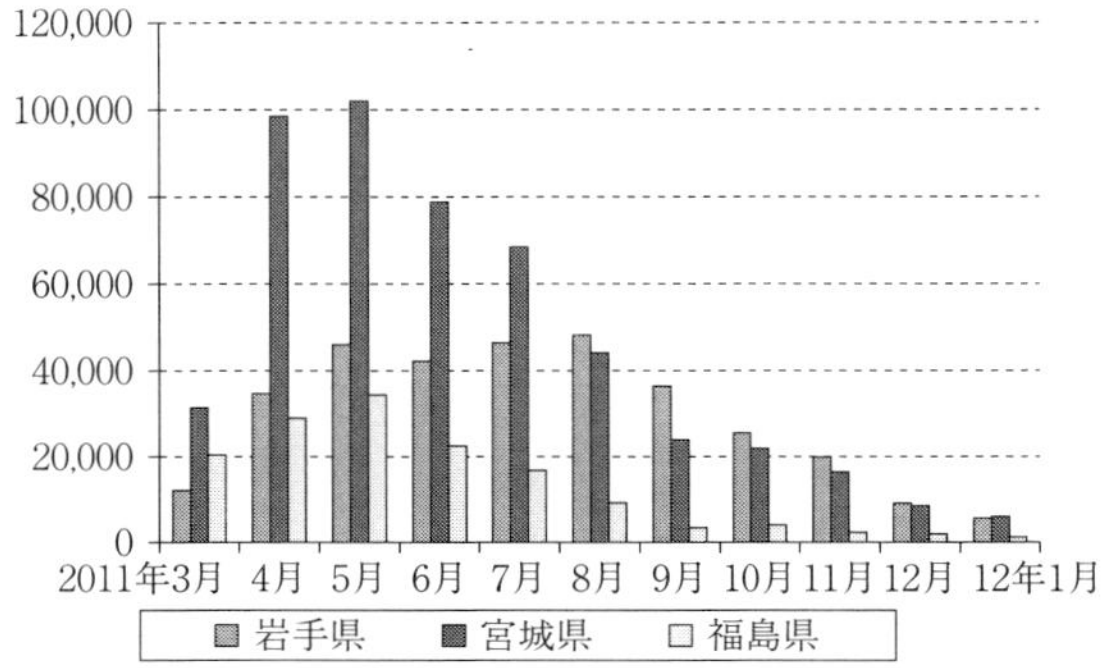

全国社会福祉協議会［2017］より筆者作成

図4　東北3県におけるボランティア数の推移

節で考察してきた通り、遠隔からの匿名の贈与によって特徴付けられていた。そして、同時期の被災地ボランティアの大部分は、県外からやってきた短期滞在の市民で構成されていた。彼らの多くは、被災者と接することがあっても、互いに個人として名乗り合う機会のないまま、泥かきや瓦礫撤去などの活動を終えて去っていくことが常であった。見知らぬ大勢の人々から助けられるという意味で、こちらも、大量の支援物資と同様に、一部の被災者に負債感を生じさせる性質が備わっていたといえる[35]。

　ただし、ここまでの被災地支援の負の側面に関する指摘は、筆者の関わっていたＨＳＦにも向けられていることを明記しておかねばならない。団体を立ち上げて最初に取り組んだ「ウィークエンド・ボランティア」に関していえば、微々たる人数であったとしても、その参加者は前掲の社会福祉協議会の統計に含まれている。また、子どもの教育支援に着手するにあたっては、全国から子ども向けの書籍を募集受付し、中間支援団体として、多くの匿名の贈与を被災地に持ち込んだ。今になって自戒の念にかられつつも、当時とり得た行動が他にあっただろうか。今回の震災発生初期の被災地支援は、将来の大規模自然災害に備えての批判的な省察は必要だが、それ自体否定されるべきものではないと考える。多くの人々の善意が被災地を支えた数々の事実もまた、語り継がれていかなければならない。

その上で、支援現場に身を置く公共人類学のフィールドワーカーとして、自らに課された役割があるとすれば、それは、大規模災害下で人が人を助けるという行為と、それによって構築される社会関係をさらに解読していくことである。

登米市、南方仮設

それでは、ここからの議論は、筆者自身の経験に基づき、支援者と被災者との関係の展開をより微視的にみていく。その焦点を当てるのは、南三陸町の人々が暮らす仮設住宅団地である。それは、被災者の生活空間と支援組織の活動空間が相互に影響し合う、動態的な場であったといえる。

筆者がＨＳＦの支援を通じて関わった仮設住宅団地は複数あるが、その中でも代表的なものが、登米市のイオン南方店跡地に建造された、通称「南方仮設」である。この具体的な調査地を描写することから始めたい。

まず、登米市は、南三陸町と同様に、「平成の大合併」における九つの町の合併によって二〇〇五年に誕生した市である（図5）。人口は八万三三二一人（二〇一五年三月末現在）で、市内には農業の盛んな地域が多く、農業経営体数（七四二四経営体）と農業産出額（二八三・七億円）においては宮城県第一位となっている［登米市 二〇一六］。

登米市も、東日本大震災を引き起こした東北地方太平洋沖地震によって大きな被害を受けた。地域によっては、南三陸町以上の震度六強を観測したところもあり、死者二八名（直接死一九名、関連死九名）、

図5　南三陸町と登米市の位置関係

行方不明者四名、住家被害は五三六六件（全壊二〇一棟、大規模半壊四四一棟、半壊一三六〇棟、一部破損三三六四棟）となっている[36]［登米市 二〇一四：一〇］。東日本大震災財特法に基づく措置の対象となる特定被災地方公共団体及び特定被災区域に指定されているという意味では、登米市も歴とした「被災地」であったが［内閣府 二〇一三］、二〇一一年三月一一日の津波による被害は報告されていない。

　そのため登米市は、地震の影響を受けた社会機能が復旧した後、直ちに市内の様々な公共施設に避難所を開設し、津波により壊滅した南三陸町からの被災者を多数受け入れた。また、すぐさま南三陸町の人々の救援に駆けつけた市民も少なくなかった。さらに登米市には、その南三陸町へのアクセスの良さゆえ、県外からやってきた多くの支援組織の活動拠点が築かれた。ＨＳＦもそのひとつである。

　避難所生活を終えた南三陸町の人々が、仮設住宅団地に入居し始めたのは、二〇一一年の夏頃からだった。しかし、その中には、自分たちの町に戻ることや留まることのできなかった者も大勢いた。津波の被害を免れた土地は限られており、町内の仮設住宅の戸数よりも、被災した世帯数の方が多かったためである。また、利便性の観点から、進んで町外への転居を選んだ者もいた。そして、そうした流出人口の一部は、隣接する登米市に移り、市内に建造された仮設住宅団地や、住宅借り上げ制度で提供された民間賃貸住宅（みなし仮設住宅）などで生活することになった。

そして、土地に比較的余裕のあった登米市に建てられた南方仮設は、当初八〇〇人近くの南三陸町民が暮らす、県内でも有数の大規模仮設住宅団地となった[37]。南方仮設は、その建設着工時期によって、一期（二〇〇戸）と二期（一五〇戸）に分かれ、二つの自治会が組織された。広大な敷地内には、要介護者のためのグループホーム二棟と、南三陸町社会福祉協議会の支援員が駐在するサテライトセンター、そして、一期と二期それぞれのための集会所が設置された。入居者の多くは、志津川地区と戸倉地区の出身である。両者は、その比較において、前者が「町」、後者が「浜」のイメージとともに語られる。一口に南三陸町、と言っても、出身地区が別の町民同士では、互いに気質が異なる相手として認識し合うこともしばしばである。

南方仮設の周辺には、イオン佐沼店というショッピングセンターがあり、マクドナルドや吉野家のようなファストフードチェーン店も立ち並ぶ。パチンコ店や居酒屋、スナック、バーのような大人向けの娯楽もある程度揃っている。また、仙台行きのバスの発着所を兼ねる登米市役所は、車で五分程度の距離にある。生活の利便性という観点からみれば、故郷を離れることと引き換えに、様々なメリットもあった。実際、南三陸町の仮設住宅に暮らす人々も、登米市まで車で買い物に来ることが多かったようである。

そして、南方仮設でも、他の仮設住宅と同様に、緊急対応期の避難所ほどの勢いで膨大な量の物資やボランティアが押し寄せてくることはなくなった。それでも、中古品から新品へ、郵送から手渡しへ、被災者参加型のイベントも企画してなど、より質の高い支援を志向する動きは、支援団体を中心に継続していた。やはり、ＨＳＦもその流れに乗っていたといえる。

南方仮設には、週に何度か、ＨＳＦのスタッフやボランティアが、そこに暮らす子どもたち（主に小学生）の教育支援のために訪問していた。活動のために普段利用していたのは二期の集会所で、平日の放課後の時間帯と休日の午前中に、子どもたちがやってくるのを待ち構える形で行われていた。学習指導や学童保育が活動の中心だったが、子どもの保護者の負担軽減や、住民の世代を越えたコミュニケーションの促進など、コミュニティ全体の力になることを目指していた。ＨＳＦスタッフは皆、支援者として真摯であることを重んじ、活動予定時間が終わるまでは、たとえ子どもが一人も来なかったとしても、必ず待機を続けた。被災地支援の現場においては、自分自身が満足感を得られなかったとしても、ＮＰＯの実績につながらなかったとしても、粘り強くあることが、被災者に「寄り添う」ということだと考えていた。

支援を受け続けるということ

しかし、震災発生二年目を過ぎた辺りから、筆者自身、支援をめぐる状況が変わりつつあることに気付き始めた。一部の被災者自身から、これまで支援を受けてきたことに対する自嘲的な言葉や、これから支援を受けることに関する批判的な声をよく耳にするようになったのである。

例えば、南三陸町の学校関係者（男性、五〇代）は、筆者がある大企業からの依頼で支援情報の提供に出向いた際、慎重に言葉を選ぶ様子で次のように諭してくれた。

震災後、生徒の周りは何もかも新品になりました。勉強道具も部活用品も。非常に有り難いことですが、彼らの健全な成長を考えた場合、これ以上は贅沢となるかもしれません。（二〇一二年四月一

一日）

また、その日は、筆者のために学校訪問の手引きをしてくれた南方仮設の男性（六〇代）も同行していた。帰り道の車中での話題は、自然に支援の話となった。南方仮設でも、最初の頃は、送られてきた支援物資を住民同士が取り合うような場面があったことや、貰える個数が決まっているもの、例えば食器、を隠れて多く持って帰ろうとする人がいたことを教えてくれた。

あのときは、仮設の中でも、お互い知らない人も多かったんだ、しかも津波で全部を失ってっから、使わねぇもんでもとにかく貰っておこうって人もけっこういたんだよ。おれはそんなことしなかったし、見つけたら注意する方だったけどな。（二〇一二年四月一一日）

次のエピソードは、登米市在住の支援者を交えて、南方仮設の住民との話し合いをしたときのことである。その日は、HSFの教育支援を利用している子どもの保護者二名と、筆者とスタッフのひとり（女性、二〇代）が、活動の情報共有や今後の相談などをするために、集会所内の和室に集まっていた。そこにもうひとり、そのスタッフが普段からお世話になっていたという登米市で農家を営む女性（六〇代）も参加していた。彼女もまた、震災発生以降、隣町の被災者の状況に心を痛め、支援を続けていた。仮設に暮らす子どもたちの状況や、登米市民と南方仮設の住民との交流などについて一頻り話し合われた後、その女性（F）と保護者のひとり（男性、五〇代、M）の間に以下のようなやりとりがあった。

F：登米市は、農業が盛んな地域ですから。役立てることたくさんあると思います。例えば、つくりすぎたりして、売り物にならなかった野菜は、どのみち廃棄することになるんです。そういうのは、ぜひ持っていってください。私の他にも、これまで皆さんと接点がなかっただけで、支援できる農家の人たくさんいるはずですよ。

M：ええ、どうも有り難うございます……。でも、ただ貰うだけってのは……。ですから、私らが農作業を手伝わせてもらって、その代わりに頂いて帰るっていうのはどうですかね。さすがに、この状況がずっと続くと、仮設の大人も、子どもたちにとっていいお手本になれないいんじゃないかと思うんです。（二〇一二年六月三日）

その男性は、元々、震災前は町内で商店を営んでいたが、震災でその仕事を失っていた。そして、もうひとりの保護者（女性、三〇代）も、彼の言葉に同意するかのように頷いていた。そのときの筆者は、立派な態度だ、程度にしか思わなかったが、本章で論じた贈与と負債の観点から、その心情をもう少し仔細に汲み取ることができる。

さらに、被災者が、支援に対して敏感にならねばならない理由は他にもあった。上記のやり取りがあった同日、南方仮設二期の自治会長である佐藤清太郎の宅を訪問したときも、支援についての話題になった。前述の二つのエピソード同様、そのときの自治会長の語り口も、やはり重かった。そして、これまで受けた支援に感謝の気持ちを示しつつ、コミュニティのリーダーとして、次のように付け加えた。

「大の大人が支援をもらって昼はパチンコ、夜は居酒屋、これではいけない(38)」（二〇一二年六月三日）。

実際、筆者がフィールドで、この「昼はパチンコ、夜は居酒屋」という言葉を耳にしたのは初めてではなかった。それは、南方仮設の住民だけでなく、ときには登米市民の口から語られることもあった。既にこの頃、被災者のギャンブルやアルコールへの依存の問題は、メディアでも取り沙汰されており、[39]南方仮設とそれを取り巻く地域社会においてもその言説が広まっていた。

それ以前から、市内の中心街近くに誕生したこの数百人規模の仮設住宅団地は、特殊な空間として、否が応でも周囲の注目を集めていた。しかし、少数の継続的な支援者を除いて、[40]一般の登米市民が、敷地内に立ち入り、被災者のコミュニティと交流することは滅多になかった。他方で、一年以上支援が続いていることは公然の事実であり、それゆえに地域住民の被災者に向ける視線も一部厳しいものとなっていた。

こうした背景から、ギャンブルや飲酒の習慣は、被災者の生存や生活において不必要なものだとされ、それらへの没頭は、支援に甘んじた自堕落さを意味するものとして非難も呼んだ。その意味で、支援者によって仮設住宅の集会所で提供される無料の娯楽と、被災者自らが町へ繰り出して享受する有料の娯楽には、大きな隔たりがあった。両者は、被災後のストレスからの解放、という目的が共通していたとしても、社会一般からみて、その心証は大きく異なるものとなった。前者は、問題となった後者と違って、震災復興の道筋から全く逸脱していないからである。

このように、仮設住宅に入って少し落ち着きを取り戻してからの被災者の生活は、世間の視線の中で、独特のバランス感覚が要求されるものであった。もちろん、ここで論じたいのは、被災者がパチンコ店や居酒屋に入り浸ることの是非ではない。本書においてより重要なことは、そうした問題が共有されることで、それまで「あるべき被災者像」と上手に付き合っていた仮設住宅の住民も、世間の目により敏感になっていくということである。結果的に、支援に対する負債感も増大し、被災者としての不甲斐なさや窮屈さをより切実なものとして感じるようになる。そして、そのことが、生活再建など元々の能動的な動機付けとも相まって、結果的に「自立」への動きを加速させていった。

ただし、この動きには、しばしば、被災者であることへの自己批判が伴う。以下に紹介する南方仮設の住民の語りも、その一例であろう。そして、そこには、あるべき自分の姿を求める尊厳の訴えが含まれているようにもみえる。

困ってることは何ですか？ と聞かれるとどう答えたらいいかわからずに、逆に困っちゃうんですね。もう十分に色んなことしていただいたし。それよりも、昔の志津川はどんなところだったんですか？ とかそういうことの方がみんなすらすら話せると思うんです。あ、でも、最近県外から中学校の生徒さんが被災地を見学にきて練習してきた歌を披露してくれたときには、本当に感動しました。お互い泣いて。そういう交流ならこれからも続いてほしいです。（工藤真弓、二〇一三年七月一〇日）

本当にありがたいね。全国からこんなにご支援いただいて。だけど、与えられたものを食べて、与えられたものを着て生きていくだけなら私らは家畜と変わらない。私らはそろそろ被災者から復興者にならないといけない。でも復興までかかる時間は大体一〇年、そして私が今年七〇歳になったから日本人の平均寿命で考えれば私の寿命も一〇年、どっちが先か、というところだね。少なくとも、支援のことも含めてこの震災の教訓は子子孫孫伝えていかないといけないと思う。（佐藤清太郎、二〇一三年九月三日）

今、被災者って呼ばれてもあまりピンとこないですけど、世間のイメージだと通常の人よりもランクが下って感じがしてましたね。価値が下がったというか。なんか被災者って言葉はもう支援とセットになってるから。だから震災の後、すぐに仕事を探しました。登米市内の契約農家から稲わらの収集をする仕事や、自転車安全利用指導員、今は南三陸町の非常勤職員として高台移転予定地での遺跡発掘調査員をやっています。将来はこのまま登米市に住む予定ですが、その前に自分も南三陸町の復興の役に立っておきたくて。（阿部雄久、二〇一三年九月四日）

このような声を、被災地に長期滞在している支援者が耳にすることは増えていった。そして、上記のように、被災者としての扱いに困惑の色を示し、自らを「家畜」同然と揶揄し、「通常の人よりもランクが下」と言わしめるような状況をつくり出していたのは、他ならぬ支援者であった。この段階に至ると、支援の副作用は、個々人が内面に抱え込んだ負債感を超えて、「被災者」のラベルに押しつけられた烙印にもなり得た。筆者自身も支援者として、こうしたインタビューを複雑な心境で聴いていた。

それに、南方仮設において、住民主体のコミュニティづくりには実際、目を見張るものがあった。個人情報保護の観点から、行政の十分な協力が得られない中、自治会を中心に入居者間の連絡網が敷かれ、必要な情報が共有されるようになった。また、定期的に住民の代表者集会が開かれ、仮設住宅の暮らしの改善策についても検討がなされていた。例えば、子どものストレスや高齢者の「生活不活発病」が問題となれば、広大な空き地の一区画をグラウンドとして整備する陳情を行い、ボール遊びやグラウンドゴルフができる環境がつくり出された。他にも、住民が積極的に声を上げたことで、敷地内の郵便ポストや、集会所等にある段差に手すりも設置された。さらに、敷地内の至る所に並べられた植木鉢やプランターや、窓辺に吊るされた干し柿も、元々の無機質なプレハブ住宅群に、暮らしの彩りを加えていた。

支援者側のジレンマ

その反面、被災地支援が、復興中の被災者の生活空間において、煩わしいものとなっていくことは、当然の帰結であったといえる。もちろん、その結果だけを取り上げて、過去の被災地支援を批判することは容易い。しかし他方で、長らく支援に携わっていた者が、その当時、自らを省みることなく独善的な活動を行ってきたかといえば、必ずしもそうだとはいえない。

むしろ、偽善、欺瞞、自己中心的、といった冷ややかな内省でもって、被災地支援の前線における自らの存在意義を疑問視することもしばしばであった。筆者自身、支援活動の継続中に、人間の安全保障でいうところの「エンパワーメント」を意図しつつも、その現場においては行き詰まりを感じるようになっていた。支援者として自らを認識していたが、それに胸を張れたことは滅多になかった。そして、そのことは、筆者だけの悩みではなかったらしい。同じくＨＳＦ東北出張所のスタッフで、筆者の後にその代表を務めた大重摩祐も、約一年間の支援の経験に基づき、以下のように語る。

現地に長くいる分、仮設の人々の気持ちも少しはわかるようになってきて、もし私も同じ立場だったら、とよく考えます。色んな人からの支援はとっても嬉しいことですけど、支えてもらわなくても大丈夫、って言いたくなるときもあるんじゃないですかね。後々、震災を振り返るなら、あれもこれも助けてもらった、というより、多少不便でもこの苦境を自分の力で乗り切った、という記憶を強くもっていたいと思います。そう考えると、私の顔についた支援者の仮面をはぎ取りたくなりますね。（二〇一二年一二月一八日）

実際、HSFに限らず、長期的に被災地に滞在している多くの支援者は「この支援はいつまで続けるべきなのだろうか」という問いを抱えながら現地での活動を続けていた。「行き過ぎた支援は被災者の自立を逆に妨げるのではないか」、という考えをもつ者も決して珍しくなかった。ゆえに、支援者側にも、ネガティブなイメージの「被災者」というラベルを問題視する者も多く、さらにそれが自らの支援活動の中で構築された非対称的な関係の産物だと認識する者もいた。しかし、震災発生から継続的に活動を続けている支援組織の多くは、基金や財団など、様々なスポンサーから助成金を得ていたため、それを原資に支援実績をつくり、その成果を助成元に報告する義務もある。ゆえに、支援者は自らの役割と被災者から聞こえてくる本音の間でジレンマに陥ることもしばしばであった。

こうした問題意識から、「支援」を別の言葉で言い換える（例えば、「復興支援」から「復興協力」など）という提案が、現地で聞こえたりもした。しかし、当時、これからの復興過程の中で、既成の支援／被支援の非対称的な関係が、実態としてどのように批判的かつ建設的に再検討されていくかは、不透明なままであった。こうした状況に、公共人類学の立場からは、どのように応えることができるだろうか。

以上、日本全国から一方的に続く「支援」という名の贈与が、結果的に東北の一部の被災者に負債の念を抱かせ、「支援慣れ」や「援助依存」という状況を自己批判的に捉えさせるようになっていたことを示してきた。しかしながら、ここまでの議論は、支援者側の存在意義を否定することを目指すものではない。筆者の本章での最終的なねらいは、既存の支援のあり方に対して、人類学的贈与論の視点と民族誌的データを提供した上で、被災者／支援者の関係の発展的イメージを描き出すことである。

三　被災者からの返礼

「支援とセット」になって社会的に構築されていく「被災者像」に対して、我々がとるべき態度はどのようなものであろうか。それは、安易に同情するよりも思慮深さをもつということであり、また、支配的言説が不当に被災者を傷つける場合には、その対抗言説をつくり出していくことだと考える。ただし、このことは、本書においては、議論途中での確認事項に過ぎない。

本書が目指すところは、ここまで議論してきた被災地支援をめぐる問題の改善策を、ミクロな現場のレベルで探っていくことである。そのために自らを、公共空間を担うアクターとして位置付け、人類学のディシプリンの外にいる他者とともに、現実の状況を変えることを試みてきた。それは、単に仮設住宅に住む人々の生活を支援することのみを意味するものではない。加えて、被災者と支援者の関係の在り方そのものを、当事者間で考えていくことでもあった。

ここからの試論は、前節の終盤で触れた支援者側のジレンマに対してひとつの回答を示すものである。そのための手がかりとして、南方仮設において筆者らＨＳＦスタッフが体験したある出来事を紹介する。

まず、仮設住宅団地に足繁く通うようになれば、支援をきっかけに出会った被災者とも、個人としての付き合いが始まる。元々この地域の出身者には、「佐藤」や、「阿部」、「三浦」、「千葉」、「及川」、「佐々木」といった姓が多い。そのため、地元の人々同士は、互いをフルネームや下の名前で呼んだり、出身地区、職業、あるいは屋号を付け加えたりすることで識別している。筆者らもそれに倣うことで、徐々に大勢の顔と名前が一致するようになり、より円滑なコミュニケーションが可能となった。南方仮設でも、知っている人にまた出会えば、挨拶のついでにちょっとした会話も発生するようになる。

また、数ヵ月を被災地で過ごせば、その会話の中でも、より具体的な地名が思い浮かぶようになる。それは南三陸町の場合、前章で主に説明に用いてきた志津川、戸倉、入谷、歌津といった四つの旧行政区分よりも多岐にわたる。例えば、志津川地区と一口に言っても、「震災前の十日町には商店街があって……」、「津波は町を流れる八幡川を遡って……」、「海から少し離れた廻館や新井田にも犠牲者はいて……」、「筆者が初めて南三陸町で滞在したのは平磯で……」、といった具合である。このことは、南方仮設に暮らす人々との共通の話題の幅を広げ、震災前の町の様子や復興の過程について、より詳しく知ることにもつながった。

そして、HSFが支援を続ける中で、徐々に被災者たちも支援を受け続けることへの申し訳なさ、自立の見通しが立たない歯痒さなども含めて、様々な生活の悩みを話してくれるようになった。

支援物資のおすそわけ

そんなある日のことである。集会所での子どもの学習支援を終え、帰ろうとしていた筆者らHSFスタッフを、南方仮設二期自治会の副会長（男性、六〇代）が呼び止めた。彼が支援に対する労いの言葉の代わりに、筆者らに手渡してくれたのは、集会所に山積みになっていた段ボール箱のひとつだった。うまく状況を把握できないまま、その段ボール箱の封を開けてみると、中にはモルディブ産のツナ缶

写真右が，そのツナ缶．パッケージに書かれた“FELIVARU”は，モルディブの政府所有企業の名前である．写真左は，同様のやり取りで，後に大量入手した桃缶（2012年7月2日筆者撮影）

写真6　被災者から貰った支援物資

がぎっしり詰まっていた（写真6）。やや戸惑いつつも、筆者が感謝の気持ちを伝えると、その副会長は我々と共犯関係にでもなったかのようなイタズラっぽい笑顔を浮かべた。ＨＳＦ東北出張所に持ち帰ると、食事を主に担当していた女性スタッフは、この突然の贈り物に大いに喜んだ。そして、それからというもの、スタッフの食卓にはツナを使った料理が連日並ぶようになった。

　筆者は、このツナ缶の段ボール箱を、それまでＨＳＦが行ってきた支援に対する被災者からの返礼であったと考えている。実のところ、この贈答品は、震災発生直後に全国から避難所へ寄せられた支援物資だった。しかしそれらの物資は、その膨大な量ゆえに緊急対応期のみで全て使い切られるということはなかった。その際、余った物資のいくらかは、被災者とともに仮設住宅団地へと移動した。そして、それ以降、仮設住宅団地の集会所などで、ＨＳＦスタッフの手に渡るまで保管されていたのである。

　さらに、その後も、このような南方仮設の住民からのダブついた支援物資のＨＳＦスタッフへの提供は継続的に行われた。ツナ缶の他にも、果物の缶詰や菓子、缶ジュースやペットボトルなどの飲料、冷凍食品やレトルト食品、茶葉や米、登米市民が提供した野菜、オリーブオイルや味噌といった調味料、トイレットペーパーや手袋などの生活用品も含まれていた。

しかしあるとき、それまで同様に余った物資を持っていくよう被災者から勧められたＨＳＦスタッフのひとり（女性、二〇代）が、その受け取りを断ることがあった。彼女は最初にツナ缶の提供を受けたときに大喜びしたスタッフと同一人物であったが、それも一回目のときだけで、被災者から次から次へと色々なものを貰っていることに恐縮していた。また、それ以前に貰った食料が余っていたから、というのも遠慮の理由であった。

そのことを後で聞いた筆者は、そのような場面では、たとえそれが今どんなに必要のないものでも感謝して受け取ろう、という提案をスタッフ全員にすることにした。なぜなら、そのとき彼女が感じた贈り手に対する「申し訳なさ」や大量の物資の「扱いきれなさ」こそ、被災者がこれまでずっと支援に対して感じてきたことと共通するものだったからである。それ以来、日常的に他のスタッフと、ここで論じてきた人類学的な贈与論の視点が、共有されるようになった。

貰い続けることの居心地の悪さに共感したのか、一度は返礼を断った彼女もその後、「今日は仮設の人に〇〇を貰った」ということを逐一報告してくれるようになった。以下は、実際に本人が、ＨＳＦのFacebook公式ページに投稿した支援現場の報告である。既にリンク切れとなってしまっているが、当時の筆者がテキストデータとして記録しておいたものを紹介したい。

一昨日は「トマト」、「きゅうり」、「玉ねぎ」、「レタス」。昨日は「わかめ」、「キャベツ」、「切り干し大根」、「ほうれん草」。今日は「ほうれん草」、「きぬさや」、「卵焼き」、「キャベツ」。これは何かといいますと、最近毎日いただく仮設住宅に住むおばあちゃんからの「おすそわけ」です。大阪出身の私は最初とまどいました。無料で何かをいただくことに慣れていなかったのです。でも、事務局長に相談したところ、「それは感謝の気持ちだから有難く受け取った方がいいよ〜」と一言。たしかに。一方的に支援してもらうのではなく、自分からも何か「したい」という気持ちに感謝して、今は毎日有難くいただいております。おかげで冷蔵庫の中は新鮮なお野菜でいっぱいです。呼吸と一緒で、吸ってばかりではよくなくて、しっかり吐き出す。貰ってばかりだと、人もしんどくなるのかもしれませんね。なので私は、お礼に美味しいお団子屋さんの団子をプレゼントします。すると、団子屋さんのおばちゃんにも野菜を頂きます。ただ今、冷蔵庫にはキャベツが5玉も笑！（二〇一二年六月一二日）

実際、余った支援物資を感謝して堂々と受け取るようになってからの方が、「仮設の人々との心の距離がさらに近づいた」とスタッフらは口を揃えて言う。その後、南方仮設に稀に支援物資が届けられるとき、自治会の計らいで、各世帯に分配する前から、「HSF用」が確保されるようになっていった。そして、東日本大震災の被災者による余った支援物資の贈与の際、しばしば用いられる表現が、スタッフの投稿にもあった「おすそわけ」である。この支援物資のおすそわけという被災者ならではの反対給付もまた、大規模災害下に特有の贈与の一つとして捉えることができる。

本章一節で議論してきたように、今回の震災では、広範な被災地域にまたがって必要とされる種類の物資を、必要とする人に必要な分量だけ適正に分配するための社会システムが確立されていなかった。そのため、局所的に過剰な支援物資がもたらされた。そして、それを持て余した被災者にとって、支援物資の超過量の有効な処分方法の一つが、おすそわけであった。

そもそも、「おすそわけ」という言葉は、他人から貰った品物や利益の一部を、さらに友人や知人に分け与えることを現代的には意味するが、語源を辿ると「すそ」とは着物の裾を指し、地面に最も近い末端の部分ということから転じて「主要ではないもの、つまらないもの」を意味していた。余った支援物資のおすそわけもある種、気軽に行われる贈与であり、そこには共有や分配という発想も含まれていたといえる。この贈与の形態は、古典的人類学が明らかにしてきたポトラッチのような高価な贈り物合戦には突入しにくい。事実、このおすそわけという作法をきっかけに、ＨＳＦスタッフと南方仮設の住民は、安定的かつ良好な関係を築いてきた。

そして、こうした支援物資の余りのおすそわけは、支援者と被災者の関係の在り方に変化をもたらすきっかけに過ぎなかった。被災者による厚遇は、外部から持ち込まれた支援物資の転用だけに留まらず、仮設住宅の日常生活により根付いたものまで含まれるようになった。

この返礼という行為の背景には、地域文化的特性ともいうべき価値観や習慣も作用していたといえる。南三陸町で神職に就いている南方仮設在住の工藤真弓は、支援者に対する返礼の理由について、以下のように言及する。

いち人間として貰ってばかりでなくて、何か生み出さないと生き甲斐を感じられないですよね。元々この地方は、家の縁側で近所の人を茶菓子、漬け物などで互いにもてなしあう「お茶っこ文化」がありますし。「もらって豊か」というよりも「あげて豊か」、故郷が田舎の浜の方だから特にそう考えますすよ。自尊心もあるから。（二〇一二年一二月一二日）

このお茶っこの習慣は、仮設住宅でも続いていた。そして、被災後の生活がある程度落ち着いてからは、支援者への労いや返礼の機会をつくり出していたようである。

> 仮設に来てからもお茶っこはよくしますよ。こっちに来てからお隣同士になった人や昔から気の合う仲間たちと。それとたまに、朝早くからイベントのチラシ配ってくれてるボランティアさんを呼び止めて、家の中に招いてあげたりなんかして。なんだか、最近、人に何かしてあげるのが前よりも好きになった気がしてねぇ。（女性、七〇代、南方仮設在住、二〇一三年九月二日）

加えて、南三陸町は漁師が多い地域でもあるため、大漁時の漁獲物を近所に振舞うなど、コミュニティの中で気前の良さを見せることがある種の美徳とみなされていた。ここでも、ＨＳＦスタッフだった佐野英志は、津波被災地ならではの返礼を経験している。

> 南方仮設の集会所で子どもに勉強教えてたら、その仮設に住んでる元漁師のおじさんが来て、いつも支援ありがとうって言われて、顔見知りだったんですけどそのときに初めて色々喋ったんです。そしたら、漁の話とかしてもらって。ロープの結び方とかも。自分の人生かけてやってきたことを聴かれるのが嬉しかったんですかね、震災前の自分を取り戻してる感じっていうか。今度色々食べさせてやる、そんなことでしか御礼できないから、って。実際、それから何日か経って、持ち込みができる登米市の知り合いの居酒屋に一緒に行ったときに木の箱に入ったウニをいっぱい持ってきてくれました。他にも塩蔵《えんぞう》って処理をした日持ちするわかめ一キロとかもらっちゃいました。（二〇一三年八月一〇日）

この他にも、朝の仮設住宅団地へ子どもの通学の見送りに行き、そのついでに保護者から仮設の自宅の中で、朝食をご馳走になったり、お茶っこに招かれたりということも珍しい話ではなくなった。かく言う筆者も、敷地内ですっかり顔馴染みとなった佐藤自治会長と会った際、昼間からビールを振る舞われたりもしていた。また夜は、会長夫人の京子の手料理をご馳走になることもしばしばであった。この夫婦との交流は、支援／被支援の関係を入り口に始まったものだが、震災発生から二年以上が過ぎた頃には、もはやそのことはさして重要なことではなくなっていた[41]。

ここまでの内容を、本章の事例におけるまとまりのひとつとして捉えたい。

さらにここからは、一方的な贈与から互酬性を帯びるようになった支援者と被災者の関係が、非日常的な祭事において、より先鋭化して現れてきたことを報告する。

ゲストとホスト

南方仮設では、二〇一二年から八月下旬に敷地内の空き地で、夏祭りが開催されるようになった。それは、人々が仮設住宅に入居してから一年が経った頃からのことであった。会場となるグラウンドの中心には、特設ステージや大きな和太鼓が設置される。そしてその周囲では、色とりどりの大漁旗が風にはためき、多種多様な夜店が立ち並ぶ。そのときばかりは、普段は静かな南方仮設内に、住民だけでなく、登米市民や他の南三陸町民も多く集まってくる。登米市長や南三陸町長が来場した年もあった。夕方の明るいうちから始まるこの夏祭りは、盆踊りだけでなく、ステージ上でのカラオケ大会や、来場者全員が参加できる景品抽選会も行われ、まさに非日常の一大イベントといった様相を呈する。

そして、HSFはこの時期に合わせて、二泊三日のボランティア・ツアー「まなび旅」を企画し、東京からバスを派遣していた。大学生、大学院生を中心に約二〇名がそのツアーに参加し、南三陸町の復興状況を自らの目で確かめにいく。参加者は、南方仮設では、夏祭り来場者兼ボランティアスタッフとして、会場設営から夜店の売り子、駐車場整理、後片付けなど様々な手伝いを行う。旅程の中には、夏祭りだけでなく、震災当初から支援に携わってきた登米市民との交流や、南三陸町での震災の語り部による講話、津波被災地の視察、仮設商店街での買い物や復興土産をつくる工房の見学などが含まれていた。まなび旅そのものの理念や、公共人類学的意義については、山下晋司の論文「復興ツーリズム——震災後の新しい観光スタイル」〔山下 二〇一五〕に詳しく書かれている。

本書では、南方仮設の活動のみに焦点を当て、筆者自身の体験やそれを補う調査内容を紹介したい。最初の年、筆者は現地に常駐する支援者として、仮設内の夏祭り準備実行委員会にも何度か参加していた。その会は、主に一期・二期自治会の役員で構成されていた。そして、このボランティア・ツアーの提案をしたとき、一部の列席者からの反応は芳しからぬものであった。例えば、一期自治会副会長だった竹内正義は、「これは我々のイベントで、そんなにたくさんボランティアに押しかけられては困る」と言った。当時、HSF東京事務局とその企画を進めていた筆者は、頭を抱えてしまった。そのときは、県外からの参加者として祭りそのものを楽しみ、夜店の売上にも貢献するから、という理由で、承認を得ることができた。

ただし、ここまでの調査結果に鑑みれば、こうした被災者の反応は十分に理解できる。他にも、登米市の地元企業が協賛として、南三陸町の海産物をその場で焼いて、来場者に無料で振る舞うブースを用意する、という企画が持ち込まれたこともあった。しかし、これには、実行委員会で有料の夜店を用意していたため、すぐに反対の声が上がった。この善意の申し出が、彼らの自主企画「ビジネス」の障壁となるのは目に見えていたからだ。しかし、そのことを、仮設住民が夏祭りの利益を最優先していた、と捉えるのは誤りだろう。それよりも、無償の支援が自身らの取り組みを霞ませてしまうことへの危惧の方が大きかったと筆者は考える。なぜなら、仮設住宅入居から丸一年の節目の時期に開催されるこのイベントには、被災者による復興の旗揚げ、という意味も込められていたからである。

このような背景から、ＨＳＦにとっては、不安なスタートをきった一年目のボランティア・ツアーだった。しかしながら、参加したボランティアは、筆者や準備委員会の懸念をよそに大いに南方仮設の住民と交流し、そして夏祭りの裏方として活躍した。結果的に、筆者の知る限り、皆が満足する形でそのイベントは成功を収めた。また滞在期間中、二期自治会長夫人の佐藤京子が中心となって、南方仮設に暮らす女性たちが、二日分の昼食（おにぎりや豚汁、カレーなど）をボランティアのために用意してくれたり、そこで一緒に食事をした男性たちからは、震災体験の話をしてもらったり、と彼らは南方仮設の住民からの厚遇に感謝しっぱなしであった。

そして、中でも印象的だったのは、ボランティアを乗せたバスが去っていくのを、南方仮設の住民が見送る場面である。筆者は、このとき東京に戻らなかったので、彼らと一緒に車外にいた。バスが遠ざかるまで、皆で手を降っていたのだが、筆者の横で、佐藤京子が涙を流しているのが視界に入った。「有り難いねぇ」と呟きながらすぐに涙をぬぐっていたのを、見なかったふりをした。このときの本人の心中を想像することはもちろん可能である。しかし、ここではより確かなことを書き記しておきたい。この夏祭り期間中、京子は、ボランティアのために被災地視察のバスガイドや食事準備のリーダーを務めるなど、明らかに世話をする側だったのである。

そして翌年の二〇一三年に行われた二回目の夏祭りでも、同様のボランティア・ツアーが実施された。筆者はこのとき、東京大学駒場キャンパスで行われた事前レクチャーの講師を担当した。その際、集まった参加者に対して、このボランティア・ツアーは支援をすることが目的だが、むしろ世話になるのはこちらの方である、ということを伝えておいた。

実際、その年のボランティアも前年と同様、手厚い歓迎を受けることとなった。さらに、それは単に食事を準備してもらったり、友好的に接してもらったりしただけでなく、わざわざ佐藤自治会長が、被災者の生活を見せてあげる、と仮設住宅の自宅というプライベートな空間まで開示してくれたりもした（写真7）。二〇名以上のボランティアは、三人ずつ交代で自治会長宅に入れてもらい、仮設住宅の部屋の間取りや材質などを見て触って感じることができた。これはおそらく、通常では得難い体験だったといえる。

そしてここでも、特筆すべき場面があった。このとき佐藤自治会長は、冗談めかして「さぁさぁ、広い我が家をどうぞご覧ください」と言いながら、人々を次々に中に招き入れていた。すると、東京から参加したある男子学生が、2DKの仮設住宅の内部を見て、「おぉ。でもたしかに、おれの住んでるアパートの方が狭いなぁ」という感想をもらした。それを聞いた佐藤自治会長は、苦笑いを浮かべていた。

この仮設住宅の公開は、被災地の外から来た人々に対しての苦痛の訴えではなく、ある種のサービス精神から行われたものである。南三陸町の実家を失って、遥かに見劣りする簡素な住居に移ってきたということ、被災者として、望んでもいない環境での不自由な暮らしがこの時点で二年間も続いているということ、こうした文脈も込みで、珍しいものとして仮設住宅を見せたい、という思惑が自治会長側にはあった。その意味で、「広い我が家」というブラック・ユーモアの言葉とは裏腹に、その男子学生の反応は、彼の期待していたものではなかったはずである。

もちろん、夏祭り自体は前年同様、盛況のうちに幕を閉じた。この年は、ボランティア参加者が、登米市で浴衣を購入し盆踊りの輪に加わるなど、前回にはなかった関わり方もみられた。そして、翌日の後片付けを済ませた後は、互いにお礼と、来年もよろしく、という言葉を交わしあい、ボランティアを乗せたバスは南方仮設を後にした。筆者もこの年は、皆と一緒に東京へと戻った。

以上が、南方仮設における夏祭りでの筆者の体験である。

この写真は夏祭り中のものではないが，写真に映っている人物は，佐藤自治会長．本人の許可を得て掲載（2012 年 6 月 4 日筆者撮影）

写真 7　仮設住宅の内部

その現場を振り返ってみると、支援／被支援という関係だけでは説明しきれない複雑なパワーバランスが機能していたといえる。支援者と被災者のやり取りひとつひとつを微視的に観察すると、ボランティアが午前中の準備で費やした労力に対して、南方仮設の住民が昼食を提供するなど、これまで本章で議論してきた互酬性の文脈で解釈することができる。ただし、この夏祭りの事例のもつ、より重要な意味は、その双方向的なやり取りの全体像を把握しようとすることでみえ

仮設住民が運転する軽トラックの荷台で移動する「まなび旅」参加者たち（2013 年 8 月 19 日 HSF スタッフ撮影）

写真 8　夏祭り前日の準備ボランティア

てくる。

前述のように、支援に来ているはずのボランティアが、被災者から様々なおもてなしを受ける。支援されるはずの被災者が、ボランティアに充実した時間を過ごしてもらうために心を砕く。実際、筆者が観察する限りにおいて、「まなび旅」参加者と南方仮設の住民の間の様々なコミュニケーションをより強く特徴付けていたのは、既成の支援／被支援ではなく、ゲスト／ホストという関係性だったといえる。

そして、そのことは一年目よりも二年目のほうが意識的に行われていた。最初にボランティアの受け入れに難色を示した一期副会長の竹内は、二〇一三年の二度目の夏祭りが終わった後、筆者が行った聞き取りに対して、以下のように答えた。

最初は自治会主催のイベントにボランティアがわらわらと参加するの反対だったんだけど、もう二年続けてだもんな。今年は、おれが周りの仮設の大人たちに指示を出しといたんだよ。せっかく若いやつらが遠くから支援に来てくれてるんだから、あいつらにも仕事を残しといてくれ、ってな。（二〇一三年九月一六日）

その頃の支援現場では、震災発生直後と比べて、支援／被支援の間のイニシアティブの所在がより不明確になりつつあった（写真8）。

そして、上記の発言からも読み取れるように、ＨＳＦの実施したボランティア・ツアーも、支援者側の事情を察した仮設住民の水面下での協力によって一部支えられていた。それがなければ、現地での活動は、参加者にとって実際よりもずっと居心地の悪いものとなっていたはずである。裏を返せば、この事例で紹介した南方仮設の夏祭りの成功は、支援／被支援の関係を超えたある種の協働が実現していた結果だといえる(42)。

以上、被災地支援という観点から、震災復興過程の序盤から中盤にかけてを辿ってきた。その一連の流れを振り返ってみると、時間の経過とともに生じる被災者のコミュニティの様々な変化を感じ取ることができる。

続く第三章では、被災者側にある程度精神的・物質的余裕が生まれてからの震災復興における重要な論点として、将来の津波防災に着目する。

第三章　巨大防潮堤と復興のまちづくり

一　日本における津波対策の変遷

本章では、自らの生活の再建が進んだ頃から、多くの被災者が関心を寄せるようになった復興のまちづくりと将来の津波対策について議論する。

その目的は、「命を守る」ために巨大防潮堤の建造を不可欠とする行政に対し、様々な理由でそれに難色を示す住民の語りに注目し、震災復興の中で培われる人々の災害と安全に関する価値観に迫ることである。

この節では、南三陸町における復興のまちづくりに関する事例研究の前段階として、これまでの日本の津波対策の歩みを確認するとともに、東日本大震災発生以降の防潮堤建設をめぐる議論を整理する。

そもそも、災害の被害を最小限に抑え、統治下にいる人々を救済することは、古来より為政者の責務であった。当然そのことは現代日本でも例外ではない。ここでの議論の端緒を開くため、まずは近代日本からの津波対策の歴史を簡単に振り返る。

明治三陸地震（一八九六）から北海道南西沖地震（一九九三）まで

手始めに、ＪＩＣＡ研究所の「大災害と国際協力」研究会が、日本の防災経験を海外に生かすためにまとめた「三陸地方における津波対策の考え方の変遷」を参考にしたい。

日本の津波対策においては、昭和三陸地震（一九三三）がひとつの転換点となっている。それ以前、例えば明治三陸地震（一八九六）の時代は、災害復旧や対策事業を行う際、基本方針の制定や公的資金の利用はなく、防災対策が個人に任せられていたことが特徴であった。その他には、地域の有力者が独自の資金を用いてハード面の防災を強化することが多かった。

昭和の大津波以降は、関東大震災（一九二三）の経験もあり、国や県主導の復旧・復興が進められた。ただし、経済的に発展途上であったため、巨大災害にも効果的な大規模構造物の建設は、まだこの時代も困難であった。その一方で、この頃から、ハードとソフトを組み合わせた総合的な津波防災の考えが生まれ始めた。

次の大きな変化は、チリ地震津波（一九六〇）以降にもたらされた。コンピュータの技術進歩に伴い、地震発生後の津波予報の精度も向上した。また、経済状態が上向くにつれて、全国で大規模構造物の建設を含む防災対策が進んだ［「大災害と国際協力」研究会二〇一三］。

この大筋を踏まえた上で、本章のキーワードでもある防潮堤に関して情報の補足をしておく。例えば、岩手県の田老村（現在の宮古市田老町）では、昭和三陸地震の翌年（一九三四）から、本格的な対津波構造物の建設工事が始められた。津波史家の山下文男によると、他の被災地では高台移転が進められる中、この村に限っては、義援金を村民に分配する代わりに防浪堤（防潮堤）の第一期工事に充てたという。その工事は、二年目から県としての事業に格上げされ、二四年間続けられた。その間、一九四四年には町制が施行され、「田老町」となる。そして、一九五八年、海面からの高さ一〇メートル、全長一三五〇メートルという、当時では世界に類をみない巨大防潮堤が完成した［山下（文）二〇〇八：一〇一―一〇三］。そして、完成から二年後のチリ地震津波では、その防潮堤が田老町の被害を抑えることに大きく貢献した。そのことが津波対策としての防潮堤の効果を実証する結果となり、三陸地方の他地域でも防潮堤の建設が急がれるようになった(43)。

関連して、ルイジアナ州立大学地理学・人類学部のH・ジェシー・ウォーカーとジョアン・モッサが、一九八六年に発表した論文では、当時の日本の海岸侵食や津波を防ぐための建設事業が、自然と人工の複雑な関係における先進的な取り組みとして紹介されている。その論文中には、人間の身長の三倍以上はあろうかという三陸沿岸部に建てられた防潮堤の写真（詳細は不明）も掲載されている［Walker and Mossa 1986 : 126］。

平成となってからの主たる津波の被害には、一九九三年七月一二日に発生した北海道南西沖地震によるものがある。国土交通省のレポートによると、地震のマグニチュードは七・八で、死者・行方不明者は二二九名、うち、津波の被害が甚大だった奥尻島（奥尻町）で一九八名が犠牲となっている。この奥尻島には、地震発生から二〜三分後に早くも第一波が襲来し、津波高（痕跡高）は最大で二三・三メートルであった。同レポートがまとめた奥尻町の復興の概要によると、地域住民の意向に基づき、「生活再建」、「防災まちづくり」、「地域振興」の三つを柱とした復興基本計画が策定され、市街地の再整備や防潮堤の建設、移転等のまちづくりが進められた。そして、一九九八年三月に完全復興が宣言された［国土交通省 二〇一五：二］。

その後、工学博士で防災分野等における「失敗学」の提唱者でもある畑村洋太郎が、二〇〇七年に奥尻島を視察したときのレポートを公開している。

防潮堤は津波の高さを基準にしており、一〇～一一メートルの高さのものが多く、低いところでも五メートルであった。（中略）また、防潮堤の背面には三～六メートル高さに盛り土をして、海岸に建っていた住宅を盛り土の上に建て直すという大がかりな工事が既に行われていた。防潮堤を実際に作ってみると、台風などで日本海が荒れて高波で被害を受けることが多いため、津波対策というよりは高波対策に対して有効だととても喜んでいた。［畑村 二〇〇七：二］

防潮堤に関する肯定的な声を紹介する一方で、畑村は、「津波については安心できるようになったが、盛り土をあまり高くしなかったところでは、漁師が平屋の家の中で立ったときの目の位置が防潮堤より低いため、家の中から海況を見ることができないため、いちいち海に見に行かなければならなくなり、つらいということを聞いた」とも報告している［畑村 二〇〇七：三］。この他、二〇〇九年出版の『世界と日本の災害復興ガイド』でも、奥尻島の津波の事例が取り上げられている。この災害の課題と教訓として、同書は、小規模自治体に巨額な義援金が集められたことは幸運だったが、道や国の影響下で大規模公共事業を展開するその運用方法については、「深刻な問題を残した」としている［塩崎・井上 二〇〇九：二一二］。

ここまでみてきたように、津波対策としての防潮堤は、一九六〇年のチリ地震津波における田老町の事例で総合的な評価を高めた後、一九九三年の北海道南西沖地震における奥尻町の事例により一部で疑義が認められるようになった。

東日本大震災（二〇一一）前後

さらに、ここからは、南三陸町における事例研究の背景描写を兼ねて、東日本大震災発生前後にまたがる防潮堤建造に関する政治的文脈を整理する。

まず、二〇〇九年に自由民主党（以下、自民党）から政権交代した当時の民主党は、「無駄」な公共事業を減らして、社会福祉分野に財源を回すことを意図した「コンクリートから人へ」というスローガンを掲げていた(44)。そして、これに基づき、所謂「事業仕分け」によって、首都圏や近畿圏の河川治水を目的とした高規格堤防（スーパー堤防）整備の廃止などが行われた。このようなハードからソフトへの政策の重点移行が進む中、東日本大震災が発生する。

二〇一一年三月一一日、件の大津波は、その襲来地域に元々建造されていた多くの防潮堤を乗り越えて、人々が暮らす町に押し寄せた。この結果が、その後の震災復興過程において、行政主導のより頑健で強靱な防災インフラの整備を進める方針をつくり出していくことになる。それに対する住民の反応は次節にゆずるとして、ここでは、国や県などの公的機関の視点から災害時における人々の安全がどのように捉えられているか、既に発行されている公文書のレトリックなどから考えていく。

「ポスト三・一一」の日本においては、史上初めて「津波」をその名に冠する二つの法律が、新たに制定された。

ひとつは災害対策基本法を所管する内閣府による「津波対策の推進に関する法律（二〇一一年六月二四日公布）」である。この法律の前文では、「多数の人命を奪った東日本大震災の惨禍を二度と繰り返すことのないよう、これまでの津波対策が必ずしも十分でなかったことを国として率直に反省し、津波に関する最新の知見及び先人の知恵、行動その他の歴史的教訓を踏まえつつ、津波対策に万全を期する必要がある」という明確な方針が打ち出されている。

もうひとつは、国土交通省が提出した低頻度・大規模・広範囲の津波災害への対策に重点を置く「津波防災地域づくりに関する法律（二〇一一年一二月一四日公布）」である。それは、被害の最小化を主眼とする「減災」の考え方に基づき、海岸保全施設等のハード対策によって津波の被害をできるだけ軽減するとともに、それだけでは対応しきれない津波を想定し、ハザードマップの整備など避難行動を促すソフト対策を並行して進める、というものである。

さらに、二〇一二年に民主党から自民党に政権交代した後、将来の津波対策も念頭に置いた「強くしなやかな国民生活の実現を図るための防災・減災等に資する国土強靱化基本法」が、二〇一三年一二月一一日に公布された。内閣官房が手がけるこの法律は、国土の強靱化に着手するにあたっての国内各地域の「脆弱性評価」を特徴としている。行政機能や産業構造、国土保全など幅広い分野で災害対策の課題や弱点を洗い出し、その上で、脆弱性の高い地域から優先的に対策を講じていくことを定めている。

ここまでみてきたように、津波対策推進法、津波防災地域づくり法、国土強靱化基本法（いずれも略称、公布順）は、東日本大震災以降の社会的状況に基づいて新たに立案され、それぞれ強調されるポイントが異なる。

他方で、これらの法律は、国家が連綿と続けてきた防災政策の根本的な部分を引き継いでいる。それを端的に表す文言が、津波による災害からの「国民の生命、身体及び財産の保護」である。津波対策推進法と津波防災地域づくり法においては、第一条（目的）でその文言が掲げられている。

津波対策推進法　第一条（目的）
この法律は、津波による被害から国民の生命、身体及び財産を保護するため、津波対策を推進するに当たっての基本的認識を明らかにするとともに、津波の観測体制の強化及び調査研究の推進、津波に関する防災上必要な教育及び訓練の実施、津波対策のために必要な施設の整備その他の津波対策を推進するために必要な事項を定めることにより、津波対策を総合的かつ効果的に推進し、もって社会の秩序の維持と公共の福祉の確保に資することを目的とする。［e-Gov 2011a］

津波防災地域づくり法　第一条（目的）
この法律は、津波による災害を防止し、又は軽減する効果が高く、将来にわたって安心して暮らすことのできる安全な地域の整備、利用及び保全（中略）を総合的に推進することにより、津波による災害から国民の生命、身体及び財産の保護を図るため、国土交通大臣による基本指針の策定、市町村による推進計画の作成、推進計画区域における特別の措置及び一団地の津波防災拠点市街地形成施設に関する都市計画に関する事項について定めるとともに、津波防護施設の管理、津波災害警戒区域における警戒避難体制の整備並びに津波災害特別警戒区域における一定の開発行為及び建築物の建築等の制限に関する措置等について定め、もって公共の福祉の確保及び地域社会の健全な発展に寄与することを目的とする。［e-Gov 2011b］

そして、国土強靱化基本法では、第一条（目的）に「国際競争力の向上」や「国民経済の健全な発展」といった文言が盛り込まれるなど、前二つの法律との相違点もあるが、第二条（基本理念）にはここでも「国民の生命、身体及び財産の保護」が明記されている。

国土強靱化基本法　第二条（基本理念）
国土強靱化に関する施策の推進は、東日本大震災（中略）から得られた教訓を踏まえ、必要な事前防災及び減災その他迅速な復旧復興に資する施策を総合的かつ計画的に実施することが重要であるとともに、国際競争力の向上に資することに鑑み、明確な目標の下に、大規模自然災害等からの国民の生命、身体及び財産の保護並びに大規模自然災害等の国民生活及び国民経済に及ぼす影響の最小化に関連する分野について現状の評価を行うこと等を通じて、当該施策を適切に策定し、これを国の計画に定めること等により、行われなければならない。[e-Gov 2013]

筆者が傍線を引いたこの「国民の生命、身体及び財産」の保護は、東日本大震災以前にも様々な法律の条文で繰り返し用いられてきた文言である(45)。津波という脅威が目の当たりとなり、その考えはより強固なものとなった。そして、本書において、筆者が注目するのは、この文言単体ではなく、震災以降の政治におけるその援用方法である。

実際、「生命、身体、財産」を守ることを絶対的な拠り所とするレトリックが、旧民主党政権時代のハード軽視の政策への反動と結びつく形で、自民党所属の政治家を中心に、公共事業推進の文脈で用いられるようになった（写真9）。

例えば、竹下亘は二〇一二年の衆議院解散後に地元島根県で「自民はまた公共事業をやろうとしているのかと批判する人がいる。しかし私たちは真っ正面から反論する。国民の命と暮らしを守る公共事業のどこが悪いんだ」と主張し［毎日新聞 二〇一二］、野田聖子自民党総務会長（当時）は地元岐阜県で「公共事業悪玉説が飛び交っているが、何が悪いのか。（中略）強固なふるさとを子孫に残すことが正しい大人の生きざまだ」と見解を述べ［朝日新聞 二〇一三］、さらに、安倍晋三首相も「『コンクリートから人へ』ということは安倍政権ではやらない」と明言している［日本経済新聞 二〇一三］。

また、村井嘉浩宮城県知事も、県内の防潮堤の高さに関して、柔軟な対応姿勢を示しつつも、「数十年から百数十年に一度の津波を想定した高さを確保し、生命と財産を守る考えはぶれていない」と決意を表明している［河北新報 二〇一四ａ］。

一例として，南三陸町内に建てられた工事中を示す看板には，「つなげよう！命の道」という言葉が見られる（2014 年 8 月 27 日筆者撮影）

写真 9　復興道路のキャッチコピー

そして、次節からは、同県南三陸町を舞台に、そうした政策で「守られる」側の住民の声に耳を傾けていくことになる。

巨大防潮堤計画の論点

フィールドに視点を移す前に、東日本大震災の復興過程において、政治家だけでなく、研究者の間でも盛んとなった巨大防潮堤の建造をめぐる議論を参照しておく。

まず、文化人類学者の秋道智彌によって震災以降に出版された『海に生きる――海人の民族学』がある。秋道は、海と直接関わる個人や集団を「海人《かいじん》」として捉えている。この海人が暮らすのは日本だけに限らないが、海が彼らにもたらすのは恩恵だけではなく、災厄もあるのだということを示す上で、同書は、冒頭で東日本大震災の津波について言及している。「海の復興論——三陸の海から」と題された第一章では、コモンズ（共有）やレジリエンス（回復力）などの概念を用いて、津波からの復興を生態と社会の統合的な視点から論じている。三陸沿岸部の森から海に至る水循環を核とする秋道の復興論では、防潮堤の建造をはじめ復興における工学的な側面の強調は、自然界の「つながり」を阻害するリスクを生じさせるものとなる［秋道 二〇一三：二八］。

また、日本の近現代思想史に関する著作を多く残した松本健一は、東日本大震災の前後にまたがって菅直人政権の内閣官房参与を務めた後、『海岸線は語る——東日本大震災のあとで』を世に出した。その中で松本は、「海岸線の復興」を謳い、これまで日本が受け入れてきた、自然を支配・克服するものとみなす西洋的近代の文明観の再検討を促している。かつて防潮堤が、「海岸線をコンクリートで覆い、海岸線をテトラポットで敷き詰め、自然を人間の『向こう側』に追いやった」ことを省み、自然との共生や、精神風土、意識空間としての海辺の「ふるさと」の再生を強調している［松本 二〇一二：一八七］。

こうした議論の文脈で、一九九三年の津波で被災した奥尻島の復興後の現状も、改めて取り沙汰されるようになった。例えば、みずほ総合研究所の岡田豊の「津波被災から二〇年の奥尻町の苦境——多額の公的資金による安全・安心の街づくりの限界」という報告がある。そこでは、島をぐるりと取り囲む防潮堤に代表される公共事業との因果において、二〇〇五年から二〇一〇年までの間で、人口減少率が町として全国二位となっていることや、それに伴う後継者不足により、漁業などの基幹産業の振興が進んでいないことが指摘されている。岡田は、この奥尻町の復旧・復興事業を、「東日本大震災の被災地の復興の模範というよりも、『他山の石』とすべきケース」として位置付けている［岡田二〇一三：一〇］。

さらに、東北学院大学の『震災学 vol. 4』では、「防潮堤を考える」と題した特集が組まれている。この特集では、防潮堤をテーマとするシンポジウムの内容や、様々な専門家による論考が掲載され、幅広い論点がカバーされている。例えば、仙台大学の高成田享による「防潮堤の社会政治学」は、コンクリートの防潮堤をめぐる利権を指摘し、かつて日本の美しい海岸をたとえた「白砂青松」の消失に警鐘を鳴らしている［高成田二〇一四］。また、宮城県気仙沼市出身の千葉一による「海辺のあわい——巨大防潮堤に反対する個人的理由」では、自叙伝的な記述の中で、三陸の海辺の様々な民俗を紹介し、それらが巨大防潮堤の建造によって危機に瀕することを訴えている［千葉二〇一四］。

ここでは研究者によって書かれたものを中心に紹介してきたが、この問題に関心のある市民が参加できるフォーラムや、住民主体の勉強会も数多く組織されている。

尊厳の在り処

以上、ここでは事例研究の背景として、津波対策の歴史的展開や、その延長線上にある三・一一以降の国家による防災の取り組み、そして、その結果として各地で論争を巻き起こした防潮堤建造に関する先行研究を整理してきた。

ここから筆者が注目していくのは、日本の防災関連の法律が「生命、身体、財産」をキーワードとして唱えているように、人間の安全保障の理念は「生存、生活、尊厳」を掲げているということである。前者の「生命、身体」は後者の「生存」と、「財産」は「生活」と対応関係にあると考えられる。両者が目的を共有している以上、国家が強大な人間の安全保障の担い手でもあることは間違いない。しかし、こうした共通性を見出すことによってむしろ際立つのは、取り残された人間の安全保障における「尊厳」という領域である。それの意味するところを、人類学的フィールドワークを通じて考察することが、次の課題となる。

二　巨大防潮堤の受容プロセス

前節では、過去の津波対策の歴史的展開を辿り、その延長線上に、東日本大震災に関わる巨大防潮堤の安全とリスクをめぐる論争を位置付けた。そして、日本社会全体でのパブリック・ディベートとなったこの防潮堤建造の問題に対し、筆者は人間の安全保障における尊厳という論点を提示した。

ここで改めて、本書の目的を確認しておく。それは、東日本大震災の復興過程における、被災者の尊厳を考察することであった。そして、前章、本章、次章と三つの事例研究が並ぶ本書は、筆者自身が被災地で体感してきた時間の流れを意識して構成されている。そのため、筆者のスタンスとして、執筆時点でまだ完成していない巨大防潮堤を、安全性や費用対効果、自然環境の観点から批判するつもりはない。それぞれの分野に専門家がいて、まだ彼ら彼女らですら、確かなことはいえない段階だからである。

ゆえに筆者は、フィールドでも耳にする防潮堤完成後の悲観的な未来予測に共感はしつつも、自ら展開する議論ではそこから一旦距離を置き、フィールドワークを行った「現在」に関心の焦点を絞る。そして、フィールドワークの過程で培われた人類学の眼でもって、未来を予測するよりも、彼らと共にした時間における変化に注意を払う。

生活再建からまちづくりへ

まずは、第二章とこの第三章の事例研究の接続を試みたい。震災発生から丸二年（二〇一三年三月一一日）経過以降が、その継ぎ目となる。前章においては、ＨＳＦの支援活動が既に、被災者からの返礼の受け取りを含む、双方向的なものに移り変わっていた頃である。

この時期から、震災復興過程はひとつの重要な節目を迎える。被災地とその周辺各地で、仮設住宅の建設時に定められていた、工事の完了から原則二年以内、という使用期限（建築基準法第八五条）が過ぎていったのである［e-Gov 2016b］。例えば、「宮城県が整備した応急仮設住宅（プレハブ仮設）の整備状況一覧（完了時期別）」によると、一番早いもので二〇一一年四月二七日、遅いもので同年一二月二六日に完成している。前章で焦点を当てた南方仮設に関しては、一期は二〇一一年六月四日、二期が同年八月九日となっている［宮城県震災援護室 二〇一二］。前章で紹介した二度目の夏祭りの準備の時期が、大凡その期限と一致している。そして、夏祭りの本番では、仮設住民とボランティア参加者の間で、もはや「支援／被支援」という言葉では説明しきれない「ゲスト／ホスト」の関係が生じていたことは、前述の通りである。

実際には、その期限を過ぎたその後も、年単位で延長更新が繰り返され、人々は仮設住宅に住み続けていた。それでも、この「二年」という年限は、ひとつの区切りとしての共通認識であった。予め定められていた期間を越えてしまうと、なおさら次なる住まいのことに意識が向けられる。

しかし、津波で被災した故郷に住み続けよう（あるいは、戻ろう）とする場合は、災害公営住宅の整備事業や自宅建設のための高台移転事業といった、町全体の復興状況に左右される。例えば、南三陸町の災害公営住宅の整備状況は、二〇一三年一二月三一日の時点で計画戸数七七〇戸、うち、工事着手戸数八四戸（一〇・九パーセント）、うち、工事完了戸数〇戸となっている［宮城県復興住宅整備室二〇一三］。このように、個人の生活再建と、被災地の復興では、往々にしてスピードが異なる。災害公営住宅だけでなく、高台の宅地抽選の当選を待ち続けている仮設住民も数多い(46)。このように、自らの生活が落ち着いてくれれば、その分、被災した故郷の将来を案じることも増えてくる。

それを踏まえて、震災発生から三年目の南三陸町の様子に目を向けてみる。町の中心街であった志津川地区では、かつて津波の跡地を覆い尽くしていた瓦礫が既に完全に撤去され、代わりに背の高い雑草が生い茂っていた。小高い丘に立ってみると、まるでそこは元から未開発の野原のようであった。かつてその地で人々が暮らしていた面影はおろか、それを破壊した自然の脅威すら感じ取ることが難しい。

震災直後の瓦礫撤去や泥かきから、被災者を対象とした支援活動が主流となったことは、前章で論じた。さらにその後は、「まちづくり」や地域活性化という課題が中心となってくる。その主体は、外部からの支援者ではなく、その地域出身の人々、つまり被災者である。自らの「まち」であるからこそ、当事者として積極的に意見を出すことができる。こうした復興過程の進展の中で、これからの暮らしや観光、そして防災について盛んに論じられるようになる。とりわけ、巨大防潮堤の建造は、それらの論点にまたがる重要なテーマであった。

具体的な語りを紹介する前に、まずは、この南三陸町の防潮堤建造計画を概観しておく。復興庁の二〇一三年八月時点の「事業計画（宮城県南三陸町）」によると、想定宮城県沖地震への対策として志津川湾にT.P.+八・七メートルの防潮堤がつくられることになっている。この「八・七メートル」という数字が町民の口からもよく聞かれるが、同町内でも地区によって最高T.P.+九・八メートル、最低T.P.+三・八二メートル、と高さに幅がある。工事時期も画一ではないが、その多くが二〇一四年着工予定となっている。また、これらの数字が計画段階のものであることを示す、「公表した堤防高を基本に、環境保全、周辺環境との調和、経済性、維持管理の容易性、施工性、公衆の利用等を総合的に考慮して決定する」という文章も付記されている〔復興庁 二〇一三〕。

しかしながら、防潮堤の建造に関する合意形成はスムーズには進まなかった。それどころか、「生命、身体、財産」を守るための公共事業は実際、既に触れたように、当初から様々な反論を呼び寄せていた。本章の事例研究を展開していくにあたって、南三陸町の人々の防潮堤に関する語りを紹介する。

巨大防潮堤に対する負のイメージ

例えば、内陸に設置された南方仮設に暮らす人々も、故郷の沿岸部にどのような町ができるかについて、大きな関心を寄せていた。その自治会長を務める佐藤清太郎と妻の京子に、筆者が防潮堤の建造について意見を求めたところ、やはりその防災政策への印象は芳しくないものであった。

防潮堤は、……（しばらく考えてから）安心だけど安全じゃないんだよ。みんな、それがあるからそれを頼ってしまうんだな。安心しきったところに、その防潮堤を乗り越える津波がきたとき、今回みたいに逃げ遅れる人が出てしまう。これから町につくられる八・七メートルの防潮堤では、どのみち東日本大震災のときと同じ高さの津波は完璧には防げないんだよ。（佐藤清太郎、二〇一三年一二月六日）

これからすごい高い大きいコンクリートで町が囲われるのよね、なんだか檻の中に入れられるみた

い。(佐藤京子、二〇一三年一二月六日)

また、この問題は、南三陸町の人々が、世代を超えて将来の津波防災を考えるきっかけになっているようである。HSFの教育支援を利用していたある女子生徒(一〇代)は、二〇一四年四月に関東の大学に進学し、被災地の地域活性化についても関心をもって勉学に励んでいる。

うーん、高台移転してみんな山に住むなら、これまでの志津川の平地の部分は前と同じ高さぐらいの防潮堤でいいんじゃないですかね。それか、八・七メートルの防潮堤をつくって平地に住み続けるか、どっちかでいいと思います。あの町にその両方は、ちょっとやり過ぎな気もします。(二〇一四年六月一〇日)

筆者の知る限り、南三陸町でも導入として紹介したこの三名のように、「防潮堤についてどう思うか」と問われると、難色を示す者が多数派だったといえる。それでも、自ら積極的に声を上げたものは、その全体的な論調に比して、多くはなかった。その理由は、このパートの後半で扱う論点と関係してくる。

その中で、南三陸町歌津地区に暮らす千葉拓は、漁師の立場から、防潮堤計画への反対意見を早くから表明していた一人である。後継者不足に悩む日本の漁業の例に漏れず、歌津地区の伊里前湾でも、千葉が唯一の若手漁師であり、その上の世代は五〇代になるという。彼の反対表明は、被災地を外から眺める者からの注目と支持を集め、メディアでも取り上げられていた。

例えば、光文社『女性自身』のウェブサイトに、「巡り愛 TOHOKU 松葉杖のカメラマンが、追い続けた東日本大震災」という連載がある（写真・文：シギー吉田）。この二〇一三年三月七日に掲載された「それぞれの二年目 ＃４『誰のための町づくりなのか』」というウェブ記事に、千葉のことが特集されている。このページでは、千葉のギターの弾き語りによる「防潮堤の歌」が YouTube の動画とともに紹介されている。

防潮堤で町が囲まれて
灰色の壁が迫ってくる
コンクリート工事の水が川と海の
恵みを奪わないと誰が言えるんだろう
そんなものを見に誰が来るんだろう
この町の未来はどうなるんだろう
子どもたちに何を残せるんだろう ［シギー吉田・千葉二〇一三］

実は筆者らＨＳＦも、二〇一三年夏に実施した二度目の「まなび旅」で、震災復興の現状について学ぶため、この千葉に講師を依頼している。彼の講話は、歌津の海を目の前にして、屋外で行われた。「ここにこれから、自分たちの身長を遥かに超える防潮堤ができる」ということを実際に示され、その非現実的とも思えるスケールに、筆者を含む参加者らは圧倒されていた。そして、実際に津波を体験しながらも、漁師として自然を制御するよりも尊ぶことを重視するその主張は、説得力のあるものだった。

その翌年、千葉は本書のインタビューにも改めて協力してくれた。

おれにとって、今やってる漁は、子どもの頃の海での遊びの延長にあるんですよね。小学校のとき、放課後は自転車をこいで友達と浜辺や磯で遊んでました。海と親しみながら、同時に、危ないってことも身につけていくんです。別に漁師の子どもだから、とかじゃなくて、おれたちの世代の小さい頃はみんな。そのことが大人になってからも、ふるさとの誇りでした。でも、震災が起こってからの子どもたちは、海で遊ぶこともないまま、危険だってことが教えられます。今は、工事車両も海沿いの道をたくさん走ってるし。高台移転や防潮堤で、さらに海との距離は遠のきますね。特に防潮堤の高さに関しては、その土地に踏み込んだ結論が必要ですよ。平野部と同じに一律八・七メートルとかって、つくらなくてもいいところにつくったりすると、やっぱり賛否両論がうまれます。

（二〇一四年七月六日）

しかし、それでも、二〇一三年夏のまなび旅から約一年、その間も防潮堤の建造計画が見直されることはほとんどなかった。そして、千葉も防潮堤に対する憂いや反対理由は変わらずにもっていても、以前ほど活発な運動は展開していない。地域の年長者から、この問題に関する直情的な言動に対して、苦言を呈されたこともあったという。この日、インタビューに同席してくれたもうひとりの志津川町出身の若手漁師、小野具大（次節で詳しく紹介）は、千葉のこの反対運動について、皆でしっかり考えるための問題提起をした点で復興に貢献した、と考えている。

なぜ防潮堤計画は受け入れられたか

これまで、多くの論者が「なぜ人々は防潮堤に反対するのか」ということを問うてきた。実際、生態系の破壊や関連産業（漁業、観光業など）への影響、町の財政を圧迫する維持管理費、その防災機能を裏付ける科学的根拠への不信感、海が見えないことへの不安感、「守られている」という油断からくる津波避難の教訓の風化などが、その理由として様々な文献やインタビューでも挙げられている。防潮堤によって様変わりする町に対しては、その愛着も薄まり、そのことがこれからの人口流出に拍車をかけるのではないか、という危惧もあった。どの点を最も重視するかは、その人の価値観や立場に依るが、それでも反対する理由は十分なほどいくつもあった。

その上で、筆者がフィールド調査を続ける中で疑問に思い始めたことがある。それは、「なぜ反対するのか」ではなく、「なぜ、こうした反対の声が、防潮堤計画を退けるまでには至らなかったのか」ということである。

町内でも比較的早くから、この防潮堤建造計画を容認していた人々がいたのも事実である。例えば、株式会社マルセン代表取締役の三浦洋昭は、仮設商店街の運営など地域経済の観点から、長らく復興のまちづくりに携わってきたひとりである。そして、三浦は、将来の南三陸町の観光の中心となる防災対策庁舎の周辺地域に、新たに本格的な商店街をつくる計画を推進してきた。この地区の復興と防潮堤の関係について、次のように語る。

新しい防潮堤の高さに合わせて、街全体も八メートルから一〇メートルぐらいかさ上げすることになるんですよね。道路も、その防潮堤と同じぐらいの高さを走るから、景観をそんなに損なわないまま、安全性はある程度確保できると思います。そこは町民の居住区ではなくて、全て工業地、商業地になりますから、外から来る人も安心して買い物ができると思いますね。津波のときも、かさ上げされた土地からは山が近くなりますし。そういう意味では、立派な計画、といえるかもしれません。町内でもまだ全体の計画が決まってない地域のことは気がかりですけど。商店街はひとつの町の顔だと思うんですよ。だから、とにかくやるしかないんですよね、環境の変化に合わせて。
（二〇一三年一二月六日）

住民間の合意形成の難しさはもとよりだが、反対運動の失速の直接の原因は、賛同意見（あるいは、容認意見）との対立ではないと筆者は考える。千葉と三浦が復興において重視するポイントは大きく異なるが、ここで扱おうとしている問題は、住民同士の防災をめぐる価値論争ではない。防潮堤を望まない人々が、相手取っていたのは全くレベルの異なる主体であったといえる。

それについて考える手がかりは、かつて千葉拓が、青土社の発行する『現代思想』に寄稿した文章の中から見出される。筆者が特に注目したのは、それまでの行政による計画の進め方を批判する一節である。「県は一方的にコンクリートのスーパー堤防を建設したいらしい。百歩譲っても、住民の意向を汲み取らず、議論する余地すら与えず、押し付ける事業だということは間違いない」、さらに続いて千葉は、「そもそもまちづくりは誰の為のものなのか」と問いかける［千葉 二〇一三：八四］。彼も、早くから防災の上で防潮堤が重要な役割を果たすことは十分に理解していた。ここでの彼の憤りは、これから塗り固められていくコンクリートそのものというよりもむしろ、同じ時間を生きる人間に向けられたものだといえる。ここで、批判の対象となっているのは「（宮城）県」だが、当然その背後に控えているのは、国家である。

巨大防潮堤の建造に関して、ここからの議論の焦点を絞っておく。それは、地方自治体までその権力を張り巡らせた国家と個人の関係の在り方である。この論点は、コンクリートの構造物が引き起こす様々な副作用が、可能性の段階から現実の問題として先取りされることによって、かえってみえにくくなっていたといえる。そして、その点を注視すれば、様々なリスクを孕む防潮堤の完成を待たずとも、復興過程の中で生じる現象として、被災者の尊厳の問題が既に現れていたことが明らかになる。

その実態を摑むため、ここからの事例研究では、人々の想像上の防潮堤に関する語りを参考にしつつ、行政と住民との間の町の将来に関する主導権をめぐるせめぎ合いを考察していく。そのとき、被災地の日常の中には、防潮堤建造計画に対する抵抗を徐々に沈めていくようなプロセスが進行していた。

一般に、防災のまちづくりにおいて、その骨組みを定める計画は、被災地の外から持ち込まれるものである。それは東日本大震災以前から、主に「災害に強いまちづくり」という表現で、内閣府や地方自治体によって推進されてきた。その中で、例えば、人々を災害の脅威から遠ざけるための規制として、建築基準法第三九条に基づき、「災害危険区域」の指定が行われてきた。これにより、地方公共団体は、津波、高潮、出水等による危険の著しい区域から、住民を遠ざけることが可能となる［e-Gov 2016b］。南三陸町の同区域内では、住居や児童福祉施設、旅館、病院などの建築が原則として禁止される。これは、二四時間を超えて人々がそこに留まること、あるいは、子どもや高齢者、病人といった災害時要援護者が一日の大半をそこで過ごすことに、ハード面から制限をかける政策だといえる。そして、代わりに建築が許可されるのは、事務所、店舗、倉庫、作業場といった一時利用を基本とする施設のみである［南三陸町 二〇一三b］。東日本大震災以降、多くの被災地域でその指定範囲が大きく見直されることになった。人々を海から遠ざけることで、犠牲者数を確実に減らすことが可能になる、という津波災害の性質によるものだといえる。

南三陸町においては、二〇一二年三月に「災害危険区域条例制定に関する住民説明会」が開催されている。南三陸町役場復興事業推進課が作成した資料によると、この災害危険区域は、町内で地番ごとに非常に細かく、そして非常に広域にわたって指定されていることがわかる(47)。この資料には、住民向けに「災害危険区域に関するQ&A」という想定問答も、予めいくつか用意されていた。その中で、本章と関係が深い質問とその回答例には、以下のようなものがある。

Q6　災害危険区域は解除できるのか。解除できるとしたら、いつ解除できるのか。
A6　災害危険区域は原則として解除できません。防潮施設の整備状況や国等における技術的な検討によっては、制限内容等を見直すことは考えられます。[南三陸町 二〇一二c：一六]

震災復興過程における町の再建は、将来の防災対策とセットで進められる。その際、一旦ほとんど更地となった津波被災地では、この災害危険区域の基準が、土地利用など復興計画の根幹を大きく左右することになる。そして、その適用範囲を縮小させるための方策として、上記のQ&Aにも登場しているのが、防潮施設の整備、つまり、巨大防潮堤の建造である。

震災前のような海に近いところでの自由な暮らしを求めれば、新たに指定された災害危険区域がそれを許さず、その見直しのためには、今度は必要な高さの防潮堤を容認しなければならなくなる。さらに、防潮堤の高さで災害危険区域も変わってくるため、建造計画の見直しを求める運動の展開は、結果的に町全体の復興を鈍化させる、という見方が、行政サイドはもとより、住民間にも共有されていった(48)。

町の復興推進の調整を仕事としていた鈴木清美は、行政の主導による防災のまちづくりの展開について、以下のように振り返る。

まず、震災が発生した二〇一一年の夏、行政から町内の高台に暮らしの場をつくることが提案されました。働く場所は海の近くだとしても、住むのは山だと。ただ、一部の漁業関係者を除いて、この職住分離に異論を唱える人はいませんでした。夜も安心して寝られるところがいいよね、ってことで。それから、新しい防潮堤の高さ八・七メートルという数字を知ったのは、二〇一二年の夏頃の住民説明会でした。最初、平地にはもう人は住まないのになんでそんな高さを、と内心思っていた人は多かったと思います。でも、「これには科学的根拠があるんです」、と言われると、「ああそうですか」、とそれを覆すほどの反対の声は上げにくいですよね。新しい町がこんな風にできるって姿が見せられると、今度は、暮らしを再開できる場所の提供を急いでくれているのだし仕方ないかな、と。県としても、防潮堤をつくらないと背後地の整備が進まないので早く了解してくださいということみたいです。それに合わせて、被災した畑や田んぼの土地を売った人、売りたい人もいましたし。(二〇一四年六月一三日)

上記の説明からも、防潮堤は、その完成以前の建造計画の段階から、様々な利害を生じさせる中で、被災者の考えや行動を規定していたことがわかる。彼らの中には、沿岸部の所有地を、防潮堤や背後地の道路の建設用地として売却した者もいる。それらの土地は、震災後に災害危険区域に指定され、公共用地以外の利用価値が下がってしまっている。この防潮堤計画が持ち上がった当初に異を唱えていた人々の間でも、「これをつくらなければ（震災復興過程の）次に進めない」、あるいは、「反対運動が同じ被災者の土地売却を邪魔することになる」という認識が広がり、次第に沈黙するようになっていったという。

このように、今日まで南三陸町を含む多くの被災地では、災害から生命を守るため、その危険から物理的に身体を遠ざけるまちづくりが進んでいる。その中で、被災した土地の買取りによって被災者の財産を一部保障する傍ら、その地域で様々な公共事業が始まっている。巨大防潮堤の建設もそのひとつである。鈴木は、こうした生命、身体、財産を守ることを掲げる一連の理屈を、行政側の「強力な武器」とも評している。

同時に、ハード先行の防災計画を住民が容認していく過程で、効果的な役割を果たしていたのが、行政側の住民側に対する科学的な見地からの説明である。鈴木のインタビューでも「科学的根拠」という言葉で出てきたように、専門知識を味方につけたレトリックが、実質的に住民の素朴な疑問の声をも抑える傾向にあったようである。

例えば、南三陸町の小学校教諭である阿部正人は、隣町の気仙沼市本吉町小泉地区に暮らし、そこで建設予定の一四・七メートルの防潮堤に対する反対運動を展開している。阿部は、二〇一三年七月一三日に東北学院大学で開催された第二回「防潮堤を再考するシンポジウム」において、「現地からの報告」として、防潮堤に関する住民向けの説明会の問題点を、次のように指摘する。

説明会の場で反対しないということは、賛成だとみなされる。（中略）問題なのは、説明会でなされる説明がとにかく難しいということです。用語が難しくて質問もできません。たくさんの参加者がいるなかで、今の言葉がわからないから説明してとはなかなか言い出せません。［阿部二〇一四：七六］

安全性を裏付け、安心感を与えるためにあるはずの専門知識が、聞く側を置き去りにしていたことを阿部は訴える。そうであるなら、その「わからなさ」や「ついていけなさ」が、大勢が集う場での発言の萎縮につながることは想像に難くない。関連して、宮城県のホームページでは、気仙沼市や南三陸町の各地で実施された防潮堤説明会の配布資料が公開されている。筆者が直接その場に立ち会えたわけではないが、それらを見る限り、たしかに、例えば、「ＨＷＬ」や、「ＬＷＬ」といった潮位に関する土木用語(49)が注釈なしで使われていたりもする［宮城県二〇一七］。

ただし、沿岸部の小さな町だからといって、全員が科学技術のリテラシーに無縁だとは限らない。例えば、志津川に代々続く旧家の出である佐藤太一は、筆者と同年生まれで、二七歳のときに理学の博士号を取得している。その佐藤の実家は、江戸時代末期からこの地域で林業や不動産業を営み、彼が一二代目となる株式会社佐久は、南三陸町内で約二七〇ヘクタールもの森林を管理している。彼自身は、幼い頃から仙台市内で教育を受け、山形大学理学部、同大学院理工学研究科と進学し、博士課程では日本学術振興会特別研究員（ＤＣ１）にも採用された。元々、南三陸町での家業を継ぐ前提で、三〇歳まで好きにすることにしていたが、二六歳のときに東日本大震災が発生した。五つの倉があった実家は丸ごと流され、家業も甚大な被害を受けた。それを契機に急いで研究に区切りをつけた彼は、山形から南三陸町に戻り、それ以来、林業を通じた震災復興及び地域活性化に尽力している。

その佐藤が、南三陸町の防潮堤説明会に参加したときのことを話してくれた。

防潮堤が町の林業にどんな影響を与えるのか確かなことは言えません。完成して一、二年やそこらでわかることではないだろうし。でも、南三陸に帰ってきてはじめの頃、行政の防潮堤に関する説明会に行ったんですよ。決められた高さについて「シミュレーション」って言葉を連発してましたね。それで疑問を煙に巻くような。科学者の言葉をそういう場面で乱用しないでほしいですよね。おれ、物理屋さんだから、どういう計算方法で、どういう数値使ったのか、気になるわけですよ。具体的に細かいことを尋ねたら、迷惑そうな顔されて、あんまり答えてくれませんでした。計画自体について文句を言うつもりはなかったのに。だから、この際、直接聞いたんですよ、「この場で『反対』って言ったら計画が変わる可能性あるんですか」って。そしたら「いや、ないです」ってはっきり。意見交換、とはいっても、報告書をまとめるためにやってるだけで、住民の声は反映されないとそのとき感じましたね。そして、もうこの土俵で相撲とらなくてもいいや、って思いました。（二〇一四年四月九日）

佐藤太一は、ここで紹介した千葉拓と同様に、南三陸町のこれからを担っていく若い世代のひとりである。ただ、佐藤は、漁業を継いだ千葉ほどに、防潮堤そのものに反対していたわけではない。それでも、彼が居合わせた説明会の場での、科学の立場からの中立的な質疑に対する応答は、かえって行政主導の復興計画における専門知識の権威的な活用のされ方を浮き立たせることになった。そして、彼はこのようなトップダウン式の進め方を、「横槍」と表現する。

まちづくりの主導権の所在

この節の終わりに、これまでの議論を整理しておく。ここで問題の中心となっているのは、コンクリートそのものよりも、防潮堤建造をめぐる国家と個人の関係、その意思決定の手続きである。もちろん、自然環境への影響や財政の圧迫、防災機能の真偽など将来的な不安は、フィールドで出会った人々の主観的世界を映し出すものとして重要視しなければならない。その上で、本書が明らかにしてきたのは、そうした防潮堤に反対する動きが、自然に鎮まっていったわけではなかった、ということである。

最初は、突拍子もないと思われた計画も、災害から人々を守るという大義や、それを遂行するための根拠となる法制度、そして、説明会の場での自然科学の語彙と一緒に持ち込まれることで、住民たちに、消極的であったにせよ、少しずつ容認されていった。心ならずも防潮堤の建造を受け入れた住民からしてみれば、それと引き換えに一日も早い復興を期待するのは当然である。その結果、反対の立場をとり続ける住民たちには、計画の黙認を求める圧力が、地域の内部からも伝わってくるようになる。こうして、多くの沿岸部の復興は、行政が敷いた既定路線を進み続ける。

ここで改めて、前掲の「そもそもまちづくりは誰の為のものなのか」という千葉の根本的な問いかけを思い返してみたい。町の将来に陰鬱なシナリオを思い描く人々は同時に、復興に大きな希望を抱く人々でもある。彼らが、まちづくりの主導権をめぐって対峙していた圧倒的な権力の主体は、皮肉にも彼らの「生命、身体、財産」の保護を力強く公言する県であり、国家であった。そのせめぎ合いは、説明会に人々が集められ、防潮堤の計画が発表された段階で既に始まっていたといえる。それから実際の着工まで、計画の受容を余儀なくされていった。そうした背景事情があるからこそ、住民中心のまちづくりを進めていきたいと願う人々にとって、行政主導で築かれてゆく堅牢なコンクリート製の巨大防潮堤は、抗い難い権力を象徴する建造物にもなり得るのである。

果たしてこれは、人間の安全保障の推し進める「保護」を体現するものなのだろうか。人々がそれを積極的に受け入れられないとすれば、そこに何が欠けているのだろうか。こうした問題意識の下、さらなるフィールドでの探究を続けていく。

三　復興の象徴としての自然の活用

巨大防潮堤そのものの是非をめぐる議論は、これまでも各所で展開されてきたが、いずれも共通するひとつの難問を抱えている。それは、未来のある時点で発生することだけがわかっている津波による災害と、巨大防潮堤が津波に備える間に人々の生活に及ぼし得る様々な負の影響の、どちらがより深刻か、ということである。簡単に答えの出せるはずのないこの問題に対し、被災した住民にその実質的な選択権はほとんどなかった。そのことは、前節で示してきた通りである。

結果として、各地で巨大防潮堤の工事が始められた。防潮堤がつくられる海岸線の所々には、その完成イメージとして、同じ高さの棒状の目印が置かれるようになった（写真10）。平地の盛り土と高台の造成も進められ、少しずつ新しい町ができつつあった。

有識者が早くから鳴らしていた警鐘は、防潮堤の建造を食い止めることができなかったという意味で、より現実的なシナリオになっていくのかもしれない。本書の問題関心も、行政主導の復興に批判的な議論に一役買うことになるだろう。ただし、その流れに乗じることには、現実に工事が進められた時点から、ある種の自制心も必要となる。これから先、防潮堤の建造とともに被災地が変わっていく様子を、元々の地域の文化や価値が消滅していく過程として、批判し続けることは容易い。しかし、それだけでは、これから防潮堤とともに現実の日々を送る人々の生をも否定しかねない。

そもそも、調査者の立場として、今回の津波の被災地となった日本の海辺に、自然環境とその上に成り立つその地域固有の生活を追い求め過ぎると、復興の現実を捉え違うことになる。少なくとも、筆者がフィールドで出会った南三陸町の人々は、震災とは無関係に、地域の自然を大切にしながらも、現代の物質文化を享受していた。スマートフォンを使い、Facebookなどで日々の出来事を発信し、コンビニエンスストアも頻繁に利用する。もちろん、テレビや新聞などのマスメディアを通じて、常に最新の情報を入手している。そうした点で、筆者の東京の暮らしと何ら変わりなかった。また、町内の個人商店よりも、登米市や石巻市にあるような大型商業施設を好む人も少なくない。さらに、公共交通機関が充実していない分、一人に一台、自動車を所有することが珍しくない地域でもある。そのため、防潮堤に難色を示しながらも、同じ公共事業である三陸自動車道の延伸を待ち望む声もよく聞こえていた。

国内の災害を人類学的に調査した本書において重要なことは、元々、都市部とは全く異なる生活をしていた人々が被災した、というストーリーを描くことではない。むしろ、筆者とも多くの共

赤と白のバーには，T. P.＋8.7m，と具体的な高さも書かれている（2014 年 9 月 10 日筆者撮影）

写真 10　新たな防潮堤の完成イメージ

通項が見出せる人々が、被災後に自らの地域の中から、何を復興に活力を与える要素として再発見し、どのように抽出するか、に目を向けることである。このような視座は、行政主導の復興を補う多様な復興のあり方を明らかにするだけでなく、将来、国内の他地域で災害が起こったときに備えて、比較可能な事例を残すことにも役立つといえる。

この地域だけじゃなくて、次の南海トラフが起こったときとかに今回の災害の教訓が他の地域でも活かされないとな。これだけの人が死んで、この復興過程含めて。防潮堤に関しての話だって、次も絶対話出てくるはずだし。昔、北海道の島で、防潮堤で囲って人いなくなって失敗したって例も聞くもんな。おれたちはこれから試されることになるんだろう、県とか国が言うようなコミュニティが残るかどうか。(二〇一四年七月六日)

そうインタビューで答えたのは、震災後に故郷の南三陸町に戻って漁師となった小野具大である。小野の実家もある志津川地区は、漁業の復興のために、それまでの個人漁から、共同漁に切り替えたことが、新規後継者の参入を容易にした。小野自身の過去の漁経験は、実家を少し手伝ったことがある程度だったという。そして、その地域では、すぐ収入に結びつくわかめの養殖や定置網から始まり、徐々にほたてやホヤ、牡蠣など時間をかけて育てる海産物も扱うようになっていった。彼に、防潮堤の是非について尋ねたときも、別の地域で起こった過去の津波、そして未来の津波を引き合いに出しながら、将来の世代が今回の被災地にどのような評価を下すのか、という点を意識した語り口が印象的であった。防潮堤のできる町に迫る過疎化の現実(50)に対して、ここで紹介した小野や、前節で登場した佐藤太一のケースは、微小な人口増かもしれない。しかし、そこに込められた個別なストーリーには、これからも注目していく必要がある。震災復興という、本来ならば、そこに生きる人間が主役であるはずの取り組みにおいては、なおさらのことである。

南三陸町椿物語復興

それでは、以上を踏まえて、事例研究を続けていきたい。これまで既に明らかになっているように、町を襲った津波は一方で、多くの被災者や離れて暮らしていたその家族に、破壊された故郷への愛着やその復興への強い関心を生じさせた。そのような最中に、トップダウン式に持ち込まれてきた防潮堤建造計画に対して、そうした人々のとった行動のひとつは、改めて、自然の中に故郷の価値を探し求めることである。

関連して、アメリカの人類学者スザンナ・ホフマンによる災害の象徴表現に関する研究に少し触れておく。

窮地に陥った人は、とりわけ記号を素早く引き出すことが求められる。彼らは、物質的かつ概念的な次元で危機的また奇異な問題に直面して、昔から蓄えてきた伝統の中からイメージをつかみ取り、それを突飛で差し迫った難事に対して活用する。［ホフマン 二〇〇六：一四二］

ここに示されているのは、伝統に常に身を浸して生きる人間のあり方ではなく、緊急事態に遭遇した際、それを乗り越えるために、咄嗟に伝統を使いこなすような人間のあり方である。

このような視点も取り入れつつ、ここでは南三陸町の自然に息づく、ある生態物を中心に据えた防災を提唱するユニークなまちづくりコミュニティを紹介する。同時に、巨大防潮堤という国家権力の象徴が、震災復興そのものを象徴することにならないよう、自らの地域の拠り所となる別のイメージをつかみ取ろうとする人々の姿を、ここでは明らかにしていきたい。

筆者が注目するのは、「南三陸町椿物語復興」という一部の住民による取り組みである。その事例について詳しく言及する前に、まずは「物語復興」について説明が必要であろう。

この物語復興という概念を形成する代表的な事例となったのは、アメリカのロマ・プリータ地震（一九八九）で被害を受けたサンタクルーズ市である。地震発生直後に、サンタクルーズ市は、Vision Santa Cruzという、住民や市民団体及びビジネスのリーダーが、町の中心部の新しい構想をつくり出すための委員会を組織した。その目的は、復興過程を先導することと、コミュニティの価値観を表す計画を立てることだった。この委員会の功績として、多岐にわたる問題への合意形成を図った「第一原則」の作成が挙げられる。そこでは、次の七つの観点、①形式と個性、②建物の高さ、③住宅、④アクセスのしやすさ、⑤広場と通りの景観、⑥循環、⑦駐車場から、まちづくりの方向性が示された。そして、サンタクルーズ市は、Vision Santa Cruzの打ち出した原則等を踏襲しつつ、*Downtown Recovery Plan*として、震災発生から一五ヵ月後の一九九一年に完成させた［City of Santa Cruz 2009：1-2］。

実のところ、この*Downtown Recovery Plan*に「物語復興」に該当する言葉、例えば"narrative"や、「物語」という意味での"story"は出てこない。筆者の調べる限り、物語復興という概念は、サンタクルーズ市の震災復興過程に注目した日本の防災分野の研究者が、自国の災害に応用するために定着、発展を図ったものだといえる。例えば、二〇〇四年の新潟中越地震の復興過程を調査した宮本匠は、物語復興について以下のように、語るという行為それ自体に着目している。

> 「地震のせいで……」と言っていた人が、「地震のおかげで……」と語るようになる。「役場が……」が、「自分たちで……」に変化していく。こうして、「どんな地域に復興したいか」という地域への思いが語られはじめる。このように、地域や自分たちについて語りなおすことを通して復興の物語を紡ぐ形を「物語復興」と呼んでいる。［宮本 二〇〇七：二六］

震災復興過程を生きる被災者が、語ることによって外部の環境に働きかけようとする主体性を獲得したり、自己を肯定的に捉えられるようになったりするように、この手法には被災後のセラピー的側面も見出される。

そして、日本における物語復興の具体的な事例として、二〇〇七年の新潟中越沖地震における、新潟県柏崎市の「えんま通り商店街」が挙げられる。その震災復興過程において、柏崎市民が主体となって、上記のサンタクルーズ市の手法を実践し、「新生！　えんま通りプロジェクト」を練り上げたという［木村 二〇〇九］。

さらに、内閣府が二〇〇八年に発行した『災害復興対策に関する今後の普及・啓発方策に関する調査報告書』においても、「物語復興」に関する言及がある。

> 復興において各種利害の衝突する各論は後回しにして、まずは被災者を中心に徹底した議論をして、復興の総論を共有することろ《ママ》から始める。議論の仕方は、被災者本人が描く復興の姿・プロセスを、

各々ができる形で提示していくものである。復興都市計画事業のように、完成された復興後の模型があるのではなく、手法も含めてみんなで話し合って作っていく。［内閣府 二〇〇八：三二］。

ここまでの筆者の研究の流れからすれば、国家による「被災者を中心に」という言明には、やや警戒すべき側面もある。とはいえ、物語復興の端緒を開いたVision Santa Cruzの事例は、市が提案し、住民との協働でつくられたものである。そのため、物語復興がトップダウン的に提唱されることも、被災者の視点を重視するこの手法のあり方として、矛盾はしていないといえる。ただし、惜しむらくは、現実の東日本大震災の震災復興においては、行政の側から積極的にそれに取り組まれたケースがほとんどみられなかったことである。

そのような背景を受けて、これから詳述していく南三陸町の物語復興は、サンタクルーズ市（ロマ・プリータ地震）、柏崎市（新潟中越沖地震）に続く事例として位置付けられる。しかし、それは単に、既存の枠組みの焼き直しとして、被災者を中心とした町の将来についての活発な議論が重要だ、と今さら主張するためのものではない。

ここでの関心は、ホフマンが指摘するように、災害の象徴表現が、その困難を克服するための術であるとすれば、それは被災者の物語る復興の中でどのように用いられるのか、ということである。南三陸町の事例は、その点を明らかにしてくれると考える。そして、本書は物語復興に、悠長に構えてもいられない被災地のまちづくりの過程において、地域の復興の縁《よすが》となるイメージを再現前させるための手法、という意義を付与することを目指す。

筆者が、最初にこの「南三陸町椿物語復興」を知ったのは、ＨＳＦが子どもの教育支援をしていた南方仮設においてである。その住民のひとりである工藤真弓の実家は、志津川地区にある八幡神社で、その境内では毎年、椿（ヤブツバキ）が多くの花を咲かせていた。工藤は被災後もその神社で禰宜を務めながら、南三陸町のまちづくり協議会公園部会にも委員として出席していた。工藤のまだ幼い息子も時折、ＨＳＦの教育支援の時間に仮設集会所に来てスタッフと遊んでいたこともあり、彼女から町の復興について話を聞く機会が何度かあった。そのときに、震災前から町の各所で見られていた椿[51]を、これからのまちづくりに活かすアイディアについて教えてもらったのである。

断っておくが、その取り組みを「南三陸町椿物語復興」と呼んだのは筆者ではなく、工藤自身である。ゆえに引き続き、南三陸町の事例においては、物語復興を一種のローカルタームとしても記述していく。

復興を象る花

では、そもそも、なぜ椿が物語復興の中核に据えられたのか。二〇一四年三月一一日、丁度震災から三年目の日の河北新報の記事の中で、工藤は「サクラやヒマワリに比べたら地味で物静か。でも災害をはね返す力強さに引かれました」と語る［河北新報 二〇一四b］。ここでいう「災害をはね返す力強さ」は、町内で津波の海水を被った杉の人工林が塩害で茶色く枯れる中、沿岸部の原生植物である椿は同様の状況で生き残った、という出来事に由来する。

こうして地域に、文字通り根付いていた自然のイメージを引き出した南三陸町椿物語復興において、工藤が最初に構想したのは、本章と関わりの深い津波防災への椿の活用である。彼女は、塩害に強いこの植物を、町内の高台へと続く道に植樹することに取り組み始めた。そして、巨大防潮堤のある町の将

町内の高台にある志津川小学校へと続いている（2014年9月10日筆者撮影）

写真11　椿の避難路の看板

来像を甘受しつつも、その機能に依存することがないよう、椿の並木道＝津波の避難経路、という自主防災の図式をつくり出そうとしている（写真11）。こうした活動のリーダーとなった彼女は、粘り強く防潮堤のセットバック[52]を提唱し続けていた一方、行政の企画課には、折にふれて物語復興の報告も行っていたという。

> 日常時は景観として、災害時にはいのちを守る避難路として浮かび上がる椿。それは塩害に強いだけでなく、生き方を教えてくれる力強い植物。祈りを刻む椿はなさくまちを作りたい、それは住民のひとことから始まりました。（「南三陸町椿物語復興」活動報告用リーフレットより）

工藤によると、それ以前は、復興のまちづくりにおける植物の活用といっても、桜を少々植樹する程度の議論しかされていなかったという。そこに、この具体的かつ実用的なアイディアが、上記のようなストーリー性を帯びて提案された。行政の論理で動かざるを得ないとはいえ、町職員も、同じ南三陸町の将来を考える人々である。南三陸町椿物語復興の取り組みは、まちづくりの議論の場などにおいても、多くの共感を得られることになった。[53]

そして、この「南三陸町椿物語復興」は、将来的な防災への貢献だけでなく、被災地における日常の中での活動を通じて、人々のつながりを強めている。例えば、町に自生する椿の種を拾い、土に埋めて育てる。あるいは、外部の支援者から寄贈された苗を植樹する。そして、その椿が少しずつ成長していく様子を、工藤が自作の紙芝居や絵巻で復興に重ね合わせたストーリーとして紹介し、これからの町の将来について話し合う。実際に南三陸町でとれた椿の種から絞った油を皆に披露するなど、名産品開発に向けた話し合いも行われる。二〇一二年八月四日の初回以来、こうした椿と関連する様々なワークショップが、町内の仮設住宅や神社の集会所で、十数回行われてきた。

参加者の多くは仮設住宅に暮らす高齢者の女性たちで、防潮堤に反対の声を上げることは難しくても椿なら手伝える、と考える人々は少なくないという。ワークショップ中の工藤の話に対しても、すこぶる反応がよい。強調した部分には、皆で頷き、笑いを意図した展開では、皆で笑い、クイズが出されたときは、皆で真剣に考える。たまたまその場で、筆者の側にいた女性に話を聞くと、「椿油を天ぷらや、美容のために使っていた」と昔を振り返る者や、元々の町の魅力を語りつつ椿になぞらえて「復興させて、また一花咲かせたい」と語る者もいた。

また、子どもたちが参加する回もあり、最初は乗り気でなかった彼らも、椿の物語を語って聞かせることで、真剣に町のことを考えるようになったという。一児の母でもある工藤は、「ちゅばっき」という子どもでも簡単に真似して描ける椿の「ゆるキャラ」を用意するなど、物語復興の輪を広げるための様々な工夫をこらしている。

さらに、一年に一回、津波による死者への鎮魂の意を込めて、地面に落下した椿の花を町内の川から海へ流すという新たな復興の儀礼をつくり出す試みも行われている。二〇一四年四月、筆者はたまたま

2014年4月13日筆者撮影

写真12　水面に浮かぶ椿の花

その回のワークショップに居合わせることができたのだが、ここでひとつのハプニングが起こった。

参加者はそれぞれ、八幡神社の境内で拾い集めた落花を、ひとつまたひとつと川に浮かべていく（写真12）。すると、たまたまその時刻、潮の満ち引きの影響で、人々の手を離れた椿の花は、海ではなく上流の山の方向へと静かに流れていったのである。

予想外の出来事に皆、「あららあらら」とその様子を眺めていたのだが、そんな中、参加者の一人が「死んだ人は海じゃなくて、山に帰りたかったんだねぇ」と言うと、今度は皆で「そうだそうだ」と納得して微笑みあった。

この新たな復興儀礼の試みにとって、無為の自然がもたらした意図せざる結果は、さして問題ではなかった。水面に浮かぶ花の動きに死者の意思が宿った、という解釈が即座に加えられることによって、椿の織りなすイメージがまた少し豊かになったことには変わりないからである。また仮に、花が流れずその場に留まり続けていたとしても、それはそれで異なる解釈が与えられていたことだろう。震災復興において、むしろ重要なのは、こうしたエピソードが、人間と自然、あるいは、現世と異界を媒介する物語として語り直されることで、より多くの人々との共感の世界をつくり出していくことだといえる。

日本の沿岸部の地域社会において、この椿という海辺に咲く花は、独特の物語性を内包し得る。水俣病を文明の病として見立て、犠牲者の鎮魂の文学を書いた石牟礼道子は、汚染される前の故郷の海の原風景の中で、椿を登場させている。

自然と生類との血族血縁によって、水俣の風土は緑濃い精気を放っている。海の潮を吸いながら椿の花などが咲くところなのだ。（中略）ここを犯すものをわたくしはゆるせない。［石牟礼二〇〇四：一〇八］

他方で、工藤らが同じ椿を、「津波の後に咲く花」として思い描いている点は注目に値する。化学物質によって元の椿の海が失われていく水俣に対し、南三陸での椿は自然の循環の中で生じた津波を浴びても花を咲かせる。

それでも、もの言わず被災地に咲く椿は、人間の営みとしての震災復興に働きかけはしない。その代わり、工藤のように、そこから象徴的意味を取り出し、それを物語ることによって、地域への愛着と将来の防災を両立させるような様々な人のつながりがつくり出されている。彼女は筆者のインタビューで、震災復興について以下のように答える。

震災復興がちっとも進んでいない、とメディアで訳知り顔で言う人々を見ると怒りたくなりますね。土の中を見て、と言いたいです。そこには小さな美しい話がたくさんあるのに。自生しているといわれている椿ですけど、それは昔、誰かが種をまいたものなんですよね。だから、私たちも種をまく人々になります。海に行けば恩恵が得られると思っていた南三陸でしたが、私たちもこれからは

じっくり育てていくこともしていきたいです。(二〇一四年一月一三日)

さらに工藤は、将来のまちづくりとして防潮堤の内壁の付近も、椿などの植物で緑化していきたい、と語る。この南三陸町椿物語復興は、これからつくられる防潮堤の内側の空間を、別の価値観や意味で満たしていくような取り組みだともいえる。今後の震災復興においては、防潮堤のような地域差を越えて適用されるものを前提としつつも、その上で、地域の特性を際立たせるような枠組みが主流となっていくだろう。無論、物語復興はそのための効果的な手法のひとつに位置付けられる。

ところで、東日本大震災後の日本社会では、復興のチャリティソングとして、『花は咲く』という歌が、NHKなどを通じて広く流されるようになった。その歌詞では、具体的に何の花が咲くのかは、歌い手や聴き手の想像に任されている。南三陸町の事例では、椿が、元来備えていたその耐塩性の高さを、津波災害に対する根源的な強さとして人々に解釈されたことで、復興を象る花、として実際に活用されることになった。

「学び場つばき」の開設

それでは、本節の締めくくりとして、南三陸町椿物語復興のさらなる可能性を示す波及事例についても触れておきたい。

筆者が工藤らの取り組むまちづくりに注目してきた二〇一三年、二〇一四年頃も、HSFは同地域の仮設住宅に暮らす子どもに対する訪問型の教育支援を行っていた。そして、HSFでは、支援者としての経験をまとめた『人間の安全保障を求めて――東日本大震災被災者のための仮設住宅における支援活動の現場から』を二〇一四年八月に刊行した。当時、教育支援に従事していたスタッフのひとり、菅原水緒は、同書に寄稿した自身の被災地でのライフストーリーの中で、以下のように記している。

私の今の夢は、南三陸町で学び場を開くことです。その場所の名前は『椿』にしようと思います。（中略）津波に負けずに生き残り、多くの人に希望を与えていた椿のように、力強く、たくましい子達がたくさん巣立っていくような場所にしたいという思いを、学び場の名前に込めたいと思っています。［菅原 二〇一四：六八―六九］

ここで強調しておきたいことは、椿の物語の波及性と多声性である。南三陸町における椿の象徴化は、その地域を熟知し、津波を実際に体験している被災者以外には不可能であった。しかしそれは、同時に物語化されることで、震災後に外部からやってきた支援者も共有できるようになり、さらには、そこへ接ぎ木をするかのように、独自のシナリオを描くことも可能となった。

加えて、塾講師としての長期勤務経験をもつ菅原には、被災地滞在中に他のスタッフとは異なる人生の転機が訪れていた。その手記の中でも明らかにされているが、彼女の旧姓は宮地で、二〇一四年春に南三陸町の男性と結婚し、正式にそこの町民になったのである。その後、菅原と筆者は、それまでの教育支援を締めくくる意味でも、過去三年の実績を踏まえて、地域に根付く学び場開設の計画で助成金獲得を目指すことにした。申請書作成の役割分担として、筆者がＨＳＦの設立からの歩みを取りまとめ、菅原が学び場の構想について執筆した。

そして、二〇一四年一〇月、自然派化粧品や石鹼を扱うＬＵＳＨというグローバル企業の「LUSH

JAPAN東日本大震災復興支援チャリティ」（助成額：二〇〇万円）にHSFとして申請し、同年末に採択を受けた。助成決定通知後、菅原は、地域の物件所有者を訪ねて回り、南三陸町歌津地区に、子どもたちにとってアクセスがよく、比較的しっかりとしたプレハブ施設を探し出した。その背後が高台で、大地震の際にすぐに避難可能なことも決め手となった。

得られた助成金を施設の環境整備と初年度の運営費に充て、菅原は二〇一五年五月から、「学び場つばき」をオープンさせた。以来連日、地域の多くの小・中学生が利用している。「学び場つばき」は、単なる自由な勉強空間ではなく、菅原が長年のキャリアを生かした学習指導を行い、リーズナブルながらも、きちんと月謝を徴収することで、持続可能な形で運営されている。

これからも続く菅原の取り組みを、HSFの名前で形容するのは、もはや適切ではないだろう。それは大局的にみても、被災者への支援ではなく、その計画の段階からして、地域活性化という意味合いのほうが強い。ゆえに、学び場つばきは、同じシンボルを共有する南三陸町椿物語復興からの「スピンオフ」という位置付けのほうが、改めてこの事例研究を振り返ってみたとき、筆者にはしっくりくるのである。

第四章　記憶の保存と被災地のこれから

一　死者の尊厳を守るということ

この三部構成の事例研究では、異なるトピックを扱いながらも、一貫して、震災復興過程における時間の流れを、意識的に記述している。それぞれの論点の重要性もさることながら、筆者自身が被災地で見聞きした断片を紡ぎ合わせた全体としては、被災者が「復興者」になっていく経過を明らかにしていくことを目指している。それは、人類学が、災害を自然の猛威による破壊と捉えるだけでなく、それに端を発する人間社会の変化を長時間かけて研究していく姿勢とも関係している。

では、震災復興はいかにして終わりへと向かっていくのか。それを見定めるためには、震災発生から一年、二年、三年といった数直線で表せるような時間の推移と、目に見える被災地の変化をただ重ね合わせるだけでは不十分である。被災者の主観において、絶えず生起し続ける現実の時間としての「今」と、その瞬間に想起される時間概念としての「過去―現在―未来」が、どのように関係しているのかを改めて考える必要がある。

そのことを、本書の事例の連なりに照らし合わせると、具体的には次のことがいえる。

まず、支援を受けている最中の被災者は、津波で失った衣食住を再び確保するため、目の前の現実の時間、つまり「現在」にその意識を集中させていたといえる。それは、見知らぬ人々の助けを借りてでも、がむしゃらに生きていくことが求められていた時期でもあった（第二章）。

それがある程度、生活環境が整ってくると、被災者は日々の暮らしの中で、津波で被災した故郷の具体的な「未来」について考えるようになる。将来の防災を担う防潮堤の問題も、様々な未来予測を現実の時間に引き寄せる形で、議論は展開されていった。まだ見ぬ次世代のことを案じることは、まちづくりの重要な指針であった（第三章）。

そして、震災直後からの支援活動が縮小し、どのような形にせよ町の復興が進むにつれて、慰霊の催しや教訓の継承が、震災関連の中心的な営みとなる。そうなると、人々は現実の時間に「過去」を、それも最も困難な体験を含む震災直後の時期を、呼び戻すようになる。これから筆者が焦点を当てていくのは、まさにこの段階である。ここへきて、最後の事例研究にふさわしく、本章は震災復興過程という非日常と、その先に待つ日常を架橋する手がかりを見出すことを目的とする。

遺体の扱い

そこで注視していくのは、東日本大震災の日が境となった生者と死者の関係である。今後、震災が徐々に過去の出来事としての意味合いが強くなればなるほど、南三陸町で暮らす人々も、被災者として認識されなくなるだろう。それでも、津波から逃げ遅れた犠牲者は、記憶される限り被災とともにあり続ける。その意味で死者は、被災地において、最も早く姿を消したにもかかわらず、最も長く災害の事実を証明し続ける存在となる。この逆説は、残された人々が慰霊を繰り返し、教訓を語り継ぐことによって効力を保ち続ける。

事例研究に入る前に、これまで注視してきた被災者の尊厳の射程を一部、死者の領域まで広げておく必要がある[54]。思い返してみれば、震災発生直後から、災害に巻き込まれた人々は、生死を問わず、尊く厳かに扱われるべき存在であった。たとえ、物言わぬ死体となっても、蔑ろに捨て置くことは許されなかった。福島県在住の僧侶で芥川賞作家の玄侑宗久は、そのことを最も早く発言していた一人である。玄侑が委員を務めた東日本大震災復興構想会議の第二回（二〇一一年四月二三日）で、彼が提出した資料の中では、次のような提言がなされている。

> 戦後の日本人が遺骨収集を重ねながら驚異的復興を成し遂げたように、今回の復興も、死者を置き去りにするものであってはならないと思います。夥しい死者の尊厳を保つ埋葬、供養こそが全ての前提になります。［内閣官房二〇一一］

実際、津波にさらわれた行方不明者の捜索は、生存の可能性がほとんどゼロになった後も長らく続けられた。ジャーナリストの吉田典史による『震災死――生き証人たちの真実の告白』では、海上保安庁の巡視船の潜水士の苦闘が描かれている。国内屈指の捜索技術を誇る彼らにとっても、今回の震災は、未曾有の出来事だった。通常の海上遭難と異なり、行方不明となった地点の絞り込みが難しく、結果的に捜索範囲が広くなった。また、三陸沿岸部の複雑に入り組んだ地形も捜索難航の一因となっている。同書では、震災から半年後の四回目の派遣で、宮城県女川町や石巻市の湾内を約一〇日間かけて捜索し、二人の死者を収容した巡視船が紹介されている。震災直後は、同海域で一日に一二人の収容に成功したこともあったという。捜索の長期化に反比例して、行方不明者の発見頻度は下がっていくことは必然だといえる。それでも、吉田が取材したベテラン潜水士は、「いかなるときも、ご遺体に敬意を払うことを心がけている」と応えている［吉田 二〇一二：一七〇］。

そうして保護された死者は、その身体的特徴や所持品などから、残された家族に発見されることが望まれる。ノンフィクション作家の石井光太は、『遺体——震災、津波の果てに』[55]という震災直後の岩手県釜石市の遺体安置所を舞台にしたルポルタージュを書き上げた。そこでは、変わり果てた肉親の姿を目の当たりにした遺族の反応の他、報道カメラマンや県外からの野次馬と地域住民の衝突、そのすぐ側で職務にあたる歯科医や、市職員、民生委員らの必死の姿が描かれている。現場で死を悼む人はみな、遺体を、モノではなく人間として慎重に扱った。そして、その無念を想い、各々が「ずっと寒かっただろうね、ごめんね」、「待っていろよ、なんとか家族をみつけてあげるからな」、「よかったな、みんな。ようやく供養してもらえるぞ」のように、死者に語りかけていた［石井 二〇一一：一一四、一六五、一八九］。

さらに、石井は、二〇一三年に釜石市以外の被災地の回想録やその後日譚を綴った『津波の墓標』を発表した。その中で、『遺体』執筆を振り返り、安置所で犠牲者の尊厳を保つべく奔走した人々について書くことが、自らの役割だったと述懐する［石井 二〇一三：四］。

極限の状況下の安置所から運び出された遺体は、専門の業者によって火葬にされることで、その死に一定の区切りがつけられる。しかし、津波による大量死と沿岸部の破壊は、弔いのための遺体の焼却にも様々な困難を生じさせた。宮城県仙台市で葬儀会社を営む菅原裕典は、当時の困難を『東日本大震災「葬送の記」——鎮魂と追悼の誠を御霊に捧ぐ』に記している。震災直後から市内の火葬場は燃料不足で十分に稼働せず、県中で多くの遺体を仮埋葬（一時的な土葬）せざるを得なかった。仮埋葬では、二年以内にその遺体を掘り起こすことが法律で定められているが、自治体による作業の順番が回ってくるのを待たずして、自ら重機で掘り起こして火葬することを希望する遺族も大勢いたという［菅原 二〇一三］。

筆者もフィールドにおいて、家族・親族の遺体に関する話を複数名から耳にしている。あえて詳細については避けるが、損壊が激しく体中の皮膚がなます切りの状態だったこと、長い捜索時間を要したにもかかわらず泥の中から綺麗な状態で発見されたこと、腐敗が進んだことで火葬後のＤＮＡ鑑定や歯型から身元が割り出されたこと、当時は子どもだったために父親が言葉を選んで身内の死を伝えてくれたこと、など様々である。

慰霊の日

前述の一連の出来事は主に、本書の三部構成の事例より前の、震災直後の混乱期に起こったことであり、本章の議論の背景をなす。ここまでみてきた通り、震災直後の死者の尊厳は、その遺体の扱いと深く結びついていた。それが、遺骨の埋葬や、行方不明者の死亡届が済まされて以降の震災復興過程においては、少しずつ変化していく。災害がもたらした数多の死は、一部で被災者を苛むトラウマとなりつつも、人々は盆や彼岸、命日などに墓前や仏前、公共の慰霊の場で冥福を祈ることで、死者とのつながりを保つようになった。鎮魂や慰霊といった精神的な働きかけによって、死者は、肉体をなくしてからも、人々の想像力の中で存在感を放っていた。

そしてそのことは、ときとして、被災地で生者の目に超常的なものを映らせた。例えば、東日本大震災発生から一年後になって、宮城県石巻市で幽霊が現れているという噂を、AFPBB News（フランスの通信社が立ち上げた日本語ニュースサービス）が取り上げている。ただし、その内容はオカルトめいたものではなく、なぜ大災害の後に人々は幽霊を見るのか、ということについて、カウンセラーや学者の意見を紹介しながら、社会的な現象として考察を行っている。その記事の中で、文化人類学者の船曳建夫は、被災地で新たに怪談が流布するのは自然なことだと捉え、以下のように述べる。

人間は本来『死』を受け入れられないものなのです。まして突然の、異常な形での死——年をとってベッドの上で死ぬという形でない死——は昔から人間にとって最も受け入れがたい。その社会で納得できなくてたまっているものがどう表現されるかというと、噂話であったり、まつりの中で供養するなどということになります。社会的に共有できるものに変えるということがポイントです。

[AFPBB News 2012]

たしかに、災害によってもたらされた大量死は、肉親や友人を亡くした当事者だけの問題とはならなかった。その代わり、慰霊の催しや教訓の語りは、日本社会全体にとっての関心事として、被災地はもちろん全国各地に広がっていった。その死を悼むべき具体的な人物が思い浮かばない人々も、毎年三月一一日には特集報道も手伝って震災当時の記憶を思い出し、地震発生時刻の午後二時四六分には多くが死者に黙禱を捧げるようになった。

既に明らかとなっているように、死別は生者と死者の関係の断絶を意味しない。とりわけ、東日本大震災のような大規模自然災害において、両者の差は紙一重に等しかった。大津波からの避難をみても、一瞬の判断や、単なる運としかいいようのない偶然によって生死が決まる。同じ場所で複数人が海水に飲み込まれたとして、助かる者と助からない者に分かれてしまうことに理由や法則などない。そうした不条理で、被災地は長らく覆い尽くされていた。災害による大量死という圧倒的な現実を前にして、残された人々は、その喪失感を無念の死者に対する畏敬と畏怖で埋めるよりほかなかった。一方で、震災復興過程においては、そうした死者を軽んじる言動に対し、社会全体が敏感になっていった(56)。

以上のように、遺体が丁重に葬られて以降の死者の尊厳は、その魂を鎮め、霊を慰める儀礼によって支えられていた。関連して、政治哲学者のロバート・E・グッディンは、"The Political Theories of Choice and Dignity" という論文において、「尊ばれるものは、これを尊ぶ行為によって創造される」という社会構築的な見方を提示している [Goodin 1981 : 97]。この主張はまさに、被災地における尊く厳かな存在としての死者の成り立ちにあてはまる。

こうしてある種の崇高さを帯びるようになった死者の集合体は、それぞれの死のディティールが時間の経過とともに削ぎ落とされていきながらも、長きにわたって災害の事実を証明する役割を果たしていく。そして、その効果は、被災者が生活を再建し、被災地の町が再生するまでの過程、という意味での震災復興が終わってからも持続していくだろう。

この予測の裏付けは、一九九五年に発生した阪神・淡路大震災のかつての被災地からも見てとれる。例えば、直下型の地震で大きな被害を受けた神戸市では、災害の痕跡がほぼ消え去ったにもかかわらず、現在まで毎年、震災当日の一月一七日に追悼式が行われている。地震発生時刻の早朝五時四六分には、夜明け前の黙禱も行われる。神戸市のホームページには、久元喜造神戸市長の「阪神淡路大震災一・一七のつどい 追悼のことば」が掲載されている。二〇一六年一月一七日に更新されたそのページでは、二一年前に失われた命に対する哀悼の意が表されるとともに、二〇年の節目の年が過ぎた今だからこそ震災の教訓を次世代に引き継いでいくことの重要性が強調されている［神戸市 二〇一六］。

震災が過去のものとなればなるほど、その話題は日常生活から遠ざかり、毎年、発災の日に集中的に当時のことが振り返られるようになる。東日本大震災以降の社会においても、被災地の外では、比較的早くからそのような世情が現れていた。そして、二〇一六年の時点で、被災地の中でも、もちろん個人差や地域差はあるが、全体としてその傾向を後追いしているといえる。

教訓の継承

こうして、忘れ難き惨禍であったはずの震災は、時間の経過とともに、意図的に思い出す必要のある過日の出来事へと変わっていく。ここで、一年に一回、不特定多数の人々の祈りを集めていた死者の、もうひとつの働きが顕在化してくる。それは、将来の災害から生者を守るための教訓を残すことである。とはいえ、死者自身に震災の教訓を語ることはできない。それを代わって行うのは、その死を記憶に留めようとする生者である。ここに、過去の死者がもたらす現世的な便益のひとつの形態が見てとれる。

これは、東日本大震災に限ったことではない。江戸時代の日本でも、武家や上層の商家や農家で残された遺訓、家訓、辞世が、近世的な死者の働きとして、生者の世界を牽引してきた［深谷 二〇一三］。そして、現代における突発的な災害による大量死の場合、死者に最後の言葉を遺す時間が与えられなかった代わりに、生者にはその死からじっくり時間をかけて学ぶ余地が残された。結果、震災復興過程において人々は、災害から身を守るための教育的情報を強調する形で、人命が失われた事実を後世へと語り継ぐようになった。また、震災死から読み取られた教訓は、日本の伝統的な「イエ」単位での遺訓とは異なり、被災地を中心に広い範囲で共有され得る。

実際、昔の災害の教訓が世紀をまたいで、今日まで語り継がれてきた実例もある。その最たるものとして、同じ三陸地方の災害伝承には有名な「津波てんでんこ」が挙げられる。それは、津波のときは家族さえ構わずに、一人でも高台に走って逃げろということを意味する。一八九六年に発生した明治三陸地震では、津波が押し寄せる際、親が子を助け、子が親を助けようとするなどで、共倒れになったケースが多く、その教訓がこの伝承となって、後の昭和三陸地震の際に活かされたという〔岩手古文書研究会 一九九九〕。そして、今回の東日本大震災でも、この「津波てんでんこ」の有効性が、被災各地で確認されている。筆者自身、この言葉を宮城県の被災地で何度も耳にしている。ややもすれば、自己中心的な避難の勧めのようにもとれるこの教訓だが、現代的には、平時から津波の避難場所を決めておくこと、有事の際はそこで落ち合えることを信じてそれぞれが避難行動をとること、という解釈で語られることが多かった。

また、筆者の調査地を含む三陸沿岸部では、口承によるものだけでなく、教訓の刻まれた石碑が、二〇〇五年時点で青森県に八基、岩手県に二二五基、そして宮城県に八四基置かれている〔国土交通省東北地方整備局 二〇〇五〕。産経新聞の二〇〇〇年三月一八日付の記事「三陸地方の津波石碑――碑文が語る被災の教訓、心をつなぐ絆の役割に」によると、石碑の目的は明治の大津波のときは、犠牲者の供養だったが、昭和になって教訓の伝承に変わったという〔産経新聞 二〇〇〇〕。三陸津波に関する著書を多数もつ山下文男が、そうした石碑の中でも痛切な教訓を残すものとして紹介しているのが、岩手県旧重茂村（現宮古市）の「大津波記念碑」である。そこには次のような言葉が刻まれている。「高き住居は 児孫の和楽 想へ惨禍の 大津波 此処より下に 家を建てるな 明治二十九年にも、昭和八年にも津波は此処まで来て 部落は全滅し、生存者僅かに前に二人後ろに四人のみ 幾歳 経るとも 要心あれ」〔山下 二〇〇五：一五七]。

東日本大震災においても、口承にせよ、碑文にせよ、死者を記憶する生者の語りから未来を紡ぐ営みは続けられている。通常、防災の教訓の継承は、慰霊行事と並行して進められる。そうした場において、実際、生者は死者へ祈りを捧げるだけでなく、死者から命の尊さやそれを守る術を学んでいる。このような意味で、震災復興過程においては、生者と死者の間に双方向的な関係が築かれることになる。この問題意識を補足説明するため、個人的に筆者の印象に残っている物語を紹介したい。

南三陸町と隣接する石巻市の仮設住宅に暮らすある男性が語ってくれたエピソードは、短い内容だが、様々な教訓に満ちている。

地震が起こった時間、沿岸部のスーパーマーケットでは、買い物客が大勢いた。激しい揺れの後、停電となり、レジも動かなくなった。そのとき、そこで働いていた店員の一人は機転をきかせ、「こんな状況だから早く逃げてほしい、それぞれ買い物途中だった商品は持っていっていいから」と客に早急な避難を呼びかけた。多くの人がこの店員の英断で、時間内に無事に高台へと移動することができた。しかし、彼らの中には、自身の安全の確保よりも物欲が勝った者もいた。「あのスーパーに今行くと、全部タダでものが手に入る」そう言って回った結果、その誘惑に乗った者は皆、津波に飲み込まれることとなった。（二〇一二年八月五日）

この災害の語りからはいくつかの学びを引き出すことができる。例えば、将来の安全のために語り継がれる教訓として、次のようなものが考えられる。①災害は何気ない日常にやってくる、②文明生活は災害によって機能不全に陥る、③人命が最も優先されるべき瞬間、「制度化された過程としての経済[57]」は一時的に停止し得る、④優先順位を見誤った者は生命の危機に陥る。そして、ここで最も強調しておきたいことは、⑤重要な教訓は死者から得られる、という高次の教訓である。災害の語りにおける死者は、何らかの判断ミスを原因に死に至ったとされるが、同時にその死が教訓となり後世の災害に活かされることで「尊い犠牲」として捉えられる両義性をもつ。その死を無駄にすまいとする生者の努力は、慰霊と同様に、死者の尊厳を保つことにおいて重要であると考える。

そして、意図的な教訓の抽出とその継承が、被災地において本格的に取り組むべき課題となって以降、生者と死者が織りなす記憶の営みに、外部者もより積極的に参入することが可能となる。震災直後のように被災地における調査を「火事場泥棒」とする空気は既に消え、津波で肉親を失った遺族への聞き取りも、多くの場合は許容されるものとなった。そして、震災の死者について様々な観点から論じることも、被災地に対して「不謹慎」というよりもむしろ、忘却に抗するための取り組みのひとつとなり得た。

こうした変化は、時間の流れに依るところも大きく、震災発生から丸五年を迎える前後に、慰霊や教訓の文脈で死者を扱う書籍が複数刊行されている。二〇一六年一月に、東北学院大学の震災の記録プロジェクトとして金菱清（ゼミナール）がまとめた『呼び覚まされる霊性の震災学――三・一一 生と死のはざまで[58]』［金菱（ゼミナール）（編）二〇一六］が、二〇一六年四月には、宇田川敬介の『震災後の不思議な話――三陸の〈怪談〉[59]』［宇田川 二〇一六］と、東浩紀（編）の思想誌『ゲンロン2（特集：慰霊の空間）[60]』［東（編）二〇一六］がそれぞれ発売されている。ちなみに、震災発生から一～二年の時期に刊行される関連書籍は、被災者の証言集が中心であったといえる[61]。その後になって、生者からまた改めて死者に注目が集まっていることは偶然ではなく、震災復興過程の進展の中でやがて訪れる局面なのだと筆者は考える。
ここでは、震災復興過程において慰霊と教訓によって際立つ死者の尊厳について論じてきた。そして、こうした死者の尊厳を維持する取り組みが、震災関連の活動の中心となってくる段階を、復興過程の後半から終盤に位置付けた。ここでの議論は、次節で、南三陸町における震災遺構との関わりでより具体的に深められていくことになる。

二　震災遺構をめぐるジレンマ

津波の生々しい爪痕が消えてからの南三陸町では、巨大防潮堤の建造や、元の町があった土地の盛土による嵩上げ、津波で家を失った人々の高台移転など、複数の国家的プロジェクトが同時進行中である。それは同時に、南三陸町の災害文化の再編過程でもある。東日本大震災を経験した地域においては、次にいつか来る災害を念頭に置いた生活様式が徐々に形成されていく。そして、その際、慰霊や教訓という要素が必然的に含まれてくる。

なぜなら、この先どれだけ時間が過ぎても、二〇一一年三月一一日の災害によって、この町で行方不明者も含めて八三二人の命が失われた事実〔宮城県 二〇一五〕は変わらないからである。震災の死者に対して毎年の命日に祈りを捧げる習慣は、この先も町ぐるみで長らく続いていくであろうし、それは同時に災害の恐ろしさや命の尊さを伝える教訓を再確認する機会にもなる。

震災発生以降の南三陸町における慰霊に関する先行研究として、福田雄の「南三陸町における東日本大震災の慰霊・追悼行事の調査記録――海・死者・震災といかに向き合うか」がある。二〇一二年二月に同町で調査を開始した福田は、二〇一一年五月一一日から四回にわたって実施された「南三陸町の海に思いを届けよう」という催し(62)、震災から半年後の「南三陸町東日本大震災慰霊祭」、そして、一年後の「南三陸町東日本大震災追悼式」の実施過程を、関係者へのインタビューや参与観察を通じて明らかにしている［福田 二〇一三］。

防災対策庁舎

さらに、南三陸町における東日本大震災の慰霊や教訓を、事例研究としてより深めていくならば、見逃せない論点がある。それは、南三陸町を代表する慰霊と教訓の場としてこれまで多くの人々が訪れてきた防災対策庁舎である（写真13）。震災発生の日を境に、剝き出しの鉄骨状態となったこの建物にまつわる様々な逸話や議論は、死者の尊厳の問題を色濃く反映している。

2012年9月2日筆者撮影

写真13　被災後の南三陸町防災対策庁舎

まず、震災前に遡って、この防災対策庁舎の基本情報を押さえておきたい。それは、一九九五年の阪神・淡路大震災の後で、将来の宮城県沖地震(63)とそれに伴う津波を想定し、町の危機管理の中枢として志津川町役場の隣に建てられた。耐震性も考慮したその三階建て行政庁舎は、海から約五〇〇メートルのところにあった。その後、志津川町と歌津町の合併が決定し、二〇〇五年九月三〇日の河北新報の「南三陸町あす誕生」という記事では、「地震津波対策を最優先」と太字で書かれた見出しとともに、新たな町の本庁舎（旧志津川町役場）と防災対策庁舎の写真も掲載された［河北新報 二〇〇五］。

そして、二〇一一年三月一一日、地震発生から津波襲来まで、この防災対策庁舎で何が起こっていたのかについては、南三陸町長の佐藤仁による著書『南三陸町長の三年――あの日から立ち止まることなく』（聞き手：石田治）に詳しく書かれている。

その日、防災対策庁舎の隣の南三陸町役場本庁舎では、三月の定例町会議が行われていた。午後二時四〇分を過ぎた頃に全ての審議が終わり、佐藤町長が閉会の言葉で、同年三月九日の地震について言及し、宮城県沖地震への警戒と備えの重要性を強調しかけたところで、突然の烈震が走った。数分間の揺れが収まった後、その場にいた人々は津波の襲来を予感した。町長はすぐに防災服に着替え、防災対策庁舎二階の危機管理室に入った。緊急対応に追われていた防災対策庁舎では、水門や陸閘の閉鎖確認とともに、防災無線で住民に避難を呼びかけ続けた。そして、午後三時二〇分を過ぎた頃、防災対策庁舎の前を流れる川を、海水が瓦礫とともに遡上してきた。防潮堤や水門を越えた津波が迫っていることを察した町長や職員は、同庁舎の屋上へと避難した。しかし津波は、高さ一二メートルの防災対策庁舎すら上回った。予めアンテナに登っていた二名の職員以外は波に飲まれた。海水が引いた後の屋上に残っていたのは、町長を含めてわずか一〇名であった［佐藤 二〇一四：一三三―一三七］。

結果、この防災対策庁舎では、四三人（うち職員は三三人）が犠牲となった。震災直後の報道では、隣接する町役場の流失とともに行政機能が麻痺した南三陸町は、今回の災害の凄まじさを伝える代表的な被災地のひとつとなった。命を落とした人の数だけある悲劇の中で、特にメディアを通じて社会の注目を集めた震災死のエピソードがあった。それが、この防災対策庁舎で亡くなった危機管理課職員の遠藤未希さんの最期である。当時二四歳だった彼女は、地震発生後、防災対策庁舎の放送室から、防災無線を通じて自身の声で繰り返し避難警報を発し続けた。当時、多くの町民が、その高台に移動せよとの指示を耳にし事態の深刻さを知ったというが、直前まで他者を助ける役に回った本人は、防災対策庁舎から還らぬ人となった。

遠藤未希さんの死は、その痛ましさとともに、職責を全うして津波の犠牲となった逸話として震災後の日本社会で共有された。さらに、その出来事が、創作の題[64]材や教材となることもあった。それが物議を醸し出したケースには、埼玉県教育委員会によって二〇一二年三月一一日に発行された道徳教育指導資料集『心の絆――彩の国の道徳』がある。東日本大震災に関連した出来事を基にした一二の実話物語からなる副読本で、県内公立の小中高校を対象に配布された。その中で、遠藤未希さんは「天使の声」と題された中高生向けの教材文に登場している。基本的な内容は、既に周知のものと大きな違いはない。ただ、読み進めていくと、彼女の遺体が発見され、両親が別れを告げる最後の場面に、教材としての締めくくりを意識したのか若干の脚色を感じさせる部分がみられる。

> 出棺の時、雨も降っていないのに、西の空にひとすじの虹が出た。未希さんの声は、「天使の声」として町民の心に深く刻まれている。〔埼玉県教育委員会 二〇一二：二四〕

実際、この「天使の声」には、震災による死を美談にすべきではない、という趣旨の意見が、個人のブログやTwitter、新聞への投書などで相次ぎ、賛否両論を呼んだ。ジャーナリストの吉田典史も、「他人のために死ぬことは『美徳』と言えるのか？」という問いかけとともに、この道徳教材の作成に携わったある埼玉県教育委員会職員へのインタビュー結果をまとめている。

吉田の文中で、その職員は、教材を手渡した遠藤未希さんの両親から感謝の言葉を得ることができなかったこと、この教材の作成が決まったのは二〇一一年九月で埼玉県内の小中学校の校長経験者が主に執筆を担当したこと、時間と予算の制約の関係で作成前に被災地を訪問することは叶わなかったことなどについて語っている。そうした事実確認に続く内容は、ジャーナリズム寄りのインタビューのためか、語り手と聞き手の考え方の対立が如実に現れるものとなっている。それは、文部科学省の指導要領や、問題となった教材に記載された指導上の注意(65)を引きつつ、最期の最期まで避難を呼びかけた彼女の行為に気高さを見出す立場と、そこに積極的な意義を見出すことに疑問を呈し、当時の防災体制を問うべきだとする立場の相克だといえる［吉田 二〇一三：一一六―一一五］。

そして、被災者の尊厳を長期的に考察してきた本書からすれば、埼玉県教育委員会のこの取り組みは早過ぎたし、急ぎ過ぎていた。教材作成が決まった二〇一一年九月といえば、筆者らを含む大勢のボランティアは、まだ被災地の泥かきや瓦礫撤去に取り組んでいた最中であった。

また、震災発生から丁度一年という教材発行のタイミングも、仮設住宅等の支援現場では、被災者への感情的配慮に細心の注意が払われていた時期であった（本書では第二章）。この服喪の期間、犠牲者に対する前向きな解釈は、少なくとも支援者の口から語れるものではなかった。悲しみを分かち合おうとする働きかけすら、躊躇われた。

実際、津波で肉親を亡くしたことを、まだ十分に受け入れられていなかった遺族も多数いたはずである。ゆえに、その時点で部外者が、震災による死を慰霊以外の文脈に固定する試みは、まだまだ危うい段階にあった。行政主導の下、学校教育の現場という、大勢の未成年に強い影響を与える公共空間での使用を目的としていたならばなおさらだといえる。

その後、未希さんの実母である遠藤美恵子の手記と独白を中心とした『虹の向こうの未希へ』が出版されたのは、二〇一四年八月のことである。同書は、震災発生以降、遠藤家への長期取材を行ったNHK記者との協力の下につくられた。そこでは、遠藤未希さんの非常に個人的な事柄も詰まった二四年間の生涯や、遺族としての喪失感、そして、その死を乗り越える形で南三陸町内に「未希の家」という民宿を二〇一四年七月に始めたことなどが書かれている［遠藤 二〇一四］。

このように、遺族でも、娘の死について自らの言葉を文章にして世に出すことに三年以上の歳月を要した。ここで改めて振り返ってみると、道徳教材「天使の声」の発表は、その後でも遅くはなかったはずである。そうしていれば、遺族や社会からの受け止められ方も、実際とは異なっていたのではないだろうか。

保存か、解体か

こうした丸一年の節目の出来事にも代表されるように、全国的に知名度が高まった防災対策庁舎だが、さらにそれ以降の南三陸町の復興過程において、その保存と解体をめぐって議論が本格化していく。筆者自身のフィールドワークの経験も交えつつ、生者と死者の織り成す復興の進む先を見据えていきたい。

立ち尽くす瓦礫と化した防災対策庁舎の存廃をめぐっては、震災復興の初期において、死亡した職員の遺族の中から解体を望む声が優勢であった。最初に解体の方針が公式に発表されたのは、震災発生から一年経過よりも早く、二〇一一年九月二〇日のことであった。

ただしそれは一方で、被災地の外からやってくる人々にとっては、滞在中の関心の的でもあった。二〇一一年一二月から宮城県登米市に支援の拠点を構えたHSFも、仙台市や県外からのボランティアを大勢受け入れていた。かつて筆者自身がそうであったように、彼らには、被災者の役に立ちたいという気持ちとともに、被災地を見てみたいという好奇心も当然あっただろう。特に震災発生から一年の節目となる時期には、HSFの現地事務所も「繁忙期」を迎え、入れ替わり立ち替わりやってくる人々を車に乗せて、連日一緒に被災地を見学した。それ以来、南三陸町では、二〇一二年二月に仮設オープンした「さんさん商店街」とともに、やはり防災対策庁舎に立ち寄ることが「定番」であった(66)。

同庁舎の前では、同じくボランティアを連れた別団体の支援者や、観光バスの一団を率いた町内の語り部ガイドと鉢合わすこともあった。そこには祭壇が設置され、訪れた人々はそこで目を閉じ、手を合わせていた。いつも線香の灰がうず高く積もり、その周囲には大量の花や千羽鶴、ペットボトルや和菓子などが供えられていた。筆者自身、一体何度、この祭壇の前で合掌と黙禱を捧げただろうか。慰霊のための行為も、繰り返すうちに、半ば形式的に済ませていたことに気付かされる。

こうした個人的な不心得への反省(67)とは別に、この種のボランティア・ツーリズムは、現地に収益をもたらすという意味で、震災復興において重要な役割を担っていた。また、防災対策庁舎も、自然災害の悲惨さや教訓を後世に伝えるための震災遺構としての側面が、より広く認識されるようになっていった。

そのような社会的背景もあって、二〇一二年八月には、防災対策庁舎と関係する別の遺族数名が、早期解体の再考を求める陳情書を提出した。しかし、翌二〇一二年九月、町議会によって採択されたのは、再考を求める陳情書ではなく、同様に提出されていた早期解体を促す陳情書のほうであった(68)。

その結果、防災対策庁舎の撤去は決定的となったかにみえたが、ここで、保存と解体の二択とは異なる遺族からの訴えが、この問題をさらに複雑化させることになる。一部遺族が、佐藤町長を業務上過失致死容疑で宮城県警南三陸署に告訴し、前述の町議会による解体決定のひと月前に、受理されたのである。これによって、県警による現場検証の必要性が生じ、一転、渦中の町長自身から保存延長の意向が示された(69)。

結局、再度、防災対策庁舎の解体の方針が固められたのは、それから約一年後の二〇一三年九月であった。これ以上の保存を望まない遺族側の心情に加えて、倒壊の危険性や、保存費用の問題も指摘されていた。また、このタイミングは、県の災害廃棄物処理事業として、撤去費用を町が自己負担せずに済む期限でもあった。

現実には、この決定すら後に覆ることになるのだが、筆者は、ここまでを防災対策庁舎の存廃をめぐる動向の一つの区切りとして捉えている。なぜなら、次の方針転換からは、それまでこの問題に干渉してこなかった県や国が大きく関与してくるからである。

震災発生から約二年半の間、防災対策庁舎の保存と解体は、基本的に町内の問題、より厳密には、遺族中心の問題として扱われていた。復興過程においては、津波による犠牲の尊さ、厳かさが社会的に意識されればされるほど、その死を抱き続けて生きる被災者の尊厳も強化される傾向にあった。そのため、南三陸町の場合も、その遺族に発言権が自然と付与され、「残してほしい」にしても、「壊してほしい」にしても、他の被災者とは重みが異なる意見として聞き入れられた。そして、それぞれの遺族の声が代表性を帯びると、保存か解体かを遺族以外が判断することは難しくなり、結果として均衡に近い状態がつくり出されていた。最終的に町は解体を決定したが、保存を訴えた遺族側との間に遺恨が残るのは必至だった。

こうした状況を受けて、村井嘉浩宮城県知事は、被災地の首長に判断を求めるのは酷だとして、国が震災遺構として残すものを決め、そこに財源をつける提案をした。そして、二〇一三年一一月半ば、復興大臣は、市町村各一ヵ所につき、住民の合意形成や新しい町づくりとの整合性などを条件に、震災遺構の保存費を一部負担することを表明した。

これにより、宮城県は、沿岸部一五市町長を招集しヒアリングを行った後、震災遺構の選定にあたる有識者会議を立ち上げた。結果的に、その候補のひとつである南三陸町の防災対策庁舎も、解体凍結となった。

この震災遺構の議論の高まりは、犠牲者とその遺族という特定の死者と特定の被災者の問題の範疇を超え、保存と解体の判断をより多くの人々の利害関係と結びつけるようになった。

例えば、南三陸町の文化財保護委員で、震災発生以降は「ガイドサークル汐風」の中心メンバーとして語り部を続ける後藤一磨は、後世にこの津波の凄まじさを伝えるために、防災対策庁舎の保存の必要性を主張している。

これまでは、色んな意見があっても、遺族に対する遠慮はもちろん、町の体質からか、なかなかストレートにものを言えませんでした。保存か解体の結論を出すためには、一〇年は議論が必要だと思います。それに、我々は、この震災から学んでいかなければなりません。かつて、縄文人がこの地に残した貝塚はどれも今回の津波が届かない高いところにありました。自然に逆らってつくったあの町が津波で消滅したこと自体が人災ですよ。防災庁舎の解体に賛成の意見の中には、そのあとで別の場所に立て直す、という考えもあるようですが、震災の教訓のためにはあの場所に残されないと意味がありません。また、映像に残っているから撤去してもいいだろう、と言う人もいます。しかし、実物を見なければわからないこともあると思います。南海トラフ域に近い自治体から視察に来るのもその必要性があるからです。(二〇一三年一〇月一七日)

また、町内で水産加工業を営み、防災対策庁舎の傍に新しい商店街を形成する計画に関わってきた三浦洋昭(前章でも登場)は、その建物が教訓伝承のためだけでなく、町の重要な観光資源になるという考えから、保存を支持している。

遺族感情を考えると声を大にして言えることではないですが、実際、防災庁舎はもの言わぬ語り部としてだけでなく、復興の支えになってますよね。今、そのすぐ近くの嵩上げした土地に、新たに本設の商店街をつくる計画があるんですけど、これからも防災庁舎を目当てにくる観光客も多いと思います。逆にもし、取り壊されたらこの町の発信力も激減します。商店街だけで人を呼べるかというと中々難しいかもしれません。人が来なくなったら終わりです。しかし、そこまでのことを話し合う機会はこれまでありませんでした。(二〇一三年一二月六日)

ただし、震災遺構の議論が活発化して以降、遺族とは異なる町民からの保存に対する反対意見を耳にすることもあった。慰霊や教訓といった観点から防災対策庁舎を保存する意義は理解できても、例えば、町内の他の死者を差別することになるからいっそ取り壊すべきだ、という声や、震災を体験した小さい子どもが近くを通るときに怖がるからなくなった方がいい、という声などが挙げられる。

こうした議論の拡大とともに、遺族からもその当事者性を抜きにした発言も聞こえてくるようになった。防災対策庁舎で企画課長だった父親を亡くした及川渉は、かつて、町役場に解体再考を求めた遺族の一人であった。そのときは、「震災から一年以上が経過し、遺族間でもさまざまな考え方が出ている。時間をかけて考えたい人もいる。議論を尽くし、その上で再考してほしい」という趣旨の陳情書を提出した［河北新報 二〇一二］。

筆者はその後、この新聞記事を携えて、及川渉本人にインタビューを行った。陳情書提出からおよそ二年後の彼の言葉には、震災遺構の「公益性」を遺族としても引き受ける姿勢が見てとれる。毎月一一日の月命日には防災対策庁舎の前で手を合わせるという及川は、そこが町を代表する慰霊の場となったことについて以下のように語る。

防災庁舎は今でも、毎日たくさんの人々が訪れて手を合わせて去っていきます。でも、彼らは、あの庁舎で亡くなった人だけのために祈っているわけではないと思うんですよね。町すら飛び越えてスケールの大きい全体的な津波の犠牲者に。そう考えたとき、一時の遺族の感情に任せて壊してしまって、後で後悔するようなことになるのは避けたいと思いました。自分自身は、父親をちゃんと見送ることができたことが大きかったですね。もし、行方不明のままだったら考えは違っていたかもしれません。

しかし、及川は、何が何でも保存すべきだと主張しているわけでもないという。そのことは、震災遺構によって伝わる教訓に関する彼の持論に現れている。

防災庁舎は、言い方は悪いですが、この津波の体験に説得力を持たせるための、ツール、ですかね。でも万能の教訓にはならないと思います。今回、沿岸部よりも昔の津波で大丈夫だった内陸の方で人がたくさん亡くなってるんですよね。将来にも同じことが言えて、今回助かった方法だったら大丈夫、とは限りません。保存と決まったら改修や補強までして何が何でも残すってことになりそうじゃないですか。形だけ残すことがいいとは思わないし。そもそも保存か解体か、じゃなくて例えばですけど、放置、という選択肢もあるわけですよね。自然の力であんな状態になったんだから、自然に朽ち果てるまで待って、その間に実体験を語り継いでいくということもありだと思います。
（二〇一四年七月三日）

このインタビューから約半年後、二〇一五年一月に宮城県震災遺構有識者会議は、正式な報告書をとりまとめた。同会議は、個々の遺構候補施設に対して、「破壊力の痕跡」、「教訓」、「発信力」、「鎮魂」の四項目から評価を行った。そして、検討対象となった県内七市町九施設のうち、南三陸町の防災対策庁舎は、「震災遺構として、ぜひ保存すべき価値がある」という評価欄に唯一の◎がつけられた[70]。この高評価に関して、同会議では「今回の遺構候補の中では世界的に最も認知度が高い」、「三・一一について問いかける力が一番強い」、「原爆ドームにも劣らないインパクトと印象を与える」という意見が出ていたという［宮城県震災遺構有識者会議 二〇一五：二六］。

一応の決着

この報告に基づき、宮城県は南三陸町に、防災対策庁舎について震災発生から二〇年後となる二〇三一年まで、県有化した上での管理・保存を提案した。それに対して、南三陸町は、二〇一五年五月に、町内全世帯に記入用紙を配り、この提案への賛否についてパブリックコメントを募った。二週間の意見公募の結果、回答した町民の六割が県有化に賛成の意を示したため、佐藤仁町長は、県の提案の受け入れを正式に発表した。

関連して、第一節の最後に、震災発生から五年の節目に、改めて死者や慰霊を論じる書籍が複数刊行されていることを確認した。その一冊、金菱清とそのゼミナール（編）の『呼び覚まされる霊性の震災学』［金菱（ゼミナール）（編）二〇一六］では、水上奨之が、防災対策庁舎の二〇年間の県有化の積極的な意義について考察している。水上は、今回の県有化にみられた結論の「保留」という側面に注目し、以下のように述べる。

……二〇年間の県有化は時間を確保することで、未来のあり方を子ども世代に委ねて冷静に考えることが可能となる。また、そうすることで遺族間の溝を深める無用な対立を避け、本来の死者に対する静寂さや祈りを守ろうとしているのである。［水上二〇一六：六五］

震災復興過程において、津波による死者の処遇は、容易に決着がつかない問題であるという見解を、筆者も共有している。また、その難問に対する県や国の介入的関与が、将来の南三陸町にとって一定の功を奏する可能性は大きい。他方で筆者は、防災対策庁舎の震災遺構化を、水上が想定するような、生者と死者の関係における「本来性」を取り戻す過程としては捉えていない。むしろ、今回の県有化によって、将来の南三陸町においては、以前にも増して、公共性の高い記念建造物としての側面が強調されていくのではないかと考える。

もともと、防災対策庁舎は、高さ十数メートルの津波による物理的な被害及び、個別的な四三人の死の証しであった。その残骸は、周囲から津波の痕跡が消えていくにつれて、震災遺構、すなわち慰霊や教訓の機能を備えた観光資源として、町民からも有望視されるようになった。その背景には、震災後に拍車のかかった町の人口減少や、外部からの被災地に対する関心の低下といった問題への憂慮もある。

加えて、既に触れた埼玉県の事例のように、震災から一年後に道徳教材化したことは拙速であったにしても、現在では、教育目的で防災対策庁舎を活用することはそれほど不謹慎なことではなくなった。これから先、防災対策庁舎は、より広域にわたる震災の記憶を想起させる装置として、また、抽象化された死者を宿す展示物としての役割を、実質的には負うことになるだろう。

三　復興における死者の役割

前節では、南三陸町の防災対策庁舎に焦点を当て、震災遺構として二〇三一年までの県有化に至った過程を詳細にみてきた。

それを踏まえると、震災復興は、被災者の経済的な自立（第二章）や被災地の物理的な再建（第三章）と並行して、災害がもたらした死に安定した解釈が与えられていく漸進的な過程だともいえる。本章ではこれまで、公的に死者を象徴する場が形成されていくまでの過程を辿ってきたが、この第三節では、被災者の日々の生活の中で築かれる死者との様々な関係を描く。その上で、筆者の事例研究全体の区切りとして、震災発生から丁度五年が過ぎた二〇一六年三月一一日に、登米市の南方仮設で開催された「追悼の集い」の様子を詳述する。

改めて、筆者のフィールドワークを振り返っても、南三陸町の被災者の中で、津波で肉親とまではいわずとも、町内の知人を一人も失っていないという人物に出会ったことはない。その意味で、彼らは死者を身近に生きる人々でもあった。それどころか、震災復興過程において、津波による死者のほうが生者を動かしている、とも捉えられる出来事は数多い。防災対策庁舎の事例のように、特定の死者にまつわる被災建築物が、保存と解体をめぐって二転三転してきたのも、そのひとつの現れだといえる。

死者は、見えないだけで被災後の共同体を構成している。このように書いてしまえば、人間の安全保障をテーマとする本書がやや危うい領域に立ち入ろうとしているようにみえるかもしれない。現実的にいって、死者は、第二章や第三章の論点となった支援や防災の対象とはならない。ただし、生者と死者による協働の可能性は、東日本大震災以降の文芸や批評の世界で、比較的活発に表現されてきた。

例えば、作家いとうせいこうの『想像ラジオ』は、創作であることを活かして、災害による死者から目を逸らすことに警鐘を鳴らしている。

死者と共にこの国を作り直して行くしかないのに、まるで何もなかったように事態にフタをしていく僕らは、なんなんだ。この国はどうなっちゃったんだ。［いとう 二〇一三：一三二］

また、批評家の若松英輔も、東日本大震災の死者は、形而上学的な概念ではなく、むしろ実在する

「不可視の同伴者」として、我々が日常的に経験していることだと指摘する。

真の復興が実現されるとき、そこには死者の協同を欠くことはできない。死者は常に生者と協同する。生者を守護し、助け、そして共に歩くことは、死者に定められた神聖な義務である。［若松 二〇一四：二三六］

こうした洞察に、フィールドから真剣に向き合ってみる。そして、慰霊と教訓のみに留まらない死者と生者の微妙で複雑な関係を記述することは、これから震災遺構を中心に語り継がれる町の「正史」を補足する試みとなるだろう。それは、被災地において人類学的フィールドワーカーが果たすことのできるひとつの役割だと考える。

日常を構成する死者

それでは、南三陸町の被災地に目を向けていきたい。時期的には、宮城県震災遺構有識者会議が、防災対策庁舎の保存を検討している最中のことである。

筆者は、「不可視の同伴者」としての死者の役割を見定める目的で、町内の仏教寺院である金秀寺を訪れた。金秀寺は、筆者が二〇一一年四月末に初めて南三陸町を訪れたときに滞在した平磯地区にある。その副住職である酒井禅悦は、僧侶という職業柄、防災対策庁舎の関係者に限らず、多数の遺族と接してきた。

お寺はみんなのものですし、遺族が気持ちを吐き出すための場所でもあります。語ることによって無になるわけではないし、一周忌や三回忌には、皆で集まることになります。死者が人を結びつけるということもあるんですね。中には町から外へ移動した人もいるんですけど、遺族同士が久々に寺で出会うということもあります。うちでは、住職の判断で、津波で亡くなった方々を区別しないように、戒名の院号という頭につける部分を「平成院」と統一したんですよ。（二〇一四年四月一〇日）

酒井によると、そこに葬られた多数の津波による死者が、遺族同士を結びつけているという。肉親を亡くしたという共通の体験が、このときばかりは支えとなり、残された人々はその深い悲しみを分かち合う(71)。さらに酒井は、震災によって死を間近に感じた体験が、遺族に限らず、人々のその後の生に影響を与えているとも感じている。

私たちはなくなった人の命を頂いて生きています。震災後の町内の若者の進路の希望を聞いても、自衛官や警察官、看護師など、人命救助や遺体捜索で活躍した人々の姿が強く印象に残っていて、自分もそうなりたいと思う子が増えている気がします。（二〇一四年四月一〇日）

また、震災後、町の復興推進と関わる職に就いた鈴木清美も、筆者とのインタビューにおいて、死者について上記に関連したコメントをしている。鈴木自身も、震災発生の日に、屋内に流れ込んできた海水に飲まれたにもかかわらず、奇跡的に命拾いしたという経験をもつ。

一瞬の出来事で一緒にいた人がいなくなるんですよね。それで、いない、ってどういうことなの、本当に死んだの、死って何、って考えるうちに、少しずつそのことを受け入れていくんですけど、でも同時に、どこかにはいるんだろうなって。その両方だと思います。今になって思うと、復興の中心になるはずだった人が津波で亡くなっていますね。私が震災の前から頼りにしていた先輩も。仕事でまちづくりに関わるようになって、あの人だったらどうするかな、ということを考えながらやっています。（二〇一四年六月一三日）

災害に限らず、この世を去った人間の思考や人格を何らかの形で存続させようとするのは、死別の辛さを克服するための方法のひとつだといえる。そして、鈴木のように、震災復興過程を生きる人々が、様々な場面で死者の感化を受けているということは否定できない事実である。

さらに、より直接的な理由で、肉親の死の上に自らの生を成り立たせている遺族のケースもある。HSFが南方仮設で教育支援を行っていたある日、津波で祖母を失った小学生男子が、「死ぬ直前の人には予知能力がある」という話をしてくれたことがあった。注意深くさらにその語りを引き出してみると、その発想は、大地震発生の直前に、彼の祖母が普段とは異なる強い調子で、彼の母に小学校のお迎えにいくよう促した、という出来事からきているようだった。

その少年の母親である佐藤さゆりにも確認をしたところ、息子と同様に彼女も、地震発生から避難までの出来事を、不思議な体験として記憶している。自分の母（息子にとっての祖母）の地震発生直前の奇異な言動について、当時は訝しく思ったが、その通りに行動したおかげで二人は助かった、今となってはあのときの指示によって生かされている、と感じている。
この不思議なエピソードは、HSFが二〇一二年冬から内閣府の「文化なしごと創造事業」の助成（二〇〇万円）を受けて取り組んでいた「みんなで創る防災の現代民話プロジェクト」を通じて、作品化されることにもなった。南三陸町の地元中学生の協力も得て完成した物語は、『守られているということ』という題名で、佐藤親子に贈られた[72]。その際、筆者の佐藤に対するインタビューでは、震災発生当日の出来事だけでなく、その後の仮設住宅での生活の中で、肉親の死を克服していく過程についても語られた。

最初の頃は、息子も祖母のこと思い出してめそめそしてることもあったんですけどね。なんで（高台に）連れてこなかったの、って私に言ったり。これは無理に隠したりしないほうがいいと思って、私が体験したことを話して、遺体が発見された家の跡にも連れていきました。それがよかったみたいで。だから、今も亡くなった祖母を遠ざけたりせず、仮設住宅にその写真をずっと飾ってます。厳しい人だったので、家で息子を叱るときも、ばばがそこで見てるよっ、て。するとけっこう言うこと聞くんですよね。私も普通に話しかけたりしますよ。家が欲しいんだけど宝くじあてて—、とか冗談も。仮設から出るとき、真っ先に引っ越すのはそのばばの写真ですね。（二〇一四年六月一三日）

このインタビューでは、仮設住宅での遺族の生活において、死者が家族の一員として扱われている点に注目しておく。しかも、佐藤の場合、そのことは、震災の悲しみを克服できたから可能となっているのではない。むしろその前段階で、悲しみを克服するために死者である祖母の力を借りているようにみえる。

より身近な慰霊の場を

こうした一連の聞き取り調査の実施から、また少しの時間が流れ、南三陸町では、防災対策庁舎の実質的な保存が決定されようとしていた。ここでは、その震災遺構確立の「裏側」で起こった動きにも注意を向ける。

2016年7月2日筆者撮影

写真14　歌津地区に建てられた東日本大震災犠牲者の慰霊碑

二〇一五年四月、防災対策庁舎の県有化決定の二ヵ月前、解体を求めていた遺族の一人である牧野駿は、この先、同庁舎が観光地となることを見越してか、町内の歌津地区に私財を投じて新たな慰霊の場をつくった。

海を見下ろすことのできる山の中腹に建てられた黒い御影石製の慰霊碑には、「倶會一處《くえいっしょ》」という文字とともに、合併以前からの歌津の歴史や、東日本大震災の詳細な被害状況が記されている（写真14）。「倶會一處」とは、浄土宗、浄土真宗の用語（新字体では「倶会一処」と書く）で、死後に人々が、倶《とも》に一つの場所で出会うことを意味している。また、その裏面には、地区住民一〇四名と、当時、防災対策庁舎で犠牲となった同地区出身者一五名の名前と当時の年齢が刻まれている(73)。

二〇一六年に入ってから、元歌津町長でもある牧野の案内で、筆者も実際にその場所を訪れた。その日は、筆者より先に、地域住民と思しき高齢者の女性と、歌津地区で震災遺族となった親戚に会いに東京から来たという中年の夫婦がいた。

まず、慰霊碑の前で手を合わせてから、その周囲をぐるりと回ってみる。牧野の息子も含め、犠牲者の名前が等間隔に並び、その中には三歳や四歳の子どもの名前もあった。そこだけ二〇一一年三月一一日で時間が止まっているような錯覚に陥る。

そして、再度「倶會一處」という言葉と対峙してみる。そこに込められているものは、慰霊であると同時に、先に逝った人々が待っている、という現世的な生存や生活を超越した被災者の願いでもある。ここにも、津波常習地における発災後の死生観の一端が見てとれる(74)。

元生徒へのインタビュー

二〇一六年三月一〇日、震災から丸五年を迎えるその前日を、筆者は宮城県仙台市で過ごしていた。HSFの教育支援を長らく利用していた南三陸町出身の元生徒と再会するためである。震災発生当時、中学生だった佐藤穂芳は、このとき既に大学生となっていた。仙台市内の国立大学に進学した後、ボランティアサークルの活動にも参加しながら、学校教員を目指している。学習指導を通じて接していた期間は、本人の震災体験について、こちらから積極的に尋ねることはなかった。ただし、津波で祖母を、被災後しばらくして祖父を失ったことは間接的に知っていた。

そして、知り合ってからおよそ四年半が過ぎたその日、以前より対等に近い立場で話せるようになった彼女に、初めて亡くなった祖父母について聴いた。

あの日の朝、家を出るときおばあちゃんが窓から手を振ってくれてた。それが最後。でも不思議。そういうことって意外に覚えてるんだね、つい昨日の朝は何やってたのか思い出せないのに。震災があって、その次の日には、おじいちゃんは無事だってことを知ったけど、おばあちゃんのことはわかんなかった。一旦、志津川を離れて佐沼（登米市）の親戚のお世話になることになって、別の避難所にいたおじいちゃんを迎えにいったんだけど、おばあちゃんの行方がわかるまでここを動かない、って言い出して。でも結局、みんなで佐沼に引っ越すことになったの。それからおばあちゃん捜し。遺体情報が町では張り出されるんだけど、遠くなったから毎日は見に行けなくて。四月下旬ぐらいになってようやく見つかったって感じ。（二〇一六年三月一〇日）

彼女の話は、続いて、震災以前から胃を病んでいた祖父のことに移った。祖母がいなくなってから、それまでも一緒に暮らしていた祖父の体調がにわかに悪化していったという。

おじいちゃんは、おばあちゃんに苦労かけてたと思う。食べ物も油を使ってないものを家族とは別につくってもらってたし、よく言い合いもしてた。それでも、震災の後、おじいちゃん気ぃ張ってたけど、男の人って女の人に先に死なれると弱いから。あんなに元気だったのに、どんどんぼろぼろになって。なのに、前より口うるさくなってたから、最後に入院したとき、ラッキー、って少し思っちゃって。震災から一年半ぐらいかな。そのときは死ぬなんて思わなくて、もっと優しくしとけばよかったって、今でもすごい後悔してる。震災なかったら二人で絶対もっと長生きしてたと思う。私、避難所に少ししかいなかったから、震災のことで考えるのは、おじいちゃんとおばあちゃんのことばっかりだな。(二〇一六年三月一〇日)

インタビューの終盤、彼女の震災後の生き方に、祖父母の死がどのような変化をもたらしたのかについて尋ねた。

しっかり生きなきゃ、っていうのは若いから当たり前か。でも、(亡くなった祖父母が)守ってくれてるって感じはする。ただの思い込みかもしれないけど。震災のすぐ後、引っ越すときに丁度いい家が空いてたのも、おばあちゃんが用意してくれたのかもしれないし。それに、何するにも家の仏壇で拝んでばっかりいたから。これまでテストとか大学受験とかうまくいってるのは、そのおかげかな。これからは……死んだ人が毎日思い出してほしいかはわかんないけど、ちらっと思い出してあげたいよね。明日は、お墓参りに行ってくる。(二〇一六年三月一〇日)

ここで、本節を通じて筆者が強調しておきたいことを確認しておく。それは、津波によって大量発生した死は、それを免れた生の対極としてありつつも、その生と何らかの形で共存している、ということである。

震災遺構のように形として残されるものに加え、このパートで挙げたいくつかの具体例は、復興過程を生きる人々の考え方や行動からその実態を明らかにしている。やはり、災害による大量死は、単なる悲劇的な喪失や、統計的な人口減少として片付けられるべきではない。少なくとも、震災に関する調査研究において、その死者を分析や考察の対象から除外することは、復興過程を生きる人々の置かれた文脈から、一部目を背けることになるからである。

二〇一六年三月一一日

いよいよ、筆者の事例研究にも終わりが近づいてきた。しかし、震災復興はまだ半ばである。今後のさらなる調査のためにも、震災発生から五年の時点でひとまず本書のフィールドワークを完結とさせたい。そして、次章からの人間の安全保障の理論的考察につなげていく。その前の締めくくりとして、筆者自身の二〇一六年三月一一日の出来事を詳述する。

その日が金曜日だったのは、五年前の震災当日以来のことであった。朝、仙台市駅前で予約していたレンタカーを借りるときには、女性の店員からは「被災地に行かれるんですか」と尋ねられた。毎年、この日はきっと筆者のような利用客が他にもいるのだと思った。筆者の場合、二〇一三、二〇一四、二〇一五年[75]と過去三回、登米市の南方仮設を訪問していた。午後二時半から集会所で行われる「三・一一追悼の集い」に出席するためであった。

仙台市を出発し、高速道路を通って登米市に着く頃、晴れていた空が一時的に厚く曇り、雪がちらついていた。これまで、多くの震災当日の証言の中で、雪が降ったことを聞いていたが、筆者自身、三月一一日にこの地域で降雪を確認したのは、二〇一六年が初めてであった。

かつてはほぼ満室だった南方仮設も、この時期には、半分近くが空室となっていた。これも、復興過程における時間の流れを感じる顕著な変化である。集会場に入ると、パイプ椅子が隙間なく敷き詰めら

2016年3月11日筆者撮影

写真15　南方仮設3.11追悼の集い

2016年3月11日筆者撮影

写真16　南方仮設3.11追悼の集い

れ、約六〇人の住民が参加していた。その半数ほどが、黒の喪服を身にまとっていた。椅子に座った参列者から見て正面の壁際には、お菓子や果物、飲み物、千羽鶴、花瓶に生けた色とりどりの花で飾られた即席の祭壇が設置されていた（写真15）。また、参加者と祭壇の間のスペースには、アルミ箔を敷いたやや低めの台が置かれ、その上にたくさんの小さいキャンドルライトが「3・11」という形に並べられていた（写真16）。筆者は、地域の支援者数名とともに、祭壇の袖に位置する別席へと案内された。

自治会役員の女性の司会で追悼の集いが始まると、まず、参列者は順番にひとつずつ、そのキャンドルに柄の長いライターで火を灯していった。次は同じ要領で、手渡された白い花を祭壇に捧げ、手を合わせていった。やがて二時四六分になると、市の無線が正確にその時刻を伝えた。そして、会場では全員起立し、黙禱が行われた。

その後、厳粛な雰囲気の中、佐藤清太郎自治会長により挨拶が読み上げられた。聞き取った全文を紹介する。

> 主催者を代表して一言ご挨拶を申し上げたいと思います。東日本大震災のあの巨大な津波の襲来から、丁度五年を迎えました。あの大震災の思いは、筆舌に尽くし難いものがあります。町内

の全ての方々が被災し、多くの尊い命を失いました。この応急仮設住宅の中にも、愛する家族、肉親を亡くされた方が多くいます。改めて心からお悔やみを申し上げ、ご冥福をお祈り申し上げたいと思います。ご遺族の方々には、この悲しみはいかばかりかとご推察申し上げます。ここにいる私たちは九死に一生を得て、どうにか命だけはとりとめることができましたが、家や家財等、全てのものを失いました。しかし、命あってのものです。今生きている私たちは、亡くなられた方々の分まで、懸命に生きなければなりません。この悲しみを乗り越え、全国の多くのご支援に応えることが、私たちに求められています。また、今私たちが生きていられることは、このような全国各地の激励、支援があればこそであり、このことを終世忘れてはなりません。また、後世に引き継がねばなりません。東日本大震災から五年の節目にあたり、津波で亡くなられた方々のご冥福と、南三陸町でまだ行方不明の方々二一二名が、一刻も早く、ご家族の下に戻られることを祈念し、併せて故郷の一日も早い復興をお祈り申し上げる次第です。最後に、この三・一一追悼の集い開催にあたり、(協力団体名)様から多大なご支援を受けましたことに感謝を申し上げますとともに、今回をもって、仮設集会所での追悼の集いに終止符を打ちたいと考えています。これで、これまでご支援ご協力を頂きました皆さまに重ねて御礼を申し上げ、挨拶といたします。有り難うございました。(二〇一六年三月一一日)

挨拶の途中から、佐藤自治会長は何度か涙で言葉を詰まらせ、会場のあちらこちらからは、すすり泣く声も聞こえていた。こうして、約三〇分間の南方仮設における最後の「三・一一追悼の集い」は幕を閉じた。

第五章　人間の安全保障と被災者の尊厳

一　東日本大震災の公共人類学の可能性

この第五章では、本書の課題である大規模自然災害下の人間の安全保障について、東日本大震災の被災地におけるフィールドワークを通じて蓄積された公共人類学の観点から考察を深める。

その前に、筆者の学問的な立場について再度確認しておきたい。

事例研究を始める前の序章では、人類学が長らく対象にしてきた「文化」が、人間の安全保障では「尊厳」の構成要素となっていることを、同分野の基礎文献である *Human Security Now*［CHS 2003］から紹介した。それに続けて、先行研究から、尊厳を人間の安全保障の質的側面として捉える見方もあることを確認した。人類学が文化を扱う質的研究の代表格であることに鑑みれば、被災者の尊厳に注目した筆者のフィールドワークにもそれなりの妥当性があるといえよう。

そして、人間の安全保障が、「尊厳をもって生きる自由」を重視する以上、人類学的知見がこれからも求められることは間違いない。

本書の事例に照らし合わせてみると、被災者の尊厳は、自然災害による物理的な破壊とは異なり、より複雑な回復の道筋を辿っていたといえる。被災者の尊厳は、発災によって危殆に瀕するとともに（第一章）、復興過程の中でも傷つけられ、その都度、ローカルな解決策が自らによって見出されていくものであった。支援現場で互酬性がまた働き始め（第二章）、防潮堤建造計画が進む中で自然への愛着が取り戻され（第三章）、そして、震災発生が過去の出来事になるにつれて津波災害の死生観は安定していった（第四章）。

これらはいずれも、地域文化に元々根付いていたものであり、かつ、復興過程の中での外部からの圧力や影響を受けながら、それに対処する形で、機能回復を果たしていったといえる。筆者はというと、ＮＰＯのプロジェクトやフィールドワークを続けながら、支援物資のおすそわけを受け取ること（第二章）、椿の物語を広めること（第三章）、死者についての語りを聴くこと（第四章）などを通じて、結果的にそれらの回復過程に関わることになった。

東日本大震災の公共人類学

こうした一連の関与の在り方に、東日本大震災の公共人類学の可能性が示される。震災復興は、外部から救おうとする流れと、内部から立ち上がろうとする流れが、ぶつかり合いながらダイナミックに進展していく。公共人類学のフィールドワーカーも無論、外部者として被災地に入るわけだが、同時に内部者の主観に寄り添おうとする姿勢を貫くことで、できる限り、その中間に自らの立ち位置を定めようとする。それは、単に中立的な観察者という居場所に落ち着くのではなく、また被災者の代弁者として名乗りをあげるのでもない。内外の協働がより良いものになるために、実務において試行錯誤し、学問において改善案を模索していくことである。

そして、その経験を統合的に論じる研究成果の提示の仕方にも、一考の必要が生じる。被災地におけるフィールドワークで得られた情報を、仮にここから、人類学の専門的な議論へと落とし込んだり、公共人類学そのものの有用性を主張するために費やしたりするならば、それは、これまで筆者がやや批判的に捉えてきた内向きな学問像を自ら体現してしまうことになりかねない。

ゆえに、本章からは、民族誌的な考察を通じて、震災復興における実践的な枠組みを発展させる方向へと歩を進めていく。換言すれば、それは、公共人類学による人間の安全保障の理論的更新の試みである。人間の安全保障は、学際的なアプローチが求められるだけでなく、研究者と実務者にとっても共通の目標となり得る。また、東日本大震災の経験が、将来の災害時に活かされることは、今や多くの被災者が望むことでもある。そうした一助となることを、学問の公共性を重んじる本書の最終成果としたい。

二　脱力の必要性——第二章の考察

ここからは、東日本大震災の被災地における被災者の尊厳の回復過程を、改めて辿る。そして、人間の安全保障を再考する上で重要な、震災復興のいくつかの局面を明確にし、互いを関連付けながら論じていく。

この第二節の考察は、第二章「被災地支援と痛みなき抑圧」と対応している。同章で詳しく検討してきたように、震災復興過程においては、問題解決のための支援も行き過ぎると、いつしかそれ自体が問題となる。支援者の振る舞いが現地の実情と乖離して独善的なものとならないためには、被災者の主観に寄り添う姿勢が求められる。このような問題意識に基づき、人間の安全保障において重視されるエンパワーメント（empowerment）をより適切な方向へ導くための議論を展開する。

手始めに、この概念の基礎を押えておきたい。『国際協力用語集 第四版』の「エンパワーメント」の項を引いてみると、次のような説明がなされている。

一九八〇年代半ば以降、この語はもっぱら社会的な弱者が（自分自身で）力をつけること、そしてそのような過程で他者が側面から援助することという意味で用いられるようになった。（中略）個人の内面で自己否定的な態度を培養し、人を無力化（ディスエンパワー）させる社会的な抑圧の存在を意識化させ、その言語化と対象化を促すことで個人に尊厳を回復させ、自信をつけていくことを目的としている。［国際開発学会 二〇一四：三五］

また、先ほども少し触れた *Human Security Now*［CHS 2003］の邦訳では、エンパワーメントを「能力強化」と訳して詳しく紹介している。ここでいう「能力」は、「人々が自らのために、また自分以外の人間のために行動する能力」と定義されている。そして、同頁では、以下のような説明が続く。

この能力を伸ばすという点が、「人間の安全保障」と国家の安全保障、人道活動、あるいは多くの開発事業との相違であり、その重要性は、能力が強化されることにより人々が個人としてのみならず、社会としての潜在能力までも開花させうる点にある。（中略）自身の尊厳が冒されれば、能力のある人間はこれを尊重するように他人に求めるだろう。また、能力があれば新しい雇用機会を見いだし、自力で多くの問題を解決することができよう。［人間の安全保障委員会 二〇〇三：一一〇］

本書では、いずれの記述においても、尊厳についての言及がなされていることに注目しておきたい。どうやらエンパワーメントには、人々の尊厳が冒されている状態を問題視し、その回復に努めるための取り組み、という側面があるようだ。その実践においては、外部からの働きかけによってパワーが与えられることに始まり、当事者自身の行動によって最終的に実現される、という道筋が想定されている。しかし、当然のことながら、現実はこのシナリオ通りに一筋縄ではいかない。尊厳という視角からその過程を辿っていくと、ひとつの難題が待ち受けていることがわかる。その所在と対処について、筆者の被災地支援に関する事例研究から検討していく。

エンパワーメントの陥穽

ここでの議論の前提となる第二章の概要は、次の通りである。まず、第二章一節で東日本大震災の被災地に集中した支援を人類学的な贈与として捉える視点を提示した。次に、第二節において、宮城県登米市の南方仮設の事例から、支援が続くことで生じた「被災者」像が、被災者自身を苦悩させている実情を報告した。そして、第三節では、そこで筆者らＨＳＦスタッフが体験した支援物資のおすそわけに始まる支援者と被災者の関係の変化を詳述した。

これまで国際開発の分野においても「援助漬け」という言葉で表現されていたように、災害の現場でも、過剰な支援がその対象を無力化（disempowerment）する結果を引き起こすことがある［Lindner 2010］。東日本大震災の発生以降、被災各地において、被災者がいるから支援者がいる、という状況は自然に形成された。しかし、支援活動が一年、二年と長引くにつれて、支援者がいるから被災者がいる、という転倒した図式がつくり出されるようになる。多くを失ったことではなく、多くを貰ったことが、被災者であることの所以となっていた。こうした状況下では、エンパワーメントのために継続されていた支援活動も、「被災者」のカテゴリの堅持、すなわち復興過程におけるディスエンパワーメントに転じ得る。しかし、これまで、抑圧からの解放を意図するエンパワーメントそのものに内包された権力性が、十分に議論されてきたとは言い難い。

エンパワーメントは、人間の安全保障においてその対概念となる保護との比較において、ボトムアップ型のアプローチだと定義されている［UN Human Security Unit 2009：4］。この下から上への動きが、外部からの働きかけによって始まるものである限り、ミクロな現場では往々にして支援／被支援の上下関係が発生する。ここに、その定義以上に複雑なエンパワーメントの力学が見てとれる。実際には、対象を押し上げようとすると同時に、抑えつける力も働くことになる。筆者の事例研究においてそれは、長引く支援に伴って被災者にのしかかる負債感となって現れていた。

関連して、第二章一節でも引用したエドマンド・リーチは、こうした債務の構造における「力」の流れにも注意を払っている。それは、まさにここで論点となっている“power”の問題である。リーチによれば、力は「高い」ほうから「低い」ほう、すなわち優位から劣位、へと流れるものである。そして、その非対称性ゆえに、ありとあらゆる種類の社会関係において、力の流れはある程度の危険を伴うという［リーチ 一九八五：一九八―二〇一］。

人間の安全保障の現場においても、パワーを注ぎ込む主体との関係が存続する限り、その対象にとっての負債状態は解消されない。そしてその苦悩は、筆者のフィールドにおいて、支援を受ける被災者だけでなく、被災者のために活動する支援者の口からも語られた。手を差し伸べられる側が上位に立つことが難しいのはもちろん、差し伸べる側が自らを相手より低位に置くことも難しい。これは、生存や生活ではなく、尊厳の領域に属する問題だと考える。エンパワーメントが、「ボトムアップ」のアプローチであるためには、この理論上の陥穽を乗り越えなければならない。

尊厳を維持しながら支援を続けるための枠組み

その手がかりとなる先行研究として、人類学者デビッド・スレイターは、東日本大震災発生直後の宮城県石巻市でボランティア活動に参加した体験から、「尊厳を維持しながら支援を受けるための枠組み」を提唱している。それは、緊急事態とはいえ、他者から助けられたままでいることを不名誉に感じる被災者のために、支援を拘束性の高い贈与ではなく、資格や権利など別の文脈で捉え直し、それを受け取る行為に正当性を与えるものであった[スレイター 二〇一三：八四]。

それに対して本書では、この枠組みを補完することも意図しつつ、一文字変えて「尊厳を維持しながら支援を『続』けるための枠組み」について考えてみたい。たしかに、スレイターの示唆は重要である。それでも、自らの生活を再建することに専念しなければならない被災者を前にして、震災復興過程の中でより反省や工夫が必要なのは、やはり支援者の側であろう。

筆者を含め、外部からやってきた支援者は、被支援者が自立に向かうとともに、自らの存在感や影響力を、放棄といかないまでも抑制しなければいけない局面を迎える。ただしこれは、撤退すればいい、という単純な話でもない。大規模自然災害下で人と人とが助け合うことを阻害する研究が、公共的だとも筆者には思えない。さらに、それは、分析的にも不十分である。なぜなら、被災地支援の文脈で出会った支援者と被災者が、復興後まで続くような関係を築いている例は枚挙に暇がないからである。支援者と被災者の関係も、いつしかかけがえのない個人同士になる。ゆえに、ここで重要なことは、エンパワーメントとディスエンパワーメントの境界の問題だといえる。

では、どうすればその切り替わるタイミングを見極めることができるだろうか。どうすれば人を助ける側は一旦獲得した特権的な地位を離れ、助けられる側との関係を双方にとってより好ましい状態へと変化させることができるだろうか。

本書の事例から抽出された「尊厳を維持しながら支援を続けるための枠組み」を以下に提示する。それは、今回の東日本大震災の状況はもちろんのこと、将来別の地域で起こる災害においても、活用可能なものだと考える。

まず、筆者の携わった支援の現場において、南方仮設の住民からの支援物資の「おすそわけ」は、支援／被支援の関係の問い直しを促す最初のシグナルだったといえる。第二章三節で紹介したエピソードを受けて、ここでは、その行動原理についてもう少し考えをめぐらせてみたい。

なぜ、彼らは支援物資の余剰分を筆者らHSF東北出張所の人間に与えようとしたのか。そこには、日頃の感謝を表すという以外の意味が付加されていた。このおすそわけという行為には、人道的支援の副産物として生じた精神的負債を、いくばくかでも軽減させる効果が含まれていたということである。かつて受けた善意の贈与の余りものを再分配することは、これまでそれを有効活用できずにいた、というある種の後ろめたさから解放されることにつながる。それは、他者の善意を全くの無駄にするわけではないし、自身に経済的負担も生じない。その意味で、おすそわけは震災復興過程の初期において、支援物資の超過量の極めて有効な処分方法であり、被災者にとって最も気軽に行うことのできる贈与であった。そして、それを手渡す相手が身近な支援者であった場合、精神的負債を軽減する効果はさらに増す。被災者が、日常的に返礼を行えるような相手を見つけ、互酬性を成立させることは、支援／被支援の関係に絡めとられていた状況を一時的にせよ再解釈する契機となるからである。

こうした支援物資のおすそわけに始まる被災者からの返礼は、支援者との間で人間同士のやり取りの均衡を取り戻し、一度は社会的弱者たらしめられた自らの尊厳を回復しようとする象徴的な行為であったと解釈できる。もちろん、そのことが被災者像を即座に書き換えるまでには至らない。しかし、エンパワーメントでいうところの、意識の変革の第一歩は、こうした現場における支援の圧を和らげることから始まるものだといえる。

「尊厳を維持しながら支援を続ける枠組み」においては、こうした被災者側からの動きに敏感でいることが重要である。それまでの支援実践においては、被災者と継続的な関わり方をすること、すなわち「寄り添う」という言葉で表現される距離感、の必要性がしばしば言及されていた。現場の声に注意深く耳を澄ませていれば、それがいたずらに支援／被支援の関係を続行させることではないことは明らかである。代わりに本書が、この「寄り添う」ということに具体的なひとつの意味を与えるとすれば、それは、これまで様々な内外の支援者から一方的な贈与を受けてきた被災者に対して、返礼を受け取る相手としての役割も果たす、ということになる。

今回の東日本大震災の被災地で活動する支援者全体の割合からすれば少数派の「プロフェッショナル」な支援組織や、業務として被災者の生活をサポートする行政職員ならば、そうした贈り物を受け付けないのが原則となっていたかもしれない。しかし、大多数のＮＰＯやボランティアのような市民アクターは、「徹底した支援者」としての自己規定や倫理観で、自らを縛ることが一得一失であることに気付かなければならない。それよりもむしろ、ときには支援の対象であるはずの被災者から逆にモノを貰ってしまうようなアマチュア的側面を長所として、互いに支え合う同じ人間同士の関係を築いていくことが求められる。

アンパワーメントの実践

そこで筆者は、ここまでみてきた東日本大震災の被災者の尊厳のあり方を手がかりに、支援／被支援の権力関係を実質的な解除へと向かわせる実践を、支援活動の中で徐々に行っていくことを提唱する。本書では、その実践を、仮にアンパワーメント（unpowerment）と呼んでおきたい(76)。

それは、被支援者側のエンパワーメントのための支援者側の意識的なセルフ・ディスエンパワーメント、を一言で表すものである。この概念は、ポストコロニアル研究におけるアンラーニング（unlearning）から着想を得ている［Danius, Jonsson and Spivak 1993］。一度身につけた特権的な知識を捨て去り、他者への偏見を正すことがアンラーニングだとすれば、アンパワーメントは、人を助ける側が与えられた特権的な地位から意図的に離れることで、助けられる側との関係を、双方にとってより好ましい状態へと変化させることを意味する(77)。前者が個々の内省的かつ思索的な活動であるのに対し、後者は実際に抑圧された他者との相互作用が必須となる。

今回の東日本大震災の被災地支援においても、特にＮＰＯのような市民組織の構成員は、「支援者としての使命」などと肩肘を張らず、力を抜いて被災者と接する方がうまくいく、というのが筆者の考えである。

さらに、おすそわけに続く形で紹介した支援現場におけるゲスト／ホスト関係の成立によって、その考察をさらに一歩先へと進めることができる。南方仮設における夏祭りという非日常的な催しでは、ボランティアと仮設住宅の住民の関係が友好的なまま、支援／被支援のパワーバランスが一時的に覆っていたことが確認された。このように、誰が助け、誰が助けられているのかが大した問題ではないような状況での協働が実現することは、支援者と被災者の発展的関係におけるひとつの到達点だといえる。

ただし、ホスト側にまわる被災者からみて、精神的負債を感じる必要がなくなる代わりに、相応の実質的な負担が生じることには注意が必要である。支援にかこつけて、この夏祭りのような状況を期待し続けてはならない。つまり、上記のような現象が各所で散見されるようになってきたら、それは、これまでの「被災地支援」自体を再考する時期にさしかかっているということになる。生活の再建が進んだ人々を、いつまでも「被災者」と呼び続けるのも不適切となるだろう。そうなれば、支援者も自らの立ち位置を改めて見定める必要が生じる。少なくとも、直接的な支援活動は、何らかの理由で震災復興から取り残された本当に手助けを必要とする人々に、対象を絞っていかなければならない。

このホスト／ゲスト関係の成立は、本書がこれまで議論してきた被災地支援の終焉を予感させるものである。実際、自然災害の生々しさを感じさせる光景がなくなり、支援のニーズも縮小してからは、新規に被災地を訪れる人々の数は目に見えて減っている。また、これまで長期滞在していた多くの支援者も様々な理由で被災地を去っている。しかし、筆者は、震災発生から五年以上が過ぎての復興過程においても、被災地の外にいる人々が貢献できる余地はまだ残されていると考える。しかもそれは、ゲスト／ホストの関係がより強く現れる観光の領域においてである。

この提案は、単に交流人口の増加による地域経済の活性化だけを意味するものではない。それは、このパートで提示した「尊厳を維持しながら支援を続ける枠組み」の最後の仕上げでもある。それというのも、尊厳の観点からみれば、被災地は、震災の爪痕が消え去ったときにこそ、訪れておく価値がある。

また、かつての支援者は、知人の被災者が生活を再建したときにこそ、訪ねておく必要がある。なぜなら、復興を遂げた町の姿と、そこに至るまでの険しい道のりに畏敬の念を抱くことが、一度は「被災者」となった人々の尊厳を回復することになるからである。ここで強調されるのは、災害から立ち直った人間の強さを学び知る、という被災地観光の側面である。実際に現地を訪れ、そのことを実感したとき、アンパワーメントはひとつの完了を迎える。それから先、大震災を克服した人々に対して、外部の人間は、多くを教わる立場として、安定した関係を築いていくことになるだろう。

三　防災インフラの内側より——第三章の考察

人間の安全保障の現場においては、その対象を中心とする権力関係が不可避に発生する。前節では、東日本大震災下での被災者と支援者の関係に注目し、ボトムアップのアプローチであるところのエンパワーメントが、ある段階から抑圧的に機能するという逆説について考察してきた。そこでの本書の主張は、支援者自らがその圧を和らげるための方法、すなわち「アンパワーメント」という言葉で説明できる。しかし、復興過程において、被災者が対峙しているのは、支援者のように現場で対話が可能な相手だけとは限らない。

被災者と支援者、すなわち個人と個人ならば、本書でいうところのエンパワー／アンパワーを巧みに使い分けながら、復興の進展とともにその不均衡な権力関係を徐々に解消していくことができる。しかし、第三章「巨大防潮堤と復興のまちづくり」に基づき、ここで考察するのは、被災者と国家、すなわち個人とシステムの関係である。その相違点として、個人はシステムから受ける恩恵に対して、負債感を抱くことはない。また、システムも、一時の情緒や共感を理由に、介入の手を緩めることはない。この対比を念頭に置きつつ、人間の安全保障においてエンパワーメントと双肩をなす保護（protection）に焦点を移す。

保護は、エンパワーメントと相互補完の関係にあり、トップダウン型のアプローチだとされる。ボトムアップ型のアプローチと比べ、システマティックで包括的かつ予防的な性格をもつ。そこで力点が置かれるのは、個々人が制御できない脅威への対策を講じることである。自然災害に対する防災は、その好例に数えられる。そして、国家が第一義的にその責任を負うことが想定されている［UN Human Security Unit 2009 : 7］。また、人間の安全保障委員会の最終報告書においても、この保護の戦略を打ち立てる主体の代表格に、国家が挙げられている［CHS 2003 : 10］。

では、こうした保護の理論的観点から、東日本大震災の復興過程における巨大防潮堤の建造は、どのように評価できるだろうか。将来の津波に備えて震災以前よりも強化された防潮堤を新たに築く、という政策はあながち間違っていないのかもしれない(78)。

そのひとつの裏付けとして、国立研究開発法人港湾空港技術研究所（国土交通省所轄）のレポート「釜石港における津波被害の数値計算による再現結果」では、当該地域に建造された概ね四メートルの防潮堤が、三・一一の津波に対してどのような防災・減災効果をもっていたのかについて検証されている。それによると、その防潮堤がない状態と比べ、津波到達時間に六分の遅延をもたらし、また、津波高は一三・七メートルから八・〇メートルに低減されていたという結果となった［港湾空港技術研究所 二〇一一］。この報告が正しければ、その防潮堤は津波で決壊するまでの間、貴重な避難の時を稼ぎ、水位をビル一階分以上も下げたことになる。ならば、釜石以外の地域においても、津波に乗り越えられた防潮堤は、人々の生存のため、程度の差はあれ同様の役割を果たしていた、と考えるのが妥当であろう。

また、国際協力の文脈で、国家が他国民を津波の脅威から守ることもある。その事例は、日本の海外広報誌 *Highlighting JAPAN* の、政府開発援助（ＯＤＡ）開始六〇周年記念特集号（二〇一四年八月号）で紹介されている。その舞台となっているのは、インド洋に浮かぶモルディブ共和国の首都マレ（マレ島）である。海抜一〜二メートルのマレ島に暮らす人々は、昔から高潮災害に晒されてきた。それに対し、一九八七年から二〇〇二年までの一五年間、日本のＯＤＡによって、この島の全周六キロを囲む防波壁の工事が進められた。そして、工事完了から二年後の二〇〇四年、スマトラ島沖地震によるインド洋大津波が、震源から約二六〇〇キロ離れたモルディブの島々にも押し寄せた。同国全体で一〇〇名以上の死者・行方不明者が出た中、マレ島では海水が流れ込みはしたものの、命を落とした人はいなかった。(79) この出来事は、両国の信頼関係を深めることにつながり、二〇一一年の東日本大震災の際、今度は日本が、モルディブから手厚い支援を受けることになった。(80) 同記事によると、モルディブは、官民が連携して集めた四六〇〇万円の義援金と、六九万個のツナ缶を支援物資として日本に送っている ［Kawasaki 2014 : 12–13］。

このように、過去の防潮堤の建造は、津波災害からの人々の保護に一定の効果や成果を上げてきたことが認められる。少なくとも、自然災害から国民の生命、身体、財産を保護することを謳う国家が、実質的にも、強力な人間の安全保障の担い手であることは否定できない。ならば、東日本大震災の復興過程におけるハード重視の保護のあり方は、人間の安全保障にとって好ましい実践例となるのだろうか。

しかしながら、実際の被災地からはそれと反対の声も多く聞こえていた。ここで、人間中心の概念の中に、国家主導を想定したアプローチを組み込むことの難しさについて考察の必要が生じる。そのために、筆者が問うのは、巨大防潮堤を提供する守護者に対して、復興過程の被災地で生きる人々は、代わりに何を差し出しているのか、ということである。筆者はそれを、やはり人間の安全保障における尊厳の領域に見出す。

保護される代償

ここでの議論の前提となる第三章の概要は、次の通りである。まず、第三章一節において、東日本大震災発生前後の防災インフラをめぐる行政の動向を整理した。次に第二節で、宮城県南三陸町において、新たな防潮堤が築かれていく過程と、その変化に向き合う住民の声を紹介した。そして、第三節では、国家の保護とは異なる住民主体の防災のまちづくりに注目し、同町の人々が津波によって荒廃した故郷の価値を再発見する様子を描いた。

それでは、人間の安全保障の概念の中でも尊厳という視角から、巨大防潮堤建造の問題について考えてみたい。その論旨をより明確にするために、震災前まで少し時間を遡る。まず、南三陸町では、一九六〇年のチリ地震津波を契機に、最大T.P.+四・六メートルの防潮堤が建てられていた［南三陸町 二〇一二a：一九］。この時点で、人間の身長を大きく上回る高さの防潮堤が、町には存在していたことになる。しかし、東日本大震災で被災することになる人々にとって、それは所与のものとして、昔からの地域の風景に溶け込んでいた。

そのことは、今回の津波常習地である三陸沿岸部に共通していたといえる。中には、群を抜いて大きなものもあった。例えば、岩手県宮古市田老では、一九七九年にT.P.+一〇メートル、総延長二・四キロの世界最大級の巨大防潮堤が築かれていた。今回の南三陸町に築かれる「八・七メートル」を越える高さである。では、この防潮堤は、震災前から地域住民に疎まれていたのか、というとむしろその逆だったようだ。田老の人々は、他に類を見ない規格の防潮堤をその地域特有の景観として捉え、「万里の長城」と誇らしげに呼んでいた［高山 二〇一二：九］。

このように、コンクリートそのものが、必ずしも三陸沿岸部の文化的価値観と対立するとは限らない。では、それと今回の震災復興過程における巨大防潮堤の建造は、何が異なっていたのか。この疑問が、国家主導の保護を、被災者の尊厳の問題として読み解く手がかりとなると考える。

震災発生以降の南三陸町に話を戻そう。第三章の事例でも描かれたように、町民の間では、自らが荒廃した故郷再生の担い手だという意識が高まっていた。そこへ、そうした人々の生き様を報じるメディアの力も加わり、集められた社会からの注目は、被災者の主体的な動きを後押ししていた。本章前節で論じた一方的なエンパワーメントの問題が顕在化してくるのも、このことと無関係ではない。まず、巨大防潮堤の建造計画が持ち込まれる時期の復興過程が、こうした特殊な状況にあったことを踏まえておく必要がある。

そもそも、これから津波対策を進めていくにしても、被災者以上に、その恐怖を身に染みてわかっている人間は、日本の他地域にはいない。その経験に価値を置く外部の個人との関係においては、前節の最後で述べた通り、未曽有の大津波の生存者として、教え伝える立場につくことができる。

しかし、その関係が成立しない相手が、先にも述べた、システムとしての国家である。そして、それは、「命や暮らしを守る」という金科玉条の下、震災復興に積極的に介入し、被災者の生を管理し方向付けようとする。(81) 今回の巨大防潮堤建造計画は、その権力が具現化したものだといえる。それが被災地で受容される過程では、体験に基づく直感よりも客観的なデータが、地域で形成された教訓よりも自然科学の用語が力をもつようになる。第三章二節で紹介した通り、南三陸町の住民向け説明会でも、そうした言葉が多用されていたという。

このことは、津波から我が身を守る、という被災後の自負心の問題だけではない。今回の巨大防潮堤建造計画は、東北地方の太平洋側沿岸部四〇〇キロに及ぶ。トップダウン式に適用されるこの防潮堤が、各地で復興過程に与える影響は大きい。均質な安全性と引き換えにできあがるのは、陸海を隔てる人工的で画一的な景観である(82)。つまり、住民が中心となって新たな地域づくりが進められていた途中で、没個性へと向かう復興の道筋が敷かれることとなる。東日本大震災を契機に、各市町村にまたがって建造される長大な防潮堤は、日本の国土の特徴にはなるかもしれない。しかし、それは、震災前の田老町の「万里の長城」のように、近隣に比肩するものなし、という地域の特徴とはなり得ない。

以上を踏まえ、この本節の議論において尊厳の具体的に意味するところとは、震災復興過程で高まりを見せていた人々の主体性と地域の固有性である。国家による保護はときとして、結果的にそれらを抑えることがあるようだ。

津波と椿

では、被災者は、その圧倒的な権力に対して無力なのだろうか。そうではない、と筆者は主張する。巨大防潮堤の建造をめぐる国家の論理に屈しつつも、人々はさらにその上で、自主的に独自の復興や防災を目指そうとしている。その姿を具体的に示したのが、第三章三節の南三陸町椿物語復興の事例である。それは、人間の安全保障における保護を、物理的な安全性だけでなく、その対象となる人々の意味世界から捉え直すことの重要性を喚起する。

その核心に迫るために、ここで関連する先人の思索を挿んでおきたい。実のところ、芥川龍之介も一九二三年の関東大震災に際して、尊厳について文章を残している。東京丸の内の焼け跡を歩いていた芥川は、見知らぬ少年の歌う「懐かしのケンタツキイ」を偶然耳にする。そして、その一瞬の間に、自らを捉えていた否定の精神が打ち破られたことを実感し、続けて以下のように綴る。

芸術は、生活の過剰ださうである。成程さうも思はれぬことはない。しかし人間を人間たらしめるのは常に生活の過剰である。僕等は人間たる尊厳のために生活の過剰を作らなければならぬ。更に又巧みにその過剰を大いなる花束に仕上げねばならぬ。[芥川 一九七一:一九三]

復興のまちづくりは、被災後の人々の心と暮らしにゆとりが生まれてから本格化する。その際に発揮される人間の自由な精神や柔軟な発想は、芥川のいう「芸術」とも決して縁遠いものでないと考える。さらに、尊厳ある人間による復興の結実を、彼が「花束」に例えたことにも目を向けておこう。東日本大震災発生後の流行歌『花は咲く』しかり、南三陸町の椿しかり、そこには何かしらの共通の心性が横たわっているのかもしれない。

他方、巨大防潮堤も、完成前から「現代における危機管理のメタファー」(83)として、その存在感を放っている。この状況で、椿物語復興が示したのは、ただそこに咲くもの言わぬ花から、望ましい復興や防災のイメージを次々と抽出するような、人間の備える高度な象徴能力であった。それは、外向きには、まちづくりにおける主体性や固有性の獲得に向けたある種の抵抗の形態をつくり出すために、内向きには、自然の中から取り出した価値観の共有によってコミュニティの結束を強めるために、発揮されていた。

このように人々は、災害の後で、象徴を操作し始める。第三章でも引用したスザンナ・ホフマンによると、一九九一年のオークランド大火の被災者は、自然を、野性的で統制不可能な怪物（monster）と、生きとし生けるものを育む力を備えた母（mother）の両義性で捉えるようになったという［ホフマン 二〇〇六：一四二］。そして、南三陸町の人々も、自然について語る際に、津波《ツナミ》と椿《ツバキ》を破壊と再生のイメージで結びつけている。こうした図式を成立させることは、災いをもたらした自然への愛着を呼び戻し、自然征服型のハード防災のみに自らの安全を委ねることに歯止めをかける。

さらにその際、彼らは、重くて大きく揺るがないものと、軽くて小さく儚いものを、象徴の次元で対置させている。この拮抗は、防災におけるハードとソフトの両立にも通ずる。今はまだ、前者の側にバランスが偏っている状態かもしれない。しかし、完成してからは徐々に劣化していく防潮堤[84]に対し、椿は季節が一巡りするごとに再生を繰り返す。少なくとも、地域に生きる人々は、こうした双方の経年の変化を思い描くことができる。

そのことは、コンクリートの構造物への過信を除くだけでなく、防災機能はそのままに、その権力性を穿つ視点を得ることにつながる。つまり、国家の保護下に留まりながら、尊厳を維持することは可能である。そして、そのために重要なことは、南三陸町椿物語復興が示唆しているように、国家による介入の結果を地域に根付く解釈で上書きしていくことなのだと考える。

四　死者を排除してきた枠組み——第四章の考察

これまで本章で論じてきたエンパワーメントや保護は、その方向性（ボトムアップ／トップダウン）は違えど、復興過程を生きる被災者を対象としていた。そして、いずれも尊厳という分析視角から、人間の安全保障の枠組みを更新することが試みられた。第四章「記憶の保存と被災地のこれから」と対応した本節もまた、それに連なる。ただし、ここで考察の中心となるのは、人間の安全保障とは最も無関係にもみえる死者である。

それでは、人間の安全保障における死者、すなわち死んだ人間、の位置付けについて考えてみたい。これは広くみられる傾向だが、人間の安全保障に関する報告書や論文において、死者の出番は多くの場合、その冒頭にやってくる。そこで調査背景を説明する際に、これまで犠牲となった人々の数が、その地域の脅威の深刻さを示すための指標として用立てられる。ひとつの典型例として、人間の安全保障委員会最終報告書の第二章「暴力を伴う紛争下の人々」の書き出し部分を引用しておく。

国家間の戦争、内戦、国境を越えるテロ活動は、人々の生存・生活・尊厳に対する大きな危険要因であり、「人間の安全保障」に対する脅威である。二〇世紀に起きた二五の主な紛争の結果、間接的なものを含めて約一億九〇〇〇万人が命を落とした。こうした紛争は多くの場合、宗教・政治・民族・人種間の優劣が争点となった。暴力を伴う紛争にさらされた社会では、人々の日常生活は圧迫され、危険に対する不安感や絶望感が広がることが多い。拷問、集団虐殺、戦争手段としての強

姦など、重大な人権侵害や戦争犯罪が紛争当事者によって行われる可能性がある。［人間の安全保障委員会 二〇〇三：四七］

そして、その死者たちを過去に置き去りにする形で、今を生きる人々に焦点が移り、彼らの保護やエンパワーメントの議論が展開される。

本書も、第四章とこの本節の考察がなければ、まさに同じ論理で完結されていたといえる。その論理において、死者とは、人間の安全保障の枠組みの外に出てしまった、二度とは戻らぬ人々を指す。その代わりに、大量死は数値に変換された事実として強調され、さらなる事態の悪化を食い止めるため、生き残った人々への介入に正当性を与える。つまり、人間の安全保障が厳守しようとしている一線は、人間の生存と死亡の間に引かれている。そして、結局のところ人間の安全保障は、死者についてそれ以上のことを語る言葉を磨いてはこなかった。言うまでもなく、過去は不可逆のものであり、未来に死者が蘇ることもない。その現実を受け入れる以上、「手遅れとなった人間」のことを論じる必要性すらなかったのかもしれない。

しかしながら、ここでも人間の安全保障がその内部に抱える概念が、こうした生者と死者を分け隔てる認識論的枠組みに対して警告を発する。尊厳である。(85) 前掲の人間の安全保障委員会最終報告書において、尊厳は「愛」や「信仰」、そして「文化」を包含する。これらはいずれも、死者を排除しない。実際、故人を慈しむ感情や、先祖の崇拝、そして鎮魂の儀礼といった生者と死者の結びつきは、東日本大震災の被災地においても決して無視できるものではなかったはずである。

人間の安全保障研究は死者とどう向き合うか

ここでの議論の前提となる第四章の概要は、次の通りである。まず、第四章一節において、津波災害による犠牲者が、復興過程における慰霊の催しや教訓の継承を通じ、長くその存在感を示し続けていることを確認した。次に第二節で、死者と復興の具体的問題として、宮城県南三陸町の防災対策庁舎の保存と解体をめぐる議論の顚末を辿った。そして、第三節では、同町の人々が、被災後の生のために死者とどのようにつながってきたのかを注視するとともに、二〇一六年三月一一日に南方仮設で行われた追悼の集いの様子を描出した。

災害による大量死は、死者ひとりひとりのかけがえのない人格の喪失、という意味で、極めて個人的な出来事の集合である。しかし同時に、その重大さゆえに、その個々人と直接関係をもたない人々を含む公共にも、様々な影響を及ぼす。

発生から五年以上が過ぎた東日本大震災の被災地においても、津波の犠牲者の存在に特別な意味を与えようとする営みは、その遺族を中心に各所で続けられている。関連して、第四章でも引用した歴史学者の深谷克己は、「現在でも、杓子定規な唯物論的生死論を陳述する立場以外は、社会常識として共有されているのは死者の永遠性のほうである」と主張する［深谷 二〇一三：一一］。深谷のいう「死者の永遠性」という言葉が、残された人々にとってどれほどの慰めになるかはわからない。しかし、少なくとも、人間の安全保障が「杓子定規な唯物論的生死論」に陥ることは避けられねばならないだろう。人々の文化的価値観や想像力を無視して、死を普遍で平板なものとして捉えることは、そのコミュニティの中で支援や調査をする上で、深刻な無理解を生むからである。

そのことは筆者のフィールドにおいても例外ではない。思い返してみれば、震災直後に家族の遺体の捜索や火葬は、遺族にとって最優先事項であった。また、それから復興過程へと移り、震災遺構をめぐっては遺族同士でも意見が対立していた。死者がいかに人を執着させ、かつ一筋縄ではいかない存在であるかがわかる。この実態を軽視することは、人々の生存や生活を脅かすものではなくとも、尊厳の侵害へとつながりかねない。

とはいえ、広く東日本大震災の被災地において、震災発生からこれまで、既に還らぬ死者に配慮する余裕すらない状況もあっただろう。それに、そこまで立ち入らずとも、残された被災者の保護やエンパワーメントに勤しみ、衣食住や医療、教育や職業トレーニングを提供しておけばよい、という立場もあり得る。サバイバーズ・ギルトや長引く喪失感に苦しむ人々がいたとしても、彼らの心のケアを専門家に任せることも可能である。これらだけでも上手くいけば、おそらく現場の問題の大半は解決に向かうだろう。

しかしそれでも、大規模自然災害と人間の安全保障においては、死者に目を向けるべき、現実的な理由がある。そしてそれは、尊厳の領域から内発的に人間の安全保障の枠組みを発展させる重要な論点となり得る。

教訓継承と記憶喪失

その議論の土台は、地球物理学者で著述家の寺田寅彦が綴った「津浪と人間」の中から取り出せる。寺田は、自然ほど伝統に忠実なものはないのになぜ、いつかは確実にくる津波の被害をなくすことができないのか、と問う。そこで彼が注目したのは、自らが生きた時代に発生した明治三陸地震（一八九六）と昭和三陸地震（一九三三）という二つの津波災害と、三七年というその災間の長さである。

寺田によると、津波が災害となる主な要因は、それが数十年に一度という周期で発生するものだからである。仮に、それが一年に一回なら、人々はその自然現象を前提とした暮らしをするため、被害も生じないというのだ。忘れた頃にやってくるという間隔の中で、寺田は、未来に生きる個人、政府による施策、事実を伝える災害記念碑が、防災上いかに心許ないかを指摘する。そして、消去法により「残る唯一の方法は人間がもう少し過去の記憶を忘れないようにするより外はないであろう」という結論に辿り着く。そのために、具体的には、被災地の学校を中心に、災害に関する科学知識の水準を高めることと、年一回の地震津波に関する特別講演を推奨している［寺田 二〇一一：一四一―一四四］。

以上を踏まえて、東日本大震災発生直前の現代に目を向けてみる。贔屓目抜きにみても、寺田の時代[86]に比べ、災害に関する科学知識はより一般に普及していた[87]。さらに、三陸沿岸部のような津波常習地は、他地域よりも防災教育が盛んであった。南三陸町では、一九六〇年にチリ地震津波が襲来した五月二四日を、毎年の防災訓練の日と定め、町ぐるみで津波対策を行ってきた。

そして、東日本大震災が起こるほんの約一〇ヵ月前、二〇一〇年五月二四日は、チリ地震津波から丁度五〇年の節目の日だった。南三陸町ではこの日、例年にも増して大規模な津波避難訓練が行われ、住民ら約五〇〇〇人（当時の町の人口は二万人弱）が参加している。その翌日の河北新報の記事には『惨事に思いはせ訓練』という見出しとともに、「五〇年前は逃げ後れて一〇ヵ月の娘を背負い、屋根に上った」という高齢者のインタビューや、佐藤仁町長の「惨事を繰り返さないよう次の世代に津波の恐ろしさを伝えていこう」という呼びかけが掲載されている［河北新報 二〇一〇］。津波に対する危機意識は、半世紀後までたしかに受け継がれていた。筆者のみたところ、南三陸町の人々は、寺田の提言によく応えていたといえる。

それにもかかわらず、二〇一一年三月一一日には、多くの人々が逃げ遅れ、津波の犠牲者となった。その状況は、南三陸町だけでなく近隣沿岸部の自治体にも共通していたといえる[(88)]。その原因を考えてみたとして、それまで公教育で教えられていた地震や津波の知識に欠陥があったわけでも、定期的に実施される防災訓練に真剣味が足らなかったわけでもないだろう。それでは、これが地域防災の、延いては自然災害に対する人間の安全保障の、限界なのだろうか。

ここで改めて、生者だけでなく死者にも目を向けるべき、という主張を思い出したい。筆者も、津波防災においては、寺田がいうように「人間がもう少し過去の記憶を忘れないようにするより外はない」と考えている。その上で確認が必要なのは、今回の大津波が、過去の危機回避体験をベースとした人々の予測を上回っていたということである。この辺りに津波防災の課題がみられるとして、その予測が及ばなかった部分は何で埋めることができるだろうか。そこで、筆者が着目するのは、災害の教訓継承における死者の位置付けである。

このような発想を詳しく検討する上では、人類学の知見が役に立つ。かつて、モーリス・ブロックとジョナサン・パリーは、「死と生の回復（death and the regeneration of life）」という言葉で、全ての死が別の生に供されている人間社会のあり方を指摘した［Bloch and Parry 1982 : 8］。三陸沿岸部の場合、「津波てんでんこ」という死者から得た防災の教訓が、歴史的に形成されている。そして、今回の津波の犠牲者もまた、将来の世代を生かす可能性を潜在的に宿している。それをより確かなものとするために、今議論をしておかなければならないことは、現在も被災地で進行中の災害の記憶継承の動態である[(89)]。

これに関しては、イギリスの人類学者ジョン・バーネスが「構造的記憶喪失（structural amnesia）」と名付けた記憶と忘却の表裏一体のあり方が、重要な示唆を与えてくれる［Barnes 1990］。バーネスは、この概念によって父系が強調される社会では母系出自が、母系が強調される社会では父系出自が、忘れられる傾向にあることを説明した。本書では、生者と死者の関係から、震災復興過程における構造的記憶喪失について考えてみたい。

まず、被災地でこれから生まれる世代は、直接体験していない二〇一一年三月一一日の大津波を誰から教わるか。それは、実際にこの震災を経験し、生還した人々からである。親や祖父母、近所の大人、あるいは学校に招かれた熟練の語り部などの言葉を通じて、災害の記憶継承は行われる。ときには、体験者の解説とともに、写真や映像など当時の記録も用いられる。そして、津波の恐ろしさが共有され、どのようにしたら危機を回避できるかが伝えられる。これは、一般的な地域の防災教育の流れだといえる。

では、この一連の過程で、不可避に忘却されていくものは何か。それが、死者の体験、別の言い方をすれば、津波で犠牲になった人々の今際《いまわ》の際、に関する記憶である。しかしながら、死者は自らについて語ることができない。肉親の最後の瞬間を知る遺族にしても、その生々しい記憶を、自ら進んで繰り返し語ろうとする者は稀だといえる。結果的に、語ることのできない死者や口を閉ざした遺族に代わって、忘却に抗おうとする人々が自らの被災体験を中心に、津波の恐ろしさを後世に伝えていくことになる。その過程で「なぜ助かったのか」に比して「なぜ助からなかったのか」の記憶が、構造的に喪失していくのは避け難いことである。

想像力の源泉としての死者

一方で、自然災害と人間の安全保障において、将来の世代を念頭に置いたとき、その「なぜ助からなかったのか」の分析が殊更重要となる。なぜなら、危険に晒されつつなんとか助かったという逸話は、印象に残りやすい反面、手本にすると、際どい避難行動につながりやすいからである。

例えば、前掲のチリ地震津波から五〇年目を迎えた南三陸町の避難訓練の記事では、子どもと一緒に屋根に登って当時の津波（六メートル級）を逃れた高齢者のインタビューが紹介されていた。もし、今回の津波で同じ避難行動をとっていたら、どうなっていただろうか。

また、被災後の同町における居住区別の津波犠牲者の割合に関するデータからも、構造的記憶喪失の危うさが見出せる。河北新報が紹介した谷下雅義ら都市・地域計画分野の研究グループの調査によると、海の見える三五区は、死亡率が四パーセントであったのに対し、海の見えない一〇区では、一六パーセントだったという［河北新報 二〇一四c］。この結果は、前回のチリ地震津波で大きな被害を免れた地区で、今回より多くの犠牲者が出たという傾向を示している。

つまり、過去の無事を伝える語りは、次の有事の際に「想定外」をつくり出すというリスクを必然的に伴う。記憶の継承は重要だが、それが即座に防災に結びつくとは限らない。地域の未来を見据え、そのことを筆者に語ってくれたのは、他でもない震災の遺族である。

第四章二節のインタビューにおいて、防災対策庁舎で父を亡くした及川渉は、その建物の震災遺構としての価値を認めつつも、後世に伝わる災害のイメージの固定化を危惧していた。彼の慎重さを、心配性と見なすのは誤りであろう。実際、復興工事が進むにつれて、町内のどこが次の津波に対して脆弱かが、また不確かになりつつある。盛り土や高台移転、防潮堤といったハード面の防災対策への過信が、将来に誤った常識を生まないとも限らない。少なくとも、これから先、語り継がれる生者の震災体験には、その言葉から閉め出された外側があることを前提とする必要がある。

その外側は、無限の可能性やリスクで満たされており、どれだけの言葉を尽くしても網羅できるものではない。しかし、現実の防災においては、その領域の広がりを認識することが、災害のイメージの固定化を防ぐことになる。その鍵が津波の死者にあると考える。

これまでもみてきたように、「なぜ助かったのか」という問いには、生者からの回答が期待できる。しかし、その成功例に依拠した行動は、時間や場所、または当事者の年齢、性別、健康状態など、様々な条件によって、次の津波で逆効果になることもある。そのため、併せて「死者はなぜ助からなかったのか」という問いに思考をめぐらせることが重要である。語れない死者に代わり、当時を想像すればするほど、致命的な状況に至るまでの、数々の分岐点が生まれ、様々な要因が重なり合ってくる。当然、簡単にはその答えに行き着かない。

さらに、死者同様に、足の裏から頭の先までを海水に飲まれる瞬間を思い浮かべてみる。激流になすがままの身体、その水の冷たさ、ぼやける視界、冷静な行動を妨げる窒息感、摑まるものを探してもがく必死の抵抗、もしかしたら、その前に流されてきた瓦礫によって致命傷を負うこともあるかもしれない。そして、水中での苦しさが頂点に達し、意識が途切れれば、奇跡的に生還でもしない限り、それが二度と戻ることはない。そこから先は、生者が経験し得ない領域である。こうした死者の体験した苦痛を具体的に想像する者には、津波への濃い不安感が残る。

しかし、今は亡き死者に近づこうとするこの思考こそ、逆説的に、来たる津波からの生存に資するものとなる。過去の犠牲者と同じ結果を招くまい、とする避難姿勢は、その不安感も手伝って、安易な予測を斥けるからである。そのことが、避難行動に移る判断の早さや、咄嗟の避難先の選定、高台移動後も警戒態勢の維持につながり、結果的に安全確保のためのゆとり（安全マージン）を生み出すといえる。

以上のような理由により、死者が人間の安全保障に果たす役割は、その人数の多寡で、脅威の深刻さを示す指標となるだけでないことがわかる。しかし、防災分野に限らず、人間の安全保障に関する既存の研究が、こうした触媒としての死者の存在に十分な関心を払ってきたかについては、疑問が残る。

実際には、第四章三節で紹介したように、津波の犠牲者それぞれの名前と当時の年齢が刻まれた南三陸町歌津地区の石碑は、後世に事実を伝えるだけでなく、死に対する想像力をもたらす重要な場となるだろう。そこでは、大量死の事実とともに、人ひとりの命の喪失という出来事の計り知れなさを、自己のかけがえのなさと照らし合わせながら、より直接的に読み取ることができるからである。

それでは本節の最後に、死者に向けられた視点を人間の安全保障の枠組みに導入することを改めて提案したい。その道筋をつけるための手がかりは、内堀基光と山下晋司の『死の人類学』の中に見出せる。内堀と山下は、それぞれのフィールドにおける死者の扱いの分析に先立って、一回的な究極の運命である「死ぬこと」と、生者の想像力の領域に属する「死」を、別のものとして捉えた。実体験として語ることが絶対不可能な前者と、それがゆえにイメージとして結晶化せず中空を漂うがごとき後者の間には、大きな距離がある［内堀・山下 二〇〇六：三九―四三］。

そして、人間の安全保障がこれまで生存と対置させてきたのは、動かぬ事実としての「死ぬこと」であったといえる。一方、想像力としての「死」は、その地域の文化的価値観や本人の主観を反映したものとして、尊厳の領域のみに帰されていた。しかし、死者に思いを馳せることが津波防災と結びつくように、想像力としての「死」を、生存の傍らで駆使することも重要となる。それは、極限の状況を想定したときに、最悪の事態を回避するための最良の情報源にもなり得るからである。

その分析は、東日本大震災の被災地において、慰霊や教訓の継続的な営みと並行した、今後の研究課題のひとつに位置付けられる。復興後の災間期に入ってなお、次の津波への備えとして、生者と死者の関係をより豊かな言葉で表現できれば、人間の安全保障は、地域社会の人々にも届く理念へと、また一歩近づくのではないだろうか。

終章　復興と尊厳

一　生存と生活、あるいは尊厳

名前なき栄誉につつまれ
光輝なき偉大さを秘め
報酬なき尊厳を保ちつつ

この短い文は、ヴァルター・ベンヤミンがまとめた書簡アンソロジー、*Deutsche Menschen*（ドイツの人々）の扉ページに載せられたものである。神戸市在住の詩人、季村敏夫は、これを一九九五年の阪神・淡路大震災の被災者に贈られた激励の言葉として紹介した[90]［季村 一九九七：二六五―二六六］。

二〇一一年の東日本大震災の被災者に、この格言めいた言葉がどれほど響くかはわからない。ただ、筆者も支援者として被災地に滞在して以来、災害から立ち直る過程での人間の生に、ある種の気高さを感じていた。また少し遅れて、調査者としては、その発生源がどこで、どのような場面で現れ、それといかにして向き合えばいいのか、ということを問い始めた。この二足の草鞋を履くような被災地への関与は、公共人類学という学問分野の後押しを受けた。そして、そのフィールドワークを通じて、上記の問いを尊厳という概念と結びつけて考察するようになった。実際に論文の執筆が始まってからは、その尊厳をどのような書き言葉で説明するか、という難問も加わった。だが、こうした一連のストラグルも、ひとつの区切りに差しかかろうとしている。

本書を振り返って

結論に先立って、ここまでの議論を整理しておきたい。

序章では、大規模自然災害と人間の安全保障という筆者が取り組む問題の所在を示した。続いて、その問題に対するアプローチ方法として、被災者の尊厳を考察する、という本書の視座を導き出した。そのフィールドワークにあたっては、公共人類学という筆者の学問的立場を明確にした。

第一章では、筆者の調査地となる南三陸町の歴史や自然、文化を紹介した。そして、二〇一一年三月一一日に発生した東日本大震災による同町の被害状況や、被災者から聴いた当日の証言をまとめた。また、筆者自身の被災地への関与の経緯についても説明した。

ここまでの内容が、震災復興を時間の経過とともに辿った筆者の事例研究の基礎をなしている。

第二章では、泥かきや瓦礫撤去がひと段落し、主な支援活動が仮設住宅に暮らす被災者向けにシフトしてからの時期に注目した。被災地支援を人類学的な贈与として捉え、その対象となる被災者の複雑な心情を慮った。ここで問題となったのは、支援を受ける側に生じた精神的負債感である。その上で、筆者自身も体験した被災者から支援者への返礼と、それに端を発して始まった支援／被支援の関係の変化を描いた。

第三章では、個々の被災者の生活再建がある程度進み、復興した町の将来像が盛んに論じられるようになった時期を取り上げた。その際、広く被災地の内外で議論を呼んだのは、三陸沿岸一帯に及ぶ新たな巨大防潮堤の建造である。そして、国家の防災方針と折り合いをつけつつ、津波対策を含む独自のまちづくりを進める南三陸町の人々に目を向けた。そこでは、コンクリートに対して、地域の自然を象徴として活用するという代替的な復興の可能性が示された。

第四章では、復興した町のイメージも具体化され、震災発生からは丸五年を迎える時期に焦点を当てた。この頃の被災地では、過去の出来事になりつつある震災を忘れないためにも、慰霊行事が重要となっていた。実際、復興過程において、死者の存在は無視できるものではなかった。ここでは、南三陸町の防災対策庁舎の保存/解体の議論をはじめ、生者と死者の様々な結びつきを詳述することで、震災復興の精神的側面を補った。

これら三つの連なる章を通じて、筆者が東日本大震災の被災者から学んだ尊厳のあり方が、続く人間の安全保障の理論的考察を支えている。

第五章は、各章の場面を振り返りながら、一見すると不合理にも映っていた被災者の行動について、尊厳の観点から説明を試みるものであった。その過程で人間の安全保障は、尊厳という構成要素によって、その枠組みを内側から再考する必要性に迫られることになる。まず、物質的充足をもたらす支援を拒む人々(第二章)によって、エンパワーメントが内包する権力性が露わとなった。次に、巨大防潮堤の建造に難色を示す人々(第三章)によって、国家による保護を受けることの代償がうかがい知れた。そして、痛ましい死をあえて身近なものとする人々(第四章)によって、人間の安全保障における死者の位置付けの再検討が促された。

以上が、本書の全容である。それを締め括る結論は、当然、単なるこれまでのまとめではない。ここで、筆者が自身の研究を通して最も強調したかった主張が明示される。

本書の結論

その筆者の主張とは、尊厳は、人間の安全保障の枠組みの内に、エンパワーメントや保護を受ける当事者側の主観を取り込む役割を果たす、ということである。

元々、人間の安全保障において、生存（誰もがひとつしかもたない命）や生活（その社会における衣食住のスタンダード）に比べ、尊厳は、守るべき三つの柱に数えられながらも、どこか捉えどころのなさが際立つ概念であった。ただし、今回の調査結果から、それは、困難経験の最中にある人々の弱さを改善の対象と見なし、その生存や生活を守ろうとする視座をすり抜けるようにして現れる、という傾向が指摘できる。

しかし、これまでの人間の安全保障の枠組みにおいて、上記のような見方は、少なくとも主流ではなかったと考える。多くの場合、生存、生活、尊厳は、調和的な三位一体の概念群として想定されてきた。そして、大抵、ここに並べられた通りの優先順位や成立条件に基づく段階的思考の中で捉えられてきた。「衣食足りて礼節を知る」という慣用句は、この思考を端的に表している。専門的には、シャルバナウ・タジバクシュとアヌラーダ・チェノイが、共著書*Human Security: Concept and Implication*の中で、まず致命的な恐怖、次に致命的な欠乏、そしてそれよりも広義の欠乏、最後のゴールに尊厳、という順の閾値を設定している［Tadjbakhsh and Chenoy 2007 : 121］。また、尊厳について、人間の愛や文化、信仰をキーワードとして挙げた人間の安全保障委員会の最終報告書も、この領域の確保を、生存や生活を守った先の目標に据えている［CHS 2003］。

しかし、現実には、愛や文化や信仰のために、自ら進んでその命や暮らしを捧げる人間の生き方は、決して珍しいものではない。そして、筆者が学んできた人類学は、まさに、人間の安全保障が尊重しつつも後回しにしてきたこれらの要素（とりわけ、文化）を主題に、フィールドから知を構築してきた学問である。

こうして改めて考えてみると、人間の安全保障は、実のところ、「生存、生活」と「尊厳」の間に、調和とは逆の矛盾や葛藤を孕んでいるのではないだろうか。しかも、その緊張関係は、段階的というよりも、生存や生活を守るための実践と並行する形で、繰り返し現実に作用する。ただし、筆者はこのことを理念の欠陥ではなく、むしろ人間の安全保障の有用性を示すものとして捉えている。なぜなら、明確な支援の基準を備えた領域（生存、生活）と、それに対する被支援者の主観でバランスをとろうとする領域（尊厳）が、枠組みの内に確保されることによって初めて、現場での軌道修正を伴った人間の安全保障の実践が可能となるからである。

筆者の結論は、次の一言に集約もできる。それは、単純に並記されてきた「生存、生活、尊厳」を、「**生存・生活／尊厳**（**survival & livelihood / dignity**）」という図式で捉え直してみることである。ただし、これは、生存、生活、尊厳の序列を逆転させたり、どれが重要かを議論したりすることを勧めるものではない。もちろん、尊厳を、常に生存や生活と相反する概念として歪めさせ、対立を促すものでもない。

人間の安全保障の実践において基本となるのは、やはり生存と生活を守ることだろう。その上で本書が重んじるのが、同時にそれを掻い潜って現れるものとして、尊厳を常に意識しておくことである。

とはいえ、支援や調査の実施前から、その尊厳を予め定義しておくことは避けておいたほうがよい。それは、個々の現場での「生存・生活／尊厳」の関係性の中で、察知、理解していくものだからである。この図式は、それらの間で生じる摩擦を、早期発見するための観察や分析の視点を提供するものである。

生存・生活／尊厳

結論で示したこの図式を補足説明するため、ここでもう一度、東日本大震災の被災地となった南三陸町のことを振り返ってみよう。生活に物質的な豊かさをもたらし、次にくる災害を制御し、悲劇の痕跡を町の財産にしようとして差し伸べられる手を、被災者と呼ばれた人々はときに振り解こうとしていた。

こうした外部からの働きかけは、上記の図式における「生存・生活」の領野に位置付けられるものだと考える。被災地支援は、多様な市民アクターが、災害による欠乏に陥った被災者を救うためのものであった。巨大防潮堤は、県や国家が、より強固な防災インフラでこれから津波常習地で生きる人々を守るためのものであった。震災遺構は、その専門家が、自然による破壊の痕跡を後世に残す価値の有無という観点から評価することで成立するものであった。これらは、いずれも、被災者の生活環境の改善や、次の津波に備えた生存率の向上を企図していたといえる。その効果は既に一部実証されているが、他律的に進められる震災復興だけで、被災者にとっての人間の安全保障は決して実現しない。

実際、筆者が目撃したのは、支援を受け取ることに苦悩し、津波ではなく防潮堤に不安を感じ、還らぬ人々の落ち着く先を案じ続ける人間の姿であった。彼らは、入れ替わり立ち替わりする支援者と対峙していた期間、社会的弱者としての被災者像を引き受けさせられていた。恵みと災いの両方をもたらす自然との共生を望んだとしても、その最も重要なコンタクトゾーンとなる海岸線一帯に関しては、まちづくりの主導権の明け渡しを余儀なくされていた。子々孫々への震災の記憶継承を責務として自認しつつも、日本を代表することになった慰霊や教訓の拠点では、町内の死者の個別性や遺族の当事者性はむしろ薄められていった。こうした事態を深刻なものとして捉える被災者の思考の中に、上記の図式における「生存・生活」との関係性で目を向けるべき、「尊厳」の現れ方が示される。

ただし、筆者がさらにその経過を辿る限り、この二項対立的な状況自体は一過性のものであった。それを乗り越えるための糸口が、被災者自身によって見出されていくからである。その実例として、本書に登場した個々人は、身近な支援者に物資を分け与え、海辺にも自生する椿の苗を山中の避難路に植え、観光と無縁な祈りの場をつくることで、震災復興の大局に流されないローカルな秩序を築こうとしていた。この一見、急場をしのぐような対処法は、その実、互酬性や自然への愛着、津波災害の死生観といった、昔から地域に根付く文化的価値観を反映したものである。またそれは、自然災害の脅威ではなく、その後の人為的な介入に対する焦燥感や危機感を引き金に、呼び起こされたものであった。

そうした出来事も経て、今日の南三陸町では、当時を懐かしむ形で被災者と元支援者の個人的交流が続き、目紛しく変わる町の中で自然の価値が再認識され、補修補強された防災対策庁舎も含めた複数の祈りの場が定着しつつある。もしかしたら、上記のような被災者の尊厳の発露は、この先、新しい町の暮らしに慣れてからは、些細なことだったと片付けられるのかもしれない。しかし、それは正常なことだと考える。このときに尊厳は、失われたのではなく、ひとまず現実の問題として現れる必要がなくなったのだと捉えたい。その頃には、震災を体験した人々も、被災者ではなくなっているだろう。

筆者のエスノグラフィは、そうした人間の安全保障の実現とともに色褪せゆく断片で紡ぎ合わされた、震災復興という移行期の記録である。

二　被災者の尊厳を讃えて

本書の締めくくりに、二〇一六年三月一一日の南方仮設にて終えたフィールドワークの後日譚を付記させてほしい。

同年三月一九日は、ＨＳＦが二〇一一年の一二月からスタートさせた「子ども未来館」の最終回だった。「学び場つばき」の開設とともに、南方仮設では頻度を下げて月に一回のペースで実施していた。しかし、子どものいる世帯のほとんどが退去したため、活動のニーズ自体がなくなりつつあった。この日は、これまで利用していた小学生の女子が一人、顔を見せに来てくれた。また、翌月の新年度からは、「学び場つばき」も、計画段階から想定していた通り、地域の学習塾としてＨＳＦから独立して運営されることとなった。こうして、人から人へバトンが渡りながら五年間続けられたＨＳＦの宮城県での被災地支援活動も、完全に終了となった。

また、南方仮設の佐藤清太郎自治会長も、「三・一一追悼の集い」のほぼ一ヵ月後となる四月一〇日に、とうとう生まれ故郷の南三陸町志津川地区に戻ることができた。引っ越しが終わって落ち着いた頃を見計らって、筆者は、高台に建てられた彼の新居を訪ねた。

まだ新築の香りのする家の中には、仮設住宅の頃から見覚えのある写真や置物、ＨＳＦの「まなび旅」参加者がプレゼントした寄せ書きの色紙も飾られていた。お祝いの日本酒を手渡し、一頻り互いの近況について話した後、筆者の車で近くのレストランに行き、そこで昼食をとった。より正確には、ご馳走になった。

その帰り道、筆者が御礼を伝えた後の佐藤の一言を、これからも忘れることはない。それは、被災者の尊厳を追求してきた本書においても、殊更重要なものに思えてくるのである。

失ったものも多かったけど、得られたものも多かった。もしかしたら、そっちのほうが多かったかもしれないな。（二〇一六年七月三日）

注

（1）ＪＩＣＡ研究所は、二〇〇四年に発行した『ひとびとの希望を叶えるインフラへ』という報告書において、人間の安全保障の促進のためのツールとしてのインフラを、「全ての人々の生存・生活を守り、安全で健康的な生活を営む権利を保障するのに不可欠な共通の基盤であり、人々の潜在能力を発揮させ、可能性を実現させるための共通の基盤としての役割をもつもの」と定義している［ＪＩＣＡ研究所 二〇〇四：六］。

（2）このことに関連して、アルブレヒト・シュナーベルとハインツ・クルメナッハは、災害を主要な脅威のひとつに挙げながら、人間の安全保障に基づく「早期警戒システム」について論じている。彼らは、予防的活動への投資の必要性と脅威発生の予測不可能性との間にあるコストをめぐるジレンマに対し、人間の安全保障の概念が、最低限の安定と秩序のための基準を設ける役割を果たし得ると主張する［Schnabel and Krummenacher 2009］。

（3）ドイツ技術開発公社（ＧＴＺ）のデータによると、一九九一年から二〇〇〇年の災害による死者数は、人間開発高位国で一万六二〇〇人、人間開発中・低位国で六四万九三九八人となっている［GTZ 2002：11］。

（4）より細かく、行動弱者と情報弱者に分類されることもある。公文書では、通常「災害時要援護者」と表記される。

（5）一九九九年三月に、日本が五億円の拠出とともに国連に設置した人間の安全保障基金も、そのことに貢献している。この基金は、脅威に晒される人々の生存、生活、尊厳を、保護とエンパワーメントによって守っていく様々なプロジェクトを支援している。外務省の報告によると、二〇〇九年八月までに全一九五の支援案件があり、それらは、貧困、保健・医療、紛争、麻薬、難民、犯罪、環境、災害、その他のカテゴリーに分けられている。その中には、インドにおける水源開発を通じた旱魃対策（二〇〇一）や、カリブ防災機関の捜索・救助能力の強化（二〇〇三）、ウクライナにおけるチェルノブイリ被災コミュニティへの支援（二〇〇四）、グレナダにおけるハリケーン被災者の自立支援（二〇〇六）など、災害と関連する案件は一二件あった［外務省国際協力局地球規模課題総括課 二〇〇九］。

(6) 日本の災害分野における国際貢献の転機として、国内で培われた自然災害対策の経験やノウハウを海外でも活かすことを目的とした「国際緊急援助隊（Japan Disaster Relief Team）の派遣に関する法律（JDR法）」の施行が挙げられる。この法律に基づき、現在まで日本は数多くの救助チーム、医療チーム、専門家チーム、自衛隊部隊を海外の被災地に派遣している。また、二〇〇五年に日本が開催国を務めた第二回国連防災世界会議（開催地：兵庫県神戸市）でも、二一世紀の世界の新しい防災指針となる「兵庫行動枠組み（二〇〇五～二〇一五）」が採択されている。

(7) 筆者が運営に携わるNPOは、被災地支援事業の一環で、中国人留学生をインターン生として現地事務所で受け入れたことがあった。彼女は、二〇〇八年に中国で起こった四川大地震のボランティアも経験していた。そして今回、宮城県の仮設住宅地を訪れ、彼女自身が見てきた四川大地震後の被災地と比べ、素直に「日本の仮設住宅はすごい！」という感想をもらした際に、「それなら住んでみろ」と住民の気分をやや害してしまったことがあった（二〇一二年八月二〇日）。

(8) 続く断章三四八でもパスカルの尊厳に関する論考は続けられる。「考える葦。私が私の尊厳を求めなければならないのは、空間からではなく、私の考えの規整からである。私が多く土地を所有したところで、優ることにはならないだろう。空間によっては、宇宙は私をつつみ、一つの点のように飲み込む。考えることによって、私が宇宙をつつむ。」［パスカル（一六六九）二〇〇一：二四九］

(9) 報告書の日本語版『安全保障の今日的課題』では、「信念」と訳されている。

(10) 実際に人類学者の社会貢献を念頭に、災害と公共人類学の結びつきを打ち出した研究として、イラン・ケルマンとJC・ガイヤールの共著論文“Challenges and Opportunities of Disaster-Related Public Anthropology”がある。彼らは、火山活動と海面上昇という二つの自然現象によって引き起こされた人の移動に注目し、複数の事例から、災害の公共人類学における重要な四つのテーマを挙げている。一・人類学者自身の権利や責任、二・災害の原因追求（脆弱性）、三・コミュニティ密着型のアプローチ、四・生涯を通じた学び合い、である［Kelman and Gaillard 2009］。

(11) 本書の大きなテーマのひとつとなっている人類学の公共性が、この「東日本大震災に伴う被災した民俗文化調査」では、行政との協働によって実現されたという点に注目したい。山下晋司は、宮城県の文化公共事業として行われたこの調査プロジェクトを、「官製公共人類学」の一例として紹介している［山下 二〇一四：一二一—一二三］。

(12) イギリス人、アメリカ人、オーストリア人、フィンランド人、アイルランド人、海外の大学で博士号を取得した日本人からなる。

(13) ただし、二〇〇五年に発行された『志津川町町制施行一一〇周年［合併五〇周年］記念誌』では、入谷や田尻畑、保呂毛といった町内沿岸部からやや内陸の沢沿いに農耕定住型の集落ができ始めたのではないか、という説も紹介されている［志津川町 二〇〇五：一八］。ここでいう「合併五〇周年」とは、一九五五年に志津川町と隣接する戸倉村、入谷村が合併した出来事を指す。そして、この節目となる年に、志津川町は歌津町と合併し、新たに南三陸町となった。

(14) この他、宮城県百科事典の「貞観地震」の項では、当時の中央政府が、ただちに調査団を派遣し、死体を収容させたことや、被害のひどかった者の租と調を免除するなどの措置を講じたことなどが書かれている［工藤 一九八二：四九一］。

(15) 多くの津波被災地域において、この明治三陸地震は、震度二～三程度であったとされている。その揺れは長く続いたが、後に押し寄せる津波の規模に比すれば、誰も深刻には考えない程度のものであった。三陸沖の地震発生のメカニズムとして、その原因となる海底下の断層破壊が急激に起これば、沿岸部に伝わる揺れも大きくなる。しかし、このときのように断層破壊がゆっくりと進行すると、地上での地震の影響は前者の場合ほど強くはない。それでも津波は同じように発生するため、人々にとっては不意打ちに近い形で凄まじい海水が押し寄せてくることになる。こうした種類の地震は、後に「津波地震」と定義された。

(16) 例えば、町内内陸部の入谷地区には、「三人立」という標高四一二メートルの山がある。この変わった名前の由来は、その昔、大きな津波が志津川を襲ったときにこの山に逃れた三人だけが命拾いした、という伝説であるとも考えられている［志津川町 一九八九a：二〇］。

(17) 無論、人類学の対象とする文化は、それよりも柔軟で奥深い概念である。このパートでの「文化」とは、例えば東京や仙台、場合によっては、隣接する石巻市や気仙沼市、登米市との差異を念頭に置いた際の、町内関係者による自己言及的な地域生活の特徴を実質的に意味している。

(18) しかし、ギンザケをめぐるチリとの関係は、単純な「商売敵」として片付けられるものではない。一九七〇年代に、日魯漁業（現在のマルハニチロ）の指導を受けて発展した志津川町のギンザケ養殖技術は、ＪＩＣＡを通じてチリに伝えられた［細野 二〇一〇］。そして、チリをサケ輸出大国に成長させたこの国際協力プロジェクトの成果は、一部、志津川町にも還元されたという。チリから輸入したサケを扱うことで、同町とその周辺地域は、養殖業だけでなく、水産加工業でも栄えるようになった［名波 二〇一一：二六］。

(19) きりこの複雑な模様は、現代ではこの地域独特のアートとして、観光客の訪れる商店街の飾りなど、まちづくりにも活用された。

(20) しかし、今でこそ全国的に知れ渡った南三陸町も、それまでの認知度は決して高くはなかったといえる。二〇一〇年の時事通信のインタビューによれば、佐藤仁町長は、「まったくない知名度を上げるにはどうすべきか」と考える中で、地域の強みである観光と水産を軸にした旅行業をまちづくりの主要事業に位置付けたという［時事通信 二〇一〇］。

(21) ディスティネーションキャンペーンは、東北地方全域を走るＪＲ東日本（東日本旅客鉄道株式会社）を含む、ＪＲグループ旅客六社と指定された自治体、地元の観光事業者等が共同で実施する大型観光キャンペーンのことである。震災発生後の二〇一三年にも、二度目の仙台・宮城ディスティネーションキャンペーンが行われ、そのときのメインテーマは「笑顔咲くたび 伊達な旅」であった。

(22) 二〇一三年五月にチリ政府は、南三陸町のために新たなモアイ（像）を寄贈している。高さ三メートル、重さ二トンのその石像は、実際にイースター島で製作されたものである。現在では、それが町の重要な観光資源として定着し、経済的な貢献もしている。

(23) 正式には、「災害派遣等従事車両証明書」という。東北地方の高速道路の無料措置（被災地支援・観光振興及び避難者支援）は平成二四年三月三一日に終了した。

(24) その寄付金は、ウィークエンド・ボランティアのための仙台市内の拠点維持費やガソリン代に充てられた。筆者は、二〇一二年三月一五日発行の駒場友の会の会報にて、会員向けにその報告を行っている［内尾 二〇一二：二―三］。

(25) 二〇一二年度末に、筆者は「社会活動」の分野で、東京大学から教養学部や総合文化研究科の学生に贈られる一高記念賞を受賞している。

(26) 本書の中心に据えられなかったＨＳＦの教育支援に関する筆者の研究については、ここでその概要を記しておく。それは、主に、筆者らが子どもの支援活動を通じて直面した問題を明らかにしたものである。仮設住宅に暮らす子どもに対する学習サポートや心のケア、子どもらと協力して取り組んだコミュニティの活性化には、一定の成果を上げることができたと考えているが、落ち度もないわけではなかった。例えば、支援物資の文房具を活用しても、それを大切に扱うことまで十分に教えられなかったり、活動現場の写真を撮る際、スタッフのカメラが子どもらに警戒心を抱かせたりすることもあった。また、ＮＰＯでプロジェクトの助成金を継続申請する場合、子どもらの脆弱性や仮設住宅の問題点を強調するような筆致で書類作成せざるを得なかったことも、人間関係が深まるにつれて生じたひとつのジレンマであった［Uchio 2016］。

(27) 現行の日本の税法上では、贈与（個人から個人への金品の給付）と寄付（個人から国、地方公共団体、認定ＮＰＯ法人へのそれ）という区別がなされ、税制措置が異なる。また、民法第五四九条では、「贈与は、当事者の一方が自己の財産を無償で相手方に与える意思を表示し、相手方が受諾をすることによって、その効力を生ずる」とある［e-Gov 2016a］。ちなみに、同法には「寄付」を規定する条文はない。

(28) 日本赤十字社の義援金の受付状況は、二〇一六年一一月三〇日現在、三三八四億八四九七万二三六五円となっている［日本赤十字社 二〇一七］。

(29) 阪神・淡路大震災発生直後にも、不特定多数の善意により「被災者宛」と書かれた支援物資が一時的に届けられた。その受け手は行政であり、受け取りの態制も保管場所も整っていなかったため、仕分けも配布もままならず、結果的に大きな混乱を招くことになった［栗田 二〇〇八：一九］。

(30) 二〇一一年五月五日の朝日新聞では、南三陸町の避難所で冬物衣料などの支援物資が段ボール箱で山積みとなっている様子が、写真付きで報じられた。その記事の趣旨は、同避難所が一方で食料不足に陥っていることに鑑み、「全国から寄せられた善意の物資に一部、需要と供給のズレが出ている」という（当時の）現状を伝えるものであった［朝日新聞 二〇一一ａ］。

(31) モースは譲渡されたモノが含むそうした危険性を、ゲルマン語のgiftが「贈与」と「毒」の二義をもつことからも見出している［モース（一九二四）二〇〇九：二三二］。

(32) ただし、実際に普段からそれを負い目と感じる人間は少ないと考える。なぜなら、リーチの論じる負債は、観察可能な贈与を行う個人と個人の関係を深いところで規定する概念として、我々が無意識に負わされているものも含んでいるからである。そして、本書で論じる貰い手の心を塞ぐような負債感は、リーチの負債概念が現実の問題として噴出したものであり、両者は、関連させつつも慎重に分けて考えられる必要がある［リーチ 一九八五］。

(33) 大規模自然災害の直後には、その混乱に紛れて、被災者への無償援助とはかけ離れた過激な市場原理主義改革が実行されることもある。カナダ出身のジャーナリスト、ナオミ・クラインは、そうした経済介入のあり方を、「惨事便乗型資本主義（disaster capitalism）」と名状し、批判している。その実例として、クラインは、二〇〇四年のスマトラ島沖地震の津波で被災したスリランカ、タイ、モルディブ、インドネシアの沿岸部の復興を挙げている。これらの被災地では、かつての住民が元の土地に家を建てることを禁じられた一方、その海辺を利用して新たなリゾート開発が進められるケースが相次いだという［クライン 二〇一一：五六一―五九〇］。

(34) しかし、この数字を日本社会全体のボランティアの正確な数として鵜呑みにしてはならない。全社協のウェブサイトにも、この数字は各市町村に設置された災害ボランティアセンターを経由して活動した人数であり、ほかにもNPO等を窓口に活動したボランティアも多数に上るものと考えられる、ということが明記されている［全国社会福祉協議会 二〇一七］。

(35) 被災地で活動するボランティアから受ける負債感に関して、スレイターは、石巻市で夫をなくした専業主婦の語りを紹介している。参考までに引用したい。「知らない人たちが八時間もかけて、私の家のなかの泥を掘り出してくれるときに、私はどうすればいいんでしょう。本当にどうすればいいというのでしょう？　どうやったらお返しできるんです？」［スレイター 二〇一三：六三］

(36) 正式名称は、「東日本大震災に対処するための特別の財政援助及び助成に関する法律」という。

(37) 退去者が目立つようになっていた二〇一三年八月時点でも、自治会関係者からの情報提供によると、二八五戸（一期：一五九／二〇〇戸、二期一二六／一五〇戸）に計六一一人（一期：三八五人、二期：二二六人）が暮らしていた。また、人口構成をみると高齢化が顕著であり、例えば二期の場合は二二六人中一〇六人が六五歳以上の高齢者であった。

(38) 本書はジェンダーを主要な論点として扱ってはいないが、このギャンブルや飲酒の問題に関しては、被災した男性が当事者になる傾向が強い。これらの娯楽の性質もさることながら、その背景には、仮設住宅のコミュニティにおける孤独感も関係している。男性に比べ、女性はそのコミュニティ内で手仕事などをするグループができやすく、そこで日常的な交流が行われていた。南方仮設の場合は、「復興三地蔵」という人形飾りや、登米市や南三陸町の食材を使った「絆べんとう」に、女性住民が主体となって取り組んでいた。

(39) 岩波書店発行の雑誌『世界』二〇一二年五月号では、「人災としてのギャンブル依存」という被災地ルポルタージュが掲載された。そのライターを務めた古川美穂は、震災後まっさきに復旧した産業のひとつがパチンコだったことに注目し、現地取材を行っている。仮設住宅暮らしで時間を持て余す被災者の心情を斟酌しつつ、ギャンブル依存症の恐ろしさとその対策の難しさを指摘している［古川 二〇一二］。また、被災地におけるアルコール依存症の現状は、新聞でも報道された。例えば、仕事がなくて酒量が増加するケースや、酔って大声を出し、仮設住宅のコミュニティから孤立するケースなどが記事では取り上げられている［朝日新聞 二〇一一b、読売新聞 二〇一二］。

(40) 代表的な登米市民による支援グループとして、南方仮設の近くにオフィスを構える「コンテナおおあみ」が挙げられる。元々、市内のNPO活動やベンチャービジネスの促進を通じた地域活性化を目指す団体として設立されたが、多くの被災者が近隣に移住して以降、登米／南三陸の垣根を越えた地域づくりに取り組んでいる。

(41) もう何度目かはわからない仮設の自治会長宅で夕食に招いてもらったある日のことである。筆者はお礼に、毎回手土産（菓子折りのこともあれば、酒のこともある）を持っていくのだが、その度に筆者を「息子ができたようなもんだから」といって可愛がってくれる佐藤京子からは、いつも渋い顔をされていた。そして、その日持参していた洋酒を見せると、とうとう「そんな気の遣い方するんなら、もうつくってあげないよ！」と叱られてしまった。

(42) それ以降の「まなび旅」の実施についても補足しておく。三回目の二〇一四年は、さすがに長引く仮設住宅の暮らしの疲れが住民にも出てきたのか、早いうちから休止の声も出ていた。そのような中、開催の主体は、これまでのように南方仮設の自治会ではなく、そこの住民の中から有志を募る形で実行委員会が立ち上げられた。それと同時に、この年は最初からＨＳＦのボランティアも頭数に入れられていたようだった。しかしながら、ＨＳＦ側も、社会全体の被災地への関心の薄まりからか、参加者を集めることの困難に直面した。そうした状況の中、結果的に、過去二年よりは小規模だったものの無事に夏祭りは行われ、その分、「まなび旅」の参加者も数少ない働き手として、例年以上の貢献を見せた。そして、仮設住宅の空き家が目立つようになった二〇一五年、南方仮設で四回目の夏祭りが開催されることはなかった。代わりに、人々は災害公営住宅や高台などの新居に移り、さらなる生活の再建を進めている。

(43) 田老町の防潮堤も、以後、たびたび追加工事が行われ、二〇〇七年時点で総延長二四三三メートルとなり、城壁のようなその姿から「万里の長城」などと称されていた［山下（文）二〇〇八：一〇三］。

(44) このスローガンは、元々、内閣官房長官や民主党代表代行などを歴任した仙谷由人が、二〇〇〇年の衆議院議員選挙で徳島一区から立候補したときに掲げたものである。当時、徳島県では、吉野川に河口堰を造るか否かの住民投票が行われることになっていた。仙谷はこの公共事業に反対の立場をとる際に、この言葉を用いた。住民投票の結果は、造るべきではない、という票が多数を占めた［仙谷 二〇一〇：二―三］。

(45) 本文中でも活用した「電子政府の総合窓口 e-Gov（イーガブ）」によると、「生命、身体及び財産」を保護の対象とした最も古い法律は、一九四七年の消防組織法である。その第一条（消防の任務）として、上記の三項目を火災から守ることが明記されている。また、一九六一年の災害対策基本法の第一条（目的）にも、この文言が盛り込まれている。

(46) 実際、震災発生から三年、四年が過ぎても、仮設住宅に暮らす多くの被災者にとって、新たな住居の確保は難航していた。そして、南方仮設では、故郷から離れたその場所が、望まずも「終の住処」となってしまった住民も複数名いた。その中のひとりは、ＨＳＦスタッフにいつも親切にしてくれていた自治会関係者であり、登米市の斎場で執り行われたその通夜には、筆者らも弔問に参列した。

(47) 南三陸町のホームページでも、東日本大震災後に指定された災害危険区域の詳細図の一覧が、町内の地区別にＰＤＦで公開されているが、かつて人々が生活を営んでいた沿岸部の大半だといってよい［南三陸町 二〇一二b］。

(48) 二〇一四年五月三〇日に放送されたＮＨＫスペシャル「防潮堤四〇〇キロ～命と暮らしを守れるか～」（シリーズ東

日本大震災）で、宮城県による防潮堤の説明会が、気仙沼市本吉町のある地区で行われた様子が放送されている。そこでは、「もう少し話し合って」など計画反対の意見が一部の住民から出ていたが、他の住民の「きりがない」、「一日も早い復興を」といった声が全体的に優勢のまま、閉会となった。

(49) それぞれ、High Water Level（朔望平均満潮面）、Low Water Level（朔望平均干潮面）といい、各月の最高潮位、最低潮位を平均した数値を表す際に用いられる。ちなみに朔望は、新月と満月を意味し、ＨＷＬとＬＷＬの数値は、朔の日と望の日から五日以内に現れる潮位の、一年以上にわたる観測に基づいている。

(50) 南三陸町が公表している人口データをみると、震災前の二〇〇六年一月から二〇一一年一月までで、一万八九八二人から一万七六七六人に減少している（五年間で毎年平均約二六一人減）［南三陸町 二〇一二b］。そして、東日本大震災発生後に初めて実施された二〇一五年の国勢調査（前回は二〇一〇年）の結果、宮城県内では女川町に次ぐ、マイナス二九・〇三パーセントの人口減少率を示した［宮城県震災復興・企画部統計課 二〇一七：七］。

(51) 第一章でも少し触れたが、志津川湾には、「椿島」というその植物多様性の学術的価値から国の天然記念物に指定された島があり、実際に、ヤブツバキが自生している。その島の中央部には疫病を祓う力を持った荒ぶる神（牛頭天王／素戔嗚尊）を祀った椿島神社もある。

(52) 防潮堤の建造予定地を、元々の計画よりも内陸側にずらすことにより、砂浜や子どもが遊べる潮溜まりのような、人間と海のコンタクトゾーンを確保するための方策を意味する。南三陸町以外の被災地でもその可能性の追求が続いていた。

(53) この椿物語復興は、南三陸町復興計画推進会議による「平成二五年度南三陸町の魅力を活用したまちづくり提言書・要望書」の中でも、主要な提言のひとつに位置付けられている。そこでは、町外からの教育旅行の受け入れや、県外で椿の名所となっている長崎や京都、伊豆大島などの自治体との連携も構想されている［南三陸町復興計画推進会議 二〇一四：七—九］。

(54) 死生学の研究者ジュリア・アポロニア・グラーンは、“Dignity of the Dead?”という論文の中で、既に個人としての自律性が失われた死体を、蔑ろに扱うことが許されない道徳的な理由を考察している。グラーンは、尊厳の侵害が、しばしば、コミュニティからの排除の形をとることを確認した上で、死者を、昏睡状態の患者、重度の脳障碍者や精神障碍者、あるいは胎児や新生児と同様に、他者と相互の関係を築くことが著しく困難で最も脆弱な人間の集団の中に位置付ける［Glahn 2009：39］。

(55) 同書は、『遺体――明日への十日間』として映画化もされている。その公式サイトでは、主演の西田敏行と原作者の石井光太が、それぞれ、死者も含む被災者の尊厳について言及している。

(56) 例えば、震災発生の翌年、犠牲者の命日となる三月一一日の午後二時四六分に、Twitterでは、「黙禱なう」というつぶやきが多数投稿され、物議を醸した。死者への哀悼の意を表するにしては些か重みを欠いたこの表現に対しては、「不謹慎」という指摘や、そもそも黙禱していることを発信する、という矛盾した行為について、「偽善」という批判が集中した。筆者自身は、こうしたインターネット上で繰り広げられる論争を、三・一一の死者の尊厳をめぐる公共的な議論のひとつとして捉えている。

(57) カール・ポランニーが『経済の文明史』の中で用いた表現。ポランニーは、経済がいかに統一性と安定性を獲得し、制度化されるに至るかについて、経済学や人類学、歴史学の視点から理論構築を行った［ポランニー 二〇〇三］。欲求を充足させる物質的手段の継続的な供給体制は、時代や地域によって異なれど、大規模自然災害の発生直後には、その統一性と安定性が揺るがされるといえる。そして、本書で紹介したエピソードにおいてそのことは、現代日本の資本主義経済に対して、被雇用者の独断による商品の貨幣価値の否定、という形で現れていた。

(58) 同書は、社会学者金菱清が指導する学部生が「震災死」をテーマに取り組んだ出版プロジェクトの成果である。石巻や気仙沼でタクシードライバーが遭遇した幽霊現象や、津波で命を落とした子どもらの生きた証となった名取市閖上の慰霊碑など、様々な事例研究が収録されている［金菱（ゼミナール）（編）二〇一六］。

(59) 同書では、三陸地方に伝承される津波や死者に関する昔話と、東日本大震災の被災地で聞かれた怪異譚を重ね合わせた、「スピリチュアルな復興」の記録が謳われている。著者は、五年が経過した今日までの取材に基づき、震災復興過程を前向きに生きる人々は、犠牲になった人々が自分たちを見守ってくれている、という共通の死生観をもっていると考察している［宇田川 二〇一六：二〇二］。

（60） 同書は、「来たるべき慰霊の哲学のために」という編者の序文で、まず東日本大震災から五年の慰霊祭について触れた上で、靖国神社に祀られた戦死者を中心に、近代以降の日本における慰霊の歴史を概観している。そして、これまで、個人であった死者を国家主導で匿名の集合霊に変えてきた伝統的な慰霊のあり方を相対化し、その先にある哲学の可能性を拓くことを試みている。その特集の本編では、宗教学者としての中沢新一へのインタビューや、災害と戦争による死をモチーフとした国際建築展への企画書などが掲載されている［東（編）二〇一六］。

（61） 例えば、二〇一二年二月に金菱清（編）『三・一一 慟哭の記録——七一人が体感した大津波・原発・巨大地震』［金菱（編）二〇一二］が、二〇一二年三月にとうしんろく（東北大学震災体験記録プロジェクト）（編）高倉浩樹・木村敏明（監修）『聞き書き 震災体験——東北大学九〇人が語る三・一一』［とうしんろく（編）二〇一二］が、二〇一二年七月に三陸河北新報社「石巻かほく」編集局（編）『津波からの生還——東日本大震災・石巻地方一〇〇人の証言』［三陸河北新報社「石巻かほく」編集局（編）二〇一二］が刊行されている。これらの書籍は、いずれも災害に直面し生き延びた人々の生々しい体験が連ねられている。

（62） この催しの目的は、震災で受けた悲しい気持ちを表すための場を創出することであった。その初回は、町内の高台にある志津川中学校の校庭で実施され、被災者だけでなく、自衛隊員、アートNPOや報道関係者など三〇〇人以上が集まった。クラシックギターの演奏による開始とともに、司会者の趣旨説明、午後二時四六分の黙禱、町長の挨拶、詩の朗読、と続いた後、参加者は用意されていた手作りキャンドルを持って、被災した町と海を見下ろせる場所に移動し、しばし佇む、ということが行われた［福田 二〇一三：三八］。

（63） 宮城県沖が震源となって平均三七・一年間隔で起こるとされる海溝型地震。防災対策庁舎が建てられる以前には、一九七八年六月一二日にマグニチュード七・四の地震が発生し、死者二七人、負傷者一万九六二人、住宅被害は一部破損まで含めると一三万棟以上の大災害となった［宮城県 二〇一二］。それからおよそ三三年後の東北地方太平洋沖地震は、茨城県沖から岩手県沖まで南北に震源域が広がる連動型地震だが、気象庁はそれまで想定されていた宮城県沖地震も同時に発生した、という見方を示している［気象庁 二〇一一b：四］。

（64） 例えば、震災発生後、Twitterでいくつもの詩を書き続けていた福島市在住の和合亮一は、南三陸町についても詠んでいる。和合の二〇一一年四月一〇日から五月一六日までの詩集『詩ノ黙礼』では、遠藤未希さんの最後の音声が入った津波の記録映像を見て、涙する母親の悲哀や、その防災無線で避難した人々がさらなる「声明かり」を必要とし、「心の高台」への導きを求める気持ちが表現されている［和合 二〇一一：一〇六―一〇八］。また、月刊『現代詩手帖』二〇一一年六月号の特集「応答、三・一一――東日本大震災と向き合うために」では、高良留美子の「その声はいまも」という遠藤未希さんの死についての短い詩が掲載されている。その詩では、防災対策庁舎での出来事が、「わたし」として擬人化された津波の視点で捉え直され、彼女の命を自らの意志で奪ったわけではないことや、その声を今も記憶し続けていることが詠われている［高良 二〇一一：六八―六九］。

(65) 同教材には、その作成の意図と取扱いの留意点として、「自分の命を犠牲にして他人の命を救うことを肯定するような指導にならないことに配慮しながら、遠藤未希さんの行為を通して、任務に対する使命感や責任感、すべての人への愛情とも言える他者への思いやりなど、人間としての誇り、心の強さや気高さに焦点を当てて指導できるようにする」という記載がある［埼玉県教育委員会 二〇一二：三八］。

(66) 津波の凄まじさを物語る遺構として、南三陸町の防災対策庁舎と同様に、筆者らＨＳＦスタッフは、石巻市では多くの児童の死者を出した大川小学校、気仙沼市では陸地に押し上げられた巨大タンカーの第十八共徳丸を、しばしば見学に行っていた。

(67) 防災対策庁舎の見学者が増えることによって、かえって遺族がそこで亡くなった人々のために静かに冥福を祈りづらくなったという弊害もある。遠藤未希さんの母、遠藤恵美子の手記にも、そのことが書かれている。二〇一二年五月のゴールデンウィークに、家族で同庁舎の前を通りかかったとき、そこに全国各地のナンバーを付けた車や観光バスが何台も停まっていたため、その人だかりに気後れして手を合わせていくことができなかったという［遠藤 二〇一四：一二〇］。

(68) ここまでの一連の流れを、佐野浩祥と清野隆は観光研究の文脈で考察している。この共著論文では、町の「安全・安心の象徴」であったはずの防災対策庁舎が、無残な姿になったことから「負の遺産」としての価値を見出している。そして、その保存と解体をめぐる議論には、双方ともに対立する論を受け入れる余地もないほどの正論を述べているため、妥協点が見出せる可能性は低い、と結論付けている［佐野・清野 二〇一二：二九五―二九六］。

(69) なお、二〇一五年八月末、仙台地方検察庁は、佐藤町長について、高さ十数メートルの津波を事前に予見することは困難であったとして、不起訴処分としている。

(70) 南三陸町の防災対策庁舎に次いで、「震災遺構として、ぜひ保存すべき価値がある」という評価欄に○がついた候補として、仙台市立荒浜小学校及び防災集団移転跡地集落内建物基礎（仙台市）と、門脇小学校（石巻市）、女川交番（女川町）がある。また、その一段階下の「震災遺構として保存する意義は認められる」という評価欄に○がついたのは、残る候補の気仙沼向洋高校（気仙沼市）や、JR仙石線野蒜駅プラットフォーム・野蒜小学校・浜市小学校（いずれも東松島市）、中浜小学校（山元町）である［宮城県震災遺構有識者会議 二〇一五：二六］。

(71) 筆者も被災地において、「遺族にしかわからない」という言葉を何度か耳にした。しかし、その言葉の裏を読めば、遺族にならわかる、ということになる。関連して、阪神・淡路大震災の被災地で精神医療に従事した安克昌は、傷ついた人々が語る条件として、①安全な環境、②安全な相手、③時間をかけて行うこと、の三つを挙げている［安 二〇〇一：七四］。歴史的に死者を供養してきた寺院は、「安全な環境」であり、それぞれ異なる死者と結びついている遺族同士は、「安全な相手」となり得る。加えて、一周忌、三回忌、七回忌、といった法事は、少しずつ時間をかけながら死者について語る機会としても捉えられる。

(72) この民話づくりは、主にHSFの教育支援の現場で行われた。書き起こされた佐藤親子へのインタビューを読んだ南三陸町の女子中学生のグループからは、地震発生当時の状況のリアリティの再現（地震の音など）や、文中のセリフの方言表記の修正のために多くの助言を得た。また、この民話の登場人物のモデルとなっている佐藤さゆりには、作中の母子の名前を考案してもらった。このHSFが始めた現代民話プロジェクトは、赤坂憲雄監修、日本図書センター発行の『三・一一 復興の取り組みから学ぶ 未来を生き抜くチカラ 第三巻 防災を知る・日本の未来を考える』において、文部科学省の推進する「創造的復興教育」のヒントのひとつとして紹介されている［赤坂（監修）二〇一五：三四―三九］。

(73) 海外の震災復興においても、被災地の観光地化に伴い、地域住民向けの慰霊の場が別につくられた事例がある。二〇〇四年のスマトラ島沖地震による津波で被災したタイ南部では、慰霊や教育のための大規模な津波記念館の建設をめぐって論争が起こった。タイの英字新聞 *The Nation* では、二〇〇六年五月二〇日に"Do we really need a Tsunami Memorial Museum?"という記事が掲載され、その建設計画を批判している。ただし、その記事は、津波の記憶の保存自体に反対しているのではなく、そうした批判の一方、同地域の小さな村で地元漁師のためにつくられた犠牲者の名前を刻む記念壁を好例に挙げている [The Nation 2006]。関連して、ダークツーリズムの研究者リチャード・シャープレイは、その津波記念館への反発の原因として、建設予定地となる国立公園の自然環境への影響や、観光客誘致を意図した政府による遺族感情の刺激を挙げている [Sharpley 2009 : 145]。

(74) 三陸地方の津波犠牲者の慰霊に関する民話として、気仙沼市大島の『みちびき地蔵』がある。これは実在していた三体の地蔵菩薩像であり、津波で犠牲となる人々の幻影がその死の前日、そこへお参りにやって来る、と言い伝えられていた。物語中では、その様子を目の当たりにした母子は、翌日の津波の難を逃れたものの、幻影として現れた六一人は本当に命を落としてしまう。しかし、それでも、その死者の霊は天空へと導かれていき、残された人々もその地蔵のあるお堂に花や線香を絶やすことはなかったという [渡邉 二〇一一]。実際の地蔵菩薩像は、三・一一の津波で流失する結果となった。そして、気仙沼大島観光協会は、その再建資金を集めるため、この民話の絵本を新たに出版している。

(75) 震災から一年の二〇一二年三月一一日は、筆者は東京大学駒場キャンパスで開催されていたシンポジウム「ポスト三・一一の日独市民社会」にＨＳＦ事務局長として登壇していた。その日の南方仮設の追悼の集いには、別のＨＳＦスタッフが参加した。

(76) ただし、「アンパワーメント」は、筆者の全くの造語というわけでもない。実際、"unpowered"という言葉があることを、更新頻度の高いオンライン辞書では、確認することができる。米国 Farlex 社の運営する The Free Dictionary では、"not having or using power"とあり、日本語話者向けの Weblio 英和辞典でも、「力を持っていない、または、(力)を使用していないさま」と定義されている [Farlex 2017, ウェブリオ 二〇一七]。特に、その後半部分の意味は、筆者の持つイメージとも重なっている。接尾辞の"~ment"は、動作や過程、結果として生じる状態、を示すものである。

(77) 筆者はこの「アンパワーメント」の概念を、エンパワーメントとの関連においてカタカナ表記することを推奨するが、あえて漢字で表現すれば「脱力化」となる。脱力には、気力・意欲の衰えのようなネガティブな意味もあるが、スポーツや音楽のような身体を伴う領域においては、主に緊張の緩和（リラックス）を意味する言葉として用いられる。本書において採用しているのは、言うまでもなく後者のニュアンスであり、支援の圧を和らげるために不要な（権）力を縮減することを意図している。

（78）『巨大災害と人間の安全保障』の編著者で、地震工学が専門の清野純史も、過信には注意が必要としつつも、防災・減災の基本はハード対策だと述べている［清野 二〇一三：一六三］。

（79）当時の毎日新聞の記事でも、「一〇年以上かけて作った防波壁が大いに助けになった。日本の援助のおかげだと聞いている」や、「日本が作ってくれたあの壁がなかったら今ごろマレはもうない」といった現地の人々の語りが紹介されている［毎日新聞 二〇〇四］。

（80）偶然にも、このツナ缶は、南方仮設の住民から筆者らHSFスタッフへの最初の返礼のエピソードの中で登場している。

（81）こうした防災政策は、ミシェル・フーコーが、一九七六年三月一七日にコレージュ・ド・フランスで行った「生政治（biopolitique）」に関する講演内容を想起させる。フーコーは、一九世紀以降の主権の在り方について、古くからの「死なすか、生きるに任せるか」という生殺与奪の権利に、「生かし、死ぬに任せる」という身体の規律や生命の調整を司る権力が加わったことを指摘した。その権力の行使について、フーコーは次のように述べる。「生きた存在からなる人口に内在する偶発性のまわりに安全のメカニズムを配置し、生命の状態を最適化しなければならない」［フーコー 二〇〇七：二四五—二四六］。このとき念頭に置かれていたのは公衆衛生や医療を通じた介入だが、本書で論じる防潮堤の建設は、自然災害という人口に外在する偶発性に対して安全のメカニズムを配置するものであり、生政治の拡張としても捉えられる。

（82）今日の文明批評に多大な影響を残したイヴァン・イリイチによる「自立共生的（コンヴィヴィアル）な再構築」という論考は、この巨大防潮堤計画の被災地への持ち込まれ方に対する批判としても読むことができる。その中で、イリイチは、「自分のエネルギーを創造的に行使する個人の権利を切りつめたり否定したりする道具や制度に対する公衆の統御なしには、われわれはもはや有効に生きることも働くこともできない」と主張する。本書の文脈において、「道具」とは巨大防潮堤を指し、「制度」とはその断行を可能とする法や権力のシステムだといえる。さらに続けて、イリイチは次のように予見する。「もしも道具が政治的に統御されないなら、道具は災厄に対する時期おくれの技術官僚的反応という形で管理されることになるだろう。自由と尊厳は、人間の道具に対するこれまで見たこともないような隷属のなかに、姿を没し去るだろう」[イリイチ 二〇一五：四〇―四一]。

(83) このように表現しているのは、数少ない防潮堤に関する民族誌的研究を行ったアンドレアス・マルムである。マルムは、海面上昇の危機に晒されるエジプトのナイル川デルタ沿岸部において、防潮堤をめぐる政治（sea wall politics）に関するフィールドワークを行っている［Malm 2013］。

(84)『津波の辞典』の編著者である首藤伸夫は、防潮堤の第一線構造物としての耐久性に関する不安要素を説明している。まず、海辺の軟弱地盤に造られた場合、不等沈下により構造物に変形が生じ、強度が弱まる可能性がある。また、構造物前面の海浜が侵食されて常時風波が当たることとなり、標準的な台形（海側・天端・陸側の三面張り）の防潮堤は、内部の土砂が吸い出されて破壊されることもある［首藤 二〇一一：二九六］。

(85) 峯陽一は、ギニア・ビサウの革命家アミルカル・カブラルが死を予期しながら残した文章に言及しつつ、尊厳について考察している。峯も、人権との対比において、尊厳は死者にもあると述べている。そして、その死者の尊厳は、人間にとっての本質というよりも、文化的文脈の中で推し量られるものだという［峯 二〇一四：二六〇］。

(86) 寺田が当時、問題視した日本の科学知識の水準の低さは、「津浪と人間」の追記の部分に具体的に示されている。そこで彼は、昭和三陸地震（一九三三）の津波被災地を視察した人から聞いた意外な話として、「地震があってから津浪の到着するまでに通例数十分かかるという平凡な科学的事実を知っている人が彼地方に非常に稀だということ」を紹介している［寺田 二〇一一：一四四］。

(87) 昭和三陸地震発生から七五年後の二〇〇八年に、文部科学省が公開した『中学校学習指導要領解説：理科編』では、現代の公教育における地震や津波に関する教育方針が、それぞれ次のように示されている。「地震については、例えば、各地域で起きた地震について、その記録からその地震によって生じた現象と被害の特徴を整理することが考えられる。

これらを基にして、生じた現象と被害との関係を自然と人間のかかわり方という観点で考察させ、その被害を最小限にくい止める方策を考察させるような学習が考えられる」、「津波については、例えば、その発生の基になる地震の規模や、震源との関係、津波が襲来した地域の地形や波の高さなどと被害の大きさとの関係を考察させるような学習が考えられる」[文部科学省二〇〇八：一一二]。

(88) 例えば、卒業予定の生徒が三名犠牲となった気仙沼市立階上中学校の二〇一一年度の卒業式では、生徒代表の答辞の中で、その痛恨の念が次のように表現されている。「階上中学といえば『防災教育』といわれ、内外から高く評価され、十分な訓練もしていた私たちでした。しかし、自然の猛威の前には人間の力はあまりにも無力で、私たちから大切な物を容赦なく奪っていきました。天が与えた試練というにはむご過ぎるものでした。辛くて、悔しくてたまりません」[文部科学省二〇一一：九]。その男子生徒の真に迫る答辞の言葉は、メディアでも紹介され、多くの人々からの反響を呼んだ。そして、その全文は、『平成二三年度文部科学白書』にも掲載されている。

(89) 社会の記憶についての理論家であるポール・コナトンは、論文"Seven Types of Forgetting"の中で、この構造的記憶喪失を紹介している[Connerton 2008 : 64]。

(90) 実際に晶文社から発行された丘沢静也による日本語版『ドイツの人びと』では、「知られざる栄誉につつまれ 輝かざる偉大さを秘め 備われざる品位をもって」となっている[ベンヤミン 一九八四：一〇]。丘沢訳の「品位」にあたる単語"würde"は、カントの著作の中でも重要な概念として登場し、英語では"dignity"、日本語では「尊厳」と訳されることが一般的だといえる。よって、本書では、季村の文中にある訳のほうを、それが用いられた文脈を重視する意味も込めて、引用した。

あとがき

本書は、二〇一七年度に東京大学大学院総合文化研究科に提出した博士論文「大規模自然災害と人間の安全保障——東日本大震災の公共人類学」がもとになっている。そして、その上梓に際しては、二〇一八年度麗澤大学図書出版助成を受けた。

とはいえ、東日本大震災の関連本は既に数多くある。それらに比べても、本書は、後発だと言わざるを得ない。しかし、時間をかけた分、その間に筆者が見聞きした復興の進展や被災地の変化を、一冊の本に込められたのではないかと考える。また、それに先立って発表された震災関連の論文や書籍からも、多くのヒントを得ることができた。

筆者としては、本書をきっかけに、まず南三陸町のことを知り、被災者の尊厳についてより深く考えてもらえたなら、とても嬉しい。そして、将来の被災地支援や調査のために、本書が何か手がかりを残せていたら、それこそ冥利に尽きる。

しかし、そんな悠長なことを言っていられない現実もある。本書の完成に取り組んでいる間にも、東北以外の地域で、大規模自然災害が続けて発生した。特に、二〇一六年四月の熊本地震は、東日本大震災発生から五年が経過した直後のことであったし、二〇一八年七月の西日本豪雨（平成三〇年七月豪雨）では、筆者の地元、岡山県も大変な被害を受けた。日本が「災害大国」であることを、身に染みて考えさせられる。

そこで、今後のより広範な、復興と尊厳の議論のために、いくつか本書の補足をしておきたい。

筆者の場合、宮城県南三陸町がそのフィールドとなったが、震災復興の展開の仕方は当然、被災した地域や自治体によって異なる。例えば、放射能の影響が今も懸念される福島県の被災地の分析には、別の要因を加えることが必要となるだろう。それでも、「生存」や「生活」が守られていく過程で、被災者にとって、損なわれていく何か、満たされない何か、があることは共通しているはずだ。本書は、それを被災者の尊厳として捉えてきた。そうした尊厳の実態を解明しようとすることは、東日本大震災はもちろん、どの災害の被災地においても意義のあることだといえる。

また、時間の経過とともに、一旦、なりを潜めたかにみえた被災者の尊厳の問題が、この先、再び現れないとも限らない。震災復興における次の五年を考えると、日本の社会構造が抱える歪み（少子高齢化や中央―地方の格差など）が、南三陸町に様々な負荷をかけているようにもみえる。熊本や岡山のような他の被災地のためにも、まだまだこれから、私たちが東日本大震災の復興から学ぶべきことは多いといえる。研究成果が出版されたら終わり、というわけにはいかないだろう。

ただし同時に、被災者の尊厳を学術的に説明しようとする、という行為自体の権力性も、心の片隅に留めておかねばならない。たとえ、いかに筆者が言葉を尽くして被災者の尊厳を書き表そうとしても、個々人が心中に抱えるそれは、他者による系統だった論理をもすり抜けようとするだろう。好意的な代弁もまた、外部からの介入の一種だからである。尊厳は、テクストに還元しきれないからこそ、それをめぐる対話を当事者と続けていく必要性が生じるのだといえる。

ここでは、博士論文の完成および本書の発行にあたって、特にお世話になった方々に、この場を借りて御礼を申し上げたい。

＊　＊

まず、筆者が二〇〇八年に大学院修士課程に入ってからというもの、指導教員として一から育てて頂いたのが、山下晋司先生である。本書の出版は、あれから丁度一〇年になる。筆者は、山下先生の研究室で論文指導を受ける時間が、とても好きだった。その指摘には、気遣いも遠慮もなかったが、それによって自身の世界の見え方が変わった経験を何度もした。何より、その積み重ねを通じて、学問の素晴らしさを教わった気がする。その薫陶は、まさに一生モノである。

筆者の学び舎となった「人間の安全保障」プログラムには、他にも数多くの恩師がいる。特に、関谷雄一先生には、山下先生が定年退職した後、博士論文完成までの面倒をみて頂いた。いよいよ論文提出直前というところで、山下先生から実に厳しい批判を受け、失意に陥りかけたときには、本当に親身になって下さった。また、丸山真人先生と星埜守之先生にも、論文審査の副査の立場から、いくつもの貴重なコメントを頂戴した。

加えて、フィールドワークの過程で、多くのプロフェッショナルの研究者や実務者の方々とめぐり会えたことも、今に続く財産となっている。中でも、東北大学の高倉浩樹先生と筑波大学の木村周平先生は、筆者にとって、被災地における人類学者のロールモデルとなった。また、人間の安全保障の分野では、元国連大使の高須幸雄先生と同志社大学の峯陽一先生から、尊厳の概念について多くを学んだ。

若手研究者仲間では、笠井賢紀さんと原めぐみさんに、まず感謝を伝えたい。筆者を含めた三人は、院生時代に、質的研究の方法論を探究するグループ「カタリスト」を立ち上げ、現場で人々の声に耳を傾けることの大切さを共に学んだ間柄である。また、同僚で年齢の近い、ヨネスク・マグダレーナ先生と花田太平先生には、働きながら博士論文を執筆していた筆者の、良き相談相手となって頂いた。

そして、博士論文をこのような形で世に出すことができたのは、東京大学出版会の山田秀樹さんのおかげである。山田さんは、筆者が修士一年生のときに発行された高橋哲哉・山影進編『人間の安全保障』と、博士課程を単位取得退学した年に発行された山下晋司編『公共人類学』という二つの書籍を手がけられた。まさに、それらのタイトルにある二つのキーワードを受け継いだのが、筆者の博士論文である。そして、本書の担当編集者としても、昨今の学術出版業界の傾向を押さえつつ、より多様な読者層を意識した改稿のアドバイスを頂いた。四六判という手に取り易いサイズも、そうした工夫のひとつである。結果、学界の外へのアウトリーチを重視する公共人類学の成果として、相応しいものになったといえる。さらにそのカバー写真には、南三陸町を代表する写真家の佐藤信一さんから、厳選された作品をご提供頂いた。これまで何度も佐藤さんの作品に心動かされてきたひとりとして、そのことはまさに望外の喜びであった。

同時に、多くの人々に不幸や悲しみをもたらした出来事について、著述者になることの重みを、忘れてはならないと考える。そこで頭に浮かぶのは、やはり、宮城のフィールドで出会った人々のことだ。特に本文中に登場して頂いた二十名余の方々には、筆者の研究のためにそれぞれの経験を共有して頂いたことのかたじけなさを深く感じている。併せて、個々の証言のもつ価値とは別に、文中でのその表現については、筆者に責任があることを明記しておく。

また、支援や調査からも離れたところで、筆者の人生を豊かにしてくれた方々もいる。本書の主要登場人物でもある、佐藤清太郎さん、京子さん夫妻には、二〇一四年三月一六日の筆者の結婚式披露宴に、ご出席頂いた。同じく、仮設住宅団地での学習支援を通じて出会った、気仙沼市本吉町の森谷さん、及川さん、佐々木さんのご家族も、その日、駆けつけて下さった。宮城ではよく目にしていた「本吉タクシー」のマイクロバスが、式場となった東京大学の駒場キャンパス内に停まっていたのは、ある意味、衝撃だった。当時、一緒に勉強した子どもたちは、今は皆、立派に学生や社会人になっている。同じく時間は流れ、大学院生だった筆者も教員になってからは、工藤真弓さんや佐藤太一さん、及川渉さん、酒井禅悦さん、牧野駿さんに、現地でゼミ生の研修等にご協力を頂いた。こうした関係を、今後もぜひ続けさせて頂きたいと考えている。

変わって、HSFの東北出張所のメンバーは、筆者にとって苦楽を共にした同志である。遠藤洋次郎さん、喜内尚彦さん、大重摩祐さん、佐野英志さん、太田祥歌さん、別府拓也さん、山﨑真帆さん、菅原（宮地）水緒さんには、本当にお世話になった。また当時、宮城教育大学にいた島野智之先生と、その学生の皆さんには、定期的にボランティアで手助けをして頂いた。そして、HSFのために登米市で居住や活動の場所を提供して下さった、環境オフィスの柳川義秀さん、みやぎ災害救援ボランティアセンターの戸田和夫さん、コンテナおおあみの及川幾雄さんにも、厚く御礼申し上げる。

ここまでを振り返ると、紙面で御礼を伝えきれないほど、実に多くの方々に支えられてきたことが、改めて心に染みる。本書がその方々の御目に触れることを考えると、身が引き締まる思いである。

いよいよ筆を擱くという段になってみると、やはり、家族への感謝がこみ上げてくる。岡山の両親には、本当に苦労をかけた。その分、彼らが誇れるような仕事を続けていくことが、筆者のこれからの目標である。そして、学生結婚で不安な一歩を一緒に踏み出してくれた妻の純子さん、私たちのところに生まれてきてくれた娘の円香は、今や筆者の人生そのものである。本書の最後に、二人には格別の「ありがとう」を贈りたい。

二〇一八年八月

内尾太一

索　引

サ　行

タ　行

ナ　行

ハ　行

マ　行

ヤ　行

ラ　行

ワ　行

英　文

引用参考文献

英文（A to Z）

Barnes, John A. [1990] *Models and Interpretations: Selected Essays*. Cambridge: Cambridge University Press.

Blau, Peter [1986] *Exchange and Power in Social Life; with a New Introduction by Author*. New Brunswick: Transaction Books.

Bloch, Maurice and Jonathan Parry [1982] "Introduction: death and the regeneration of life." In *Death and the Regeneration of Life*, Maurice Bloch and Jonathan Parry (eds.), 1-44, Cambridge: Cambridge University Press.

Borofsky, Robert [2000] "Public Anthropology. Where To? What Next?" In *Anthropology News*, 41(5), 9-10.

Cannadine, David [1983] "The Context, Performance and Meaning of Ritual: The British Monarchy and the 'Invention of Tradition', c. 1820-1977." In *The Invention of Tradition*, Eric Hobsbawm and Terence Ranger (eds.), 101-164, Cambridge: Cambridge University Press.

CHS (Commission on Human Security) [2003] *Human Security Now: Protecting and Empowering People*. New York: Commission on Human Security.

City of Santa Cruz [2009] *Down Town Recovery Plan*. http://www.cityofsantacruz.com/home/showdocument?id=8911 (Accessed on March 16, 2017).

Connerton, Paul [2008] "Seven Types of Forgetting." In *Memory Studies*, 1: 59-71.

Danius, Sara, Stefan Jonsson and Gayatri Chakravorty Spivak [1993] "An Interview with Gayatri Chakravorty Spivak." In *boundary 2*, 20(2): 24-50.

Evans-Pritchard, E. E. [1946] "Applied Anthropology." In *Africa*, 16: 92-98.

Farlex [2017] "Definition of unpowered by The Free Dictionary." http://www.thefreedictionary.com/unpowered (Accessed on March 24, 2017).

Glahn, Julia Apollonia [2009] "Dignity of the Dead?" In *Reimaging Death and Dying*, Dennis R Cooley and Lloyd Steffen (eds.), 33-42, Oxford: Inter-

Disciplinary Press.
Goodin, Robert E. [1981] "The Political Theories of Choice and Dignity." In *American Philosophical Quarterly*, 18(2): 91–100.
GTZ（ドイツ技術開発公社）[2002] *Disaster Risk Management: Working Concept*. http://lib.riskreductionafrica.org/bitstream/handle/123456789/1265/4659.Disaster%20Risk%20Management.%20Working%20Concept.pdf?sequence=1&isAllowed=y（Accessed on March 16, 2017）.
Jimba, Masamine, Susan Hubbard, et al. [2011] "Human Security Approaches for Disaster Recovery and Resilience." In *JMAJ*, 54(5): 338–341.
Kateb, George [2011] *Human Dignity*. Cambridge: Harvard University Press.
Kawasaki, Tami [2014] "Ring of Protection: Japanese Breakwaters Protected Capital From Large Tsunami." In *Highlighting JAPAN,* 78(8): 12–13.
Kelman, Ilan and JC Gaillard [2009] "Challenges and Opportunities of Disaster-Related Public Anthropology." In *Asian Journal of Environment and Disaster Management,* 1(2): 119–139.
Lindner, Evelin [2010] "Disaster as a Chance to Implement Novel Solutions that Highlight Attention to Human Dignity." In *Rebuilding Sustainable Communities for Children and their Families after Disasters*, Adenrele Awotona (ed.), 335–358, Newcastle: Cambridge Scholars Publishing.
Makino, Koji [2006] *Human Security and Aid from the Perspective of an Aid Practitioner*. http://www.fasid.or.jp/_files/e_publication_trends/4/7.pdf（Accessed on March 16, 2017）.
Malinowski, Bronislaw [(1922) 1978] *Argonauts of the Western Pacific: An Account of Native Enterprise and Adventure in the Archipelagoes of Melanesian New Guinea*. London: Routledge.
Malm, Andreas [2013] "Sea Wall Politics: Uneven and Combined Protection of the Nile Delta Coastline in the Face of Sea Level Rise." In *Critical Sociology*, 39(6): 803–832.
Marcus, George E. [2009] "Introduction: Notes toward an Ethnographic Memoir of Supervising Graduate Research through Anthropology's Decade of Transformation." In *Fieldwork Is Not What It Used To Be: Learning Anthropology's Method in a Time of Transition*, James D. Faubion and George E. Marcus (eds.), 1–32, New York: Cornel University Press.

The Nation（タイの英字新聞）［2006］“Do we really need a Tsunami Memorial Museum?” May 20, 2006.

Rupp, Katherine［2003］*Gift-giving in Japan: Cash, Connections, Cosmologies*. Stanford: Stanford University Press.

Rylko-Bauer, Barbara, Merrill Singer and John Van Willigen［2006］“Reclaiming Applied Anthropology: Its Past, Present, and Future.” In *American Anthropologist*, 108(1): 178–190.

Sanday, Peggy Reeves［2003］*Public Interest Anthropology: A Model for Engaged Social Science*. https://web.sas.upenn.edu/psanday/public-interest-anthropology/public-interest-anthropology-a-model-for-engaged-social-science/（Accessed on March 16, 2017).

Schnabel, Albrecht and Heinz Krummenacher［2009］“Towards a Human Security-Based Early Warning and Response System.” In *Facing Global Environmental Change: Environmental, Human, Energy, Food, Health and Water Security Concepts*, Hans Günter Brauch, et al.（eds.), 1253–1264, Berlin, Heidelberg: Springer.

Sharpley, Richard［2009］“Dark Tourism and Political Ideology: Towards a Governance Model.” In *The Darker Side of Travel: The Theory and Practice of Dark Tourism*, Richard Sharpley and Philip R Stone（eds.), 145–163, Bristol: Channel View Publications.

Sinclair, John, et al.（eds.)［1995］*Collins Cobuild English Dictionary*. London: HarperCollins Publishers.

Strathern, Marilyn［1988］*The Gender of the Gift: Problems with Women and Problems with Society in Melanesia*. Berkeley: University of California Press.

Tadjbakhsh, Shahrbanou and Anurada M. Chenoy［2007］*Human Security: Concepts and implications*. Oxon: Routledge.

Thomas, Caroline［2000］*Global Governance, Development and Human Security: The Challenge of Poverty and Inequality*. London: Pluto Press.

Titmuss, Richard M.［1971］*The Gift Relationship: From Human Blood to Social Policy*. New York: Pantheon Books.

Uchio, Taichi［2016］“NGO Activity as a Method for Public Anthropology: From a Case Study of Disaster-relief Activities in Miyagi Prefecture.” In *Reitaku University Journal*, 99: 1–9.

UN Human Security Unit [2009] "Human Security in Theory and Practice: An Overview of the Human Security Concept and the United Nations Trust Fund for Human Security." http://www.un.org/humansecurity/sites/www.un.org.humansecurity/files/human_security_in_theory_and_practice_english.pdf (Accessed on March 16, 2017).

UNDP（国連開発計画）[2004] *Reducing Disaster Risk: A Challenge for Development.* http://www.preventionweb.net/files/1096_rdrenglish.pdf (Accessed on March 16, 2017).

United Nations [2005] *In larger freedom: towards development, security and human rights for all.* http://www.un.org/en/ga/search/view_doc.asp?symbol=A/59/2005 (Accessed on March 16, 2017).

United Nations [2010] *20 May 2010 Secretary-General's remarks on Human Security.* https://www.un.org/sg/en/content/sg/statement/2010-05-20/secretary-generals-remarks-human-security (Accessed on March 16, 2017).

United Nations [2012a] *Follow-up to General Assembly resolution 64/291 on human security.* https://docs.unocha.org/sites/dms/HSU/Publications%20and%20Products/Reports%20of%20the%20Secretary%20General/A-66-763%20English.pdf (Accessed on March 16, 2017).

United Nations [2012b] *Resolution adopted by the General Assembly on 10 September 2012.* http://www.un.org/en/ga/search/view_doc.asp?symbol=%20A/RES/66/290&referer=http://www.un.org/depts/dhl/resguide/r66_resolutions_table_eng.htm&Lang=E (Accessed on March 16, 2017).

Walker, H. Jesse and Joann Mossa [1986] "Human Modification of the Shoreline of Japan." In *Physical Geography*, 7(2): 116–139.

和文（五十音順）

アウグスティヌス［(426) 2014］『神の国 上』金子晴男他（訳），教文館．

赤坂憲雄（監修）［2015］『3.11 復興の取り組みから学ぶ未来を生き抜くチカラ 第3巻 防災を知る・日本の未来を考える』日本図書センター．

秋道智彌［2013］『海に生きる――海人の民族学』東京大学出版会．

芥川龍之介［1971］「大正十二年九月一日の大震に際して」『芥川龍之介全集第四巻』191-199，筑摩書房．

朝日新聞［2011a］「支援の冬物衣料 避難所で山積み 被災者に無料配布」2011

年5月5日.
朝日新聞［2011b］「被災者の心 悲鳴――広がるうつ・アルコール依存」2011年8月3日.
朝日新聞［2013］「『公共事業，何が悪いのか』野田・自民総務会長：政治」http://www.asahi.com/politics/update/0210/TKY201302100108.html（2017年3月16日閲覧．※リンク切れ．ただし，朝日新聞記事データベース「聞蔵Ⅱ」にて閲覧可）.
東浩紀（編）［2016］『ゲンロン2（特集：慰霊の空間）』ゲンロン.
阿部正人［2014］「気仙沼市小泉地区の現状」『震災学』4: 74-77.
安克昌［2011］『（増補改訂版）心の傷を癒すということ――大災害精神医療の臨床報告』作品社.
e-Gov［2011a］「津波対策の推進に関する法律」http://law.e-gov.go.jp/htmldata/H23/H23HO077.html（2017年3月16日閲覧）.
e-Gov［2011b］「津波防災地域づくりに関する法律」http://law.e-gov.go.jp/htmldata/H23/H23HO123.html（2017年3月16日閲覧）.
e-Gov［2013］「強くしなやかな国民生活の実現を図るための防災・減災等に資する国土強靱化基本法」http://law.e-gov.go.jp/htmldata/H25/H25HO095.html（2017年3月16日閲覧）.
e-Gov［2016a］「民法」http://law.e-gov.go.jp/htmldata/M29/M29HO089.html（2017年3月16日閲覧）.
e-Gov［2016b］「建築基準法」http://law.e-gov.go.jp/htmldata/S25/S25HO201.html（2017年3月16日閲覧）.
石井光太［2011］『遺体――震災，津波の果てに』新潮社.
石井光太［2013］『津波の墓標』徳間書店.
石牟礼道子［2004］『不知火――石牟礼道子のコスモロジー』藤原書店.
市野澤潤平・木村周平・清水展・林勲男［2011］「東日本大震災によせて（資料と通信）」『文化人類学』76(1): 112-116.
いとうせいこう［2013］『想像ラジオ』河出書房新社.
イリイチ，イヴァン［2015］『コンヴィヴィアリティのための道具』渡辺京二・渡辺梨佐（訳），筑摩書房.
岩手古文書研究会［1999］「明治三陸大海嘯関係文書――炭焼藤太東国下り他二編」『岩手古文書研究会巻五』岩手古文書研究会.
ウェブリオ［2017］「unpoweredの意味――英和辞典 Weblio辞書」http://ejje.weblio.jp/content/unpowered（2017年3月24日閲覧）.

宇田川敬介［2016］『震災後の不思議な話——三陸の〈怪談〉』飛鳥新社.
歌津町［1986］『歌津町史』歌津町.
内尾太一［2012］「被災地救援支援のために」『駒場友の会会報』18: 2-3.
内堀基光・山下晋司［2006］『死の人類学』講談社.
運輸省第二湾岸建設局［1978］『三陸沿岸の津浪対策』運輸省第二港湾建設局横浜調査設計事務所.
AFPBB News［2012］「東日本大震災から 1 年, 石巻で語られる『幽霊』の噂」http://www.afpbb.com/articles/-/2862313?pid=8585053（2017 年 3 月 16 日閲覧）.
遠藤美恵子［2014］『虹の向こうの未希へ』文藝春秋.
大井英臣・三牧純子・桑島京子［2007］「補論 1 防災と人間の安全保障」『人間の安全保障——貧困削減の新しい視点』国際協力機構（編著），絵所秀紀（監修），183-206，国際協力出版会.
岡田清一［2006］『鎌倉幕府と東国』続群書類従完成会.
岡田豊［2013］「津波被災から 20 年の奥尻町の苦境——多額の公的資金による安全・安心の街づくりの限界」『みずほリサーチ September 2013』9-10, http://www.mizuho-ri.co.jp/publication/research/pdf/research/r130901region.pdf（2017 年 3 月 16 日閲覧）.
緒方貞子［2005］『転機の海外援助』NHK 出版.
長有紀枝［2012］『入門 人間の安全保障——恐怖と欠乏からの自由を求めて』中央公論新社.
オリバー＝スミス，アンソニー，スザンナ・M. ホフマン［2006］「序論——災害の人類学的研究の意義」『災害の人類学——カタストロフィと文化』若林佳史（訳），7-28，明石書店.
外務省［2006］『外交青書 2006 平成 18 年度版』佐伯印刷.
外務省［2014］「世界人権宣言（仮訳文）」http://www.mofa.go.jp/mofaj/gaiko/udhr/1b_001.html（2017 年 3 月 16 日閲覧）.
外務省国際協力局地球規模課題総括課［2009］『人間の安全保障基金—— 21 世紀を人間中心の世紀とするために』http://www.mofa.go.jp/mofaj/press/pr/pub/pamph/pdfs/hs_2009.pdf（2017 年 3 月 16 日閲覧）.
金菱清（編）［2012］『3.11 慟哭の記録—— 71 人が体感した大津波・原発・巨大地震』新曜社.
金菱清（ゼミナール）（編）［2016］『呼び覚まされる霊性の震災学—— 3.11 生と死のはざまで』新曜社.

河北新報［2005］「南三陸町あす誕生」2005年9月30日.
河北新報［2010］「惨事に思いはせ訓練 チリ地震津波50年 住民ら5000人参加 南三陸」2010年5月25日.
河北新報［2012］「宮城・南三陸 津波被災の防災庁舎 解体延期し広く議論を 職員遺族，町長に陳情書」2012年8月10日.
河北新報［2014a］「3県知事に聞く」2014年3月9日.
河北新報［2014b］「河北春秋」2014年3月11日.
河北新報［2014c］「津波犠牲者率 海が見える地区『低い』 中央大谷下教授 防潮堤議論に一石」2014年6月23日.
カルドー，メアリー［2011］『「人間の安全保障」論――グローバル化と介入に関する考察』山本武彦・宮脇昇・野崎孝弘（訳），法政大学出版局.
カント［(1785) 1960］『道徳形而上学原論』篠田英雄（訳），岩波書店.
菊池博［1983］「志津川町入谷地区における作目分化」『東北農業研究』33: 303-304.
気象庁［2011a］「平成23年3月9日11時45分頃の三陸沖の地震について」http://www.jma.go.jp/jma/press/1103/09a/kaisetsu201103091300.pdf（2017年3月16日閲覧）.
気象庁［2011b］「東北地方太平洋沖地震による津波被害を踏まえた津波警報の改善の方向性について 中間とりまとめ」http://www.jma.go.jp/jma/press/1108/08a/chukantorimatome.pdf（2017年3月16日閲覧）.
木村周平［2012］『震災の公共人類学――揺れとともに生きるトルコの人々』世界思想社.
季村敏夫［1997］「さまざまな声の場所――あとがきにかえて」『生者と死者のほとり――阪神大震災・記憶のための試み』笠原芳光・季村敏夫（編），259-268，人文書院.
木村浩和［2009］『地震被災地（中山間地）の復興に関する調査』http://www.hrr.mlit.go.jp/library/happyoukai/H21/0730/30kurashi/17_kensetu.pdf（2017年3月16日閲覧）.
清野純史［2013］「地震・津波と人的被害」『巨大災害と人間の安全保障』清野純史（編），131-167，芙蓉書房出版.
ギル，トム［2013］「あとがき」『東日本大震災の人類学――津波，原発事故と被災者たちの「その後」』トム・ギル，ブリギッテ・シテーガ，デビッド・スレイター（編），367-371，人文書院.
工藤雅樹［1982］「貞観大地震」『宮城県百科辞典』河北新報社（編），491，河

北新報社.
くどうまゆみ［2012］『つなみのえほん——ぼくのふるさと』市井社.
クライン，ナオミ［2011］『ショック・ドクトリン——惨事便乗型資本主義の正体を暴く 下』幾島幸子・村上由見子（訳），岩波書店.
栗田暢之［2008］「課題だらけの支援物資—— 1995 年 阪神・淡路大震災」『中越発「救援物資」はもういらない⁉——新しい善意（マゴコロ）の届け方』栗田暢之・永松伸吾・林智和他（編），18-19，震災がつなぐ全国ネットワーク.
クリフォード，ジェイムズ，ジョージ・マーカス（編）［1996］『文化を書く』春日直樹・足羽與志子・橋本和也他（訳），紀伊國屋書店.
警察庁［2018］「平成 23 年（2011 年）東北地方太平洋沖地震の警察措置と被害状況」http://www.npa.go.jp/news/other/earthquake2011/pdf/higaijokyo.pdf（2018 月 10 月 12 日閲覧）.
玄田有史［2011］「試練が希望に変わるとき——釜石にて」『大震災のなかで——私たちは何をすべきか』内橋克人（編），140-147，岩波書店.
神戸市［2016］「阪神淡路大震災 1.17 のつどい——追悼のことば」http://www.city.kobe.lg.jp/information/mayor/speech/speech1.17.html（2017 年 3 月 16 日閲覧．※文中の引用と異なり，2017 年 1 月 17 日に 22 年目の追悼文に更新されている）.
高良留美子［2011］「その声はいまも」『現代詩手帖』54(6): 68-69.
港湾空港技術研究所［2011］「釜石港における津波被害の数値計算による再現結果」http://www.mlit.go.jp/common/000140271.pdf（2017 年 3 月 16 日閲覧）.
国際開発学会［2014］『国際協力用語集 第 4 版』佐藤寛（監修），国際開発ジャーナル社.
国土交通省［2015］「奥尻島における北海道南西沖地震からの復興に関する現地調査レポート」https://www.mlit.go.jp/common/001130753.pdf（2017 年 3 月 16 日閲覧）.
国土交通省東北地方整備局［2005］「津波石碑一覧シート」http://www.thr.mlit.go.jp/road/sekihijouhou/archive/map-ichiran/ichiran.pdf（2017 年 1 月 8 日閲覧）.
国土地理院［2011］「津波浸水範囲の土地利用別面積について」http://www.gsi.go.jp/common/000060371.pdf（2017 年 3 月 16 日閲覧）.
サーリンズ，マーシャル［1984］『石器時代の経済学』山内昶（訳），法政大学

出版局.
埼玉県教育委員会［2012］『心の絆——彩の国の道徳　道徳教育指導資料集　東日本大震災に関連した出来事をもとに』https://www.pref.saitama.lg.jp/f2209/doutoku-text/documents/534944.pdf（2017 年 3 月 16 日閲覧）.
サイード，エドワード W.［1993］『オリエンタリズム 上・下』今沢紀子（訳），平凡社.
佐藤仁［2014］『南三陸町長の 3 年——あの日から立ち止まることなく』河北新報出版センター.
佐藤範雄［1915］『尊厳なる我国体』国体神勅普及会.
佐藤正助［1985］『志津川物語』NSK 地方出版.
佐野浩祥・清野隆［2012］「南三陸町の防災対策庁舎の保存に関する一考察」『日本観光研究学会全国大会学術論文集』27: 293-296.
産経新聞［2000］「三陸地方の津波石碑——碑文が語る被災の教訓，心をつなぐ絆の役割に」2000 年 3 月 18 日.
三陸河北新報社「石巻かほく」編集局（編）［2012］『津波からの生還——東日本大震災・石巻地方 100 人の証言』旬報社.
塩崎賢明・井上利丸［2009］「奥尻島津波災害（北海道）」『世界と日本の災害復興ガイド』塩崎賢明・西川榮一・出口俊一・兵庫県震災復興研究センター他（編），16-21，株式会社クリエイツかもがわ.
シギー吉田・千葉拓［2013］「それぞれの 2 年目 #4『誰のための町づくりなのか』」http://jisin.jp/serial/社会スポーツ/巡り愛_TOHOKU/6331（2017 年 3 月 16 日閲覧）.
時事通信［2010］「佐藤仁・宮城県南三陸町長——『地域力』武器に観光立町目指す」http://www.jiji.com/jc/v2?id=20101216top_interview14_02（2017 年 3 月 16 日閲覧）.
志津川町［1989a］『自然の輝——志津川町誌 I』志津川町.
志津川町［1989b］『生活の歓——志津川町誌 II』志津川町.
志津川町［1990］『志津川町チリ地震津波災害 30 周年記念誌』志津川町.
志津川町［1991］『歴史の標——志津川町誌 III』志津川町.
志津川町［2005］「前史」『志津川町町制施行 110 周年［合併 50 周年］記念誌』18-19，http://www.town.minamisanriku.miyagi.jp/index.cfm/10,852,c,html/852/shizugawa200503-11.pdf（2017 年 3 月 16 日閲覧）.
志津川町戸倉漁業協同組合［1999］「ブランド化を軌道に乗せ志気高まるギンザケ養殖」『養殖』36(6): 26-29.

嶋陸奥彦・沼崎一郎・久保田亮［2009］「プロジェクト紹介――異文化共生の公共人類学的研究」『東北人類学論壇』8: 127-131.
清水展［2003］『噴火のこだま――ピナトゥボ・アエタの被災と新生をめぐる文化・開発・NGO』九州大学出版会.
JICA 研究所［2004］『ひとびとの希望を叶えるインフラへ』https://www.jica.go.jp/jica-ri/IFIC_and_JBICI-Studies/jica-ri/publication/archives/jica/etc/200403.html（2017 年 3 月 16 日閲覧）.
首藤伸夫［2011］「6-3　事前対策」『津波の辞典（縮刷版）』首藤伸夫・今村文彦・越村俊一他（編），293-306，朝倉書店.
新村出（編）［2008］『広辞苑 第六版』岩波書店.
菅野武［2011］『寄り添い支える――公立志津川病院 若き内科医の 3・11』河北新報出版センター.
菅野文夫［2011］「藤原高衡と本吉庄――平泉と東国の一断面」『平泉文化研究年報』11: 79-84.
菅原裕典［2013］『東日本大震災「葬送の記」――鎮魂と追悼の誠を御霊に捧ぐ』PHP 研究所.
菅原水緒［2014］「一年が一生に」『人間の安全保障を求めて――東日本大震災被災者のための仮設住宅における支援活動の現場から』山本哲史（編），49-71，特定非営利活動法人「人間の安全保障」フォーラム.
スレイター，デビッド［2013］「ボランティア支援における倫理――贈り物と返礼の組み合わせ」森本麻衣子（訳），『東日本大震災の人類学――津波，原発事故と被災者たちの「その後」』トム・ギル，ブリギッテ・シテーガ，デビッド・スレイター（編），63-97，人文書院.
関根久雄［2006］「実践論」『文化人類学 20 の理論』綾部恒雄（編），338-355，弘文堂.
関谷雄一［2014］「人間の安全保障」『公共人類学』山下晋司（編），225-242，東京大学出版会.
瀬間正之［2011］「日本の宗教思想をとおしての人間の尊厳への問い」『人間の尊厳を問い直す』長町裕司・永井敦子・高山貞美（編），133-151，上智大学出版.
全国社会福祉協議会［2017］「災害ボランティアセンターで受け付けたボランティア活動者数の推移（仮集計）」https://www.saigaivc.com/ボランティア活動者数の推移/（2017 年 3 月 16 日閲覧）.
仙谷由人［2010］「政策として，このように具体化していく」『「都市問題」公

開講座ブックレット（「コンクリートから人へ」の行方）』20: 2-19，東京市政調査会.
「大災害と国際協力」研究会［2013］『大災害に立ち向かう世界と日本――災害と国際協力』柳沢香枝（編集），明石康・大島賢三（監修），佐伯印刷.
高倉浩樹［2012］「『とうしんろく』の経験――個人的・主観的な体験と記録の価値」『聞き書き 震災体験――東北大学 90 人が語る 3.11』とうしんろく（東北大学震災体験記録プロジェクト）（編），高倉浩樹・木村敏明（監修），新泉社.
高倉浩樹［2014］「結 東日本大震災に対する無形民俗文化財調査事業と人類学における関与の意義」『無形民俗文化財が被災するということ――東日本大震災と宮城県沿岸部地域社会の民俗誌』高倉浩樹・滝澤克彦（編），290-311，新泉社.
高成田享［2014］「防潮堤の社会政治学」『震災学』4: 98-112.
高橋哲哉［2008］「人間の安全保障のジレンマと責任への問い」『人間の安全保障』高橋哲哉・山影進（編），259-274，東京大学出版会.
高山文彦［2012］『大津波を生きる――巨大防潮堤と田老百年の営み』新潮社.
竹沢尚一郎［2013］『被災後を生きる――吉里吉里・大槌・釜石奮闘記』中央公論新社.
太齋京子［2010］『南三陸町の絵本 絹のふるさと――入谷からのシルクロード』南三陸町観光協会.
千葉拓［2013］「海と漁民と防潮堤――故郷の揺るぎない魅力と誇りを次世代に」『現代思想（特集 大震災七〇〇日――漁師・サーファー・総理大臣…それぞれの現在）』41(3): 79-85.
千葉一［2014］「海浜のあわい――巨大防潮堤建設に反対する個人的理由」『震災学』4: 135-143.
寺田寅彦［2011］『天災と国防』講談社.
とうしんろく（東北大学震災体験記録プロジェクト）（編）［2012］『聞き書き震災体験――東北大学 90 人が語る 3.11』高倉浩樹・木村敏明（監修），新泉社.
登米市［2014］「第 1 章 東日本大震災の概要」『東日本大震災の記録――震災対応と復興に向けて』http://www.city.tome.miyagi.jp/bousai/documents/sinsaikiroku-1.pdf（2017 年 3 月 16 日閲覧）.
登米市［2016］「登米市統計書 平成 27 年度版」http://www.city.tome.miyagi.jp/tokei/documents/toukeisyoh27.pdf（2017 年 3 月 16 日閲覧）.

内閣官房［2011］「東日本大震災復興構想会議――玄侑委員提出資料」http://www.cas.go.jp/jp/fukkou/pdf/kousou2/genyu.pdf（2017 年 3 月 16 日閲覧）.
内閣府［2008］「災害復興対策に関する今後の普及・啓発方策に関する調査報告書」http://www.bousai.go.jp/kaigirep/houkokusho/hukkousesaku/pdf/fukkou080709.pdf（2017 年 3 月 16 日閲覧）.
内閣府［2010］『平成 22 年版 防災白書』佐伯印刷.
内閣府［2013］「特定被災地方公共団体と特定被災区域 一覧」http://www.bousai.go.jp/2011daishinsai/pdf/siryo5_tokutei.pdf（2017 年 3 月 16 日閲覧）.
内閣府地方創生推進室［2005］「構造改革特別区域計画」http://www.kantei.go.jp/jp/singi/tiiki/kouzou2/kouhyou/050719/dai8/07toke.pdf（2017 年 3 月 16 日閲覧）.
永松伸吾［2007］「新潟中越地震発生直後の小千谷市における贈与経済の発生メカニズムと経済復興に与える影響に関する分析」『計画行政』30(1): 109–116.
名越修一［2003］『自分たちでつくろう NPO 法人！――認証・登記から税務・保険まで NPO 法人設立完全マニュアル！』堀田力（監修），学陽書房.
名波正晴［2011］『検証・チリ鉱山の 69 日，33 人の生還――その深層が問うもの』平凡社.
ニーチェ［(1887) 1940］『道徳の系譜』木場深定（訳），岩波文庫.
日本経済新聞［2012］「震災きょう 11 ヵ月，冷めるボランティア熱，ピークの 1 割，寒さや就活影響」2012 年 2 月 11 日.
日本経済新聞［2013］「首相『コンクリートから人へ，はしない』中小企業と懇談会」http://www.nikkei.com/article/DGXNASFL160OH_W3A211C1000000/（2017 年 3 月 16 日閲覧）.
日本赤十字社［2017］「東日本大震災義援金の受付および送金状況のご報告」http://www.jrc.or.jp/contribute/help/cat612/（2017 年 3 月 16 日閲覧）.
人間の安全保障委員会［2003］『安全保障の今日的課題』朝日新聞社.
パスカル［(1669) 2001］『パンセ Ⅰ』前田陽一・由木泰（訳），中央公論新社.
畑村洋太郎［2007］「奥尻島津波関連見学印象記」http://sozogaku.com/hatamura/file/okushiri.pdf（2017 年 3 月 16 日閲覧）.
林勲男・川口幸大［2013］「序（特集：災害と人類学――東日本大震災にいかに向き合うか）」『文化人類学』78(1): 50–56.
ピコ・デッラ・ミランドラ，ジョヴァンニ［(1496) 1985］『人間の尊厳について』大出哲・阿部包・伊藤博明（訳），国文社.

ひょうご震災記念21世紀研究機構［2014］「巨大災害時後の高齢者等の避難環境の実態把握及び事前対策の検討」http://www.dri.ne.jp/wordpress/wp-content/uploads/rouken_report.pdf（2017年3月16日閲覧）.

深谷克己［2013］『死者のはたらきと江戸時代——遺訓・家訓・辞世』吉川弘文堂.

福田雄［2013］「南三陸町における東日本大震災の慰霊・追悼行事の調査記録——海・死者・震災といかに向き合うか」『関西学院大学先端社会研究所紀要』10: 33-43.

フーコー，ミシェル［2007］『ミシェル・フーコー講義集成6——社会は防衛しなければならない コレージュ・ド・フランス講義1975-1976』石田英敬・小野正嗣（訳），筑摩書房.

復興庁［2013］「事業計画（宮城県南三陸町）」http://www.reconstruction.go.jp/topics/main-cat1/sub-cat1-3/20130801_miyagi02minamisanriku.pdf（2017年3月16日閲覧）.

古川美穂［2012］「被災地を襲うギャンブル 上——人災としてのギャンブル依存」『世界』830: 194-202.

ベンヤミン，ヴァルター［1984］『ドイツの人びと』丘沢静也（訳），晶文社.

細野昭雄［2010］『南米チリをサケ輸出大国に変えた日本人たち——ゼロから産業を創出した国際協力の記録』ダイヤモンド社.

ホフマン，スザンナ．M［2006］「怪物と母——災害の象徴表現」『災害の人類学——カタストロフィと文化』スザンナ・M. ホフマン，アンソニー・オリバー＝スミス（編著），若林佳史（訳），127-159，明石書店.

ポランニー，カール［2003］『経済の文明史』玉野井芳郎（訳），筑摩書房.

毎日新聞［2004］「スマトラ島沖大地震——インド洋大津波 日本が守ってくれた…モルディブに防波堤で支援」2014年12月28日.

毎日新聞［2012］「問われるもの——衆院選・島根／下 2区 公共事業が支える現実／島根」2012年12月2日.

松本健一［2012］『海岸線は語る——東日本大震災のあとで』ミシマ社.

水上奨之［2016］「震災遺構の『当事者性』を越えて」『呼び覚まされる霊性の震災学—— 3.11 生と死のはざまで』金菱清（ゼミナール）（編），49-68，新曜社.

南三陸町［2012a］「南三陸町震災復興計画——絆 未来への架け橋」http://www.town.minamisanriku.miyagi.jp/index.cfm/6,303,c,html/303/fukkoukeikaku120326.pdf（2017年3月16日閲覧）.

南三陸町［2012b］「人口・世帯数（平成 23 年分）」http://www.town.minamisanriku.miyagi.jp/index.cfm/10,801,56,239,html（2017 年 3 月 16 日閲覧）.
南三陸町［2012c］「災害危険区域条例制定に関する住民説明会資料」http://www.town.minamisanriku.miyagi.jp/index.cfm/6,313,c,html/313/H2403saigaikuiki.pdf（2017 年 1 月 7 日閲覧）.
南三陸町［2013a］「南三陸町内の遺跡」http://www.town.minamisanriku.miyagi.jp/index.cfm/7,519,36,191,html（2017 年 3 月 16 日閲覧）.
南三陸町［2013b］「南三陸町災害危険区域設定条例の一部を改正する条例（最終改正：平成 25 年 6 月 25 日）」http://www.town.minamisanriku.miyagi.jp/index.cfm/6,0,22,294,html（2017 年 3 月 16 日閲覧）.
南三陸町［2016］「南三陸町の地形，自然」http://www.town.minamisanriku.miyagi.jp/index.cfm/10,786,55,html（2017 年 3 月 16 日閲覧）.
南三陸町［2017］「東日本大震災による被害の状況について」http://www.town.minamisanriku.miyagi.jp/index.cfm/17,181,21,1,html（2017 年 3 月 16 日閲覧）.
南三陸町復興計画推進会議［2014］「平成 25 年度 南三陸町の魅力を活用したまちづくり提言書・要望書」http://www.town.minamisanriku.miyagi.jp/index.cfm/6,3970,c,html/3970/20140415-150511.pdf（2017 年 3 月 16 日閲覧）.
峯陽一［2007］「アマルティア・センと人間の安全保障」『人間の安全保障――貧困削減の新しい視点』絵所秀紀（監修），国際協力機構（編著），35-48，国際協力出版会.
峯陽一［2014］「持続する力を讃えて」『人間の安全保障を求めて――東日本大震災被災者のための仮設住宅における支援活動の現場から』山本哲史（編），252-263，特定非営利活動法人「人間の安全保障」フォーラム.
宮城県［1903］『宮城県海嘯誌』宮城県.
宮城県［2011］「第 3 章 合併市町の概要 6 南三陸町」『宮城県の市町村合併誌――平成の市町村合併の記録』62-66，http://www.pref.miyagi.jp/uploaded/attachment/59922.pdf（2017 年 3 月 16 日閲覧）.
宮城県［2012］「宮城県沖地震の概要」http://www.pref.miyagi.jp/soshiki/kikitaisaku/ks-nizihigai-miyagioki.html（2017 年 3 月 16 日閲覧）.
宮城県［2015］「東日本大震災における被害等状況（平成 27 年 7 月 31 日現在）」http://www.pref.miyagi.jp/uploaded/attachment/321498.pdf（2017 年 3 月 16 日閲覧）.

宮城県［2017］「海岸保全施設（防潮堤）整備に係る説明会の概要について」http://www.pref.miyagi.jp/soshiki/ks-tihouken-sg/boutyoutei-setumeikai-kekka.html（2017年3月16日閲覧）.
宮城県震災遺構有識者会議［2015］「宮城県震災遺構有識者会議報告書」https://www.pref.miyagi.jp/uploaded/attachment/288105.pdf（2017年3月16日閲覧）.
宮城県震災援護室［2012］「宮城県が整備した応急仮設住宅（プレハブ仮設）の整備状況一覧（完了時期別）」https://www.pref.miyagi.jp/uploaded/attachment/110192.pdf（2017年3月16日閲覧）.
宮城県震災復興・企画部統計課［2017］「宮城県の人口」http://www.pref.miyagi.jp/uploaded/attachment/609117.pdf（2017年3月16日閲覧）.
宮城県復興住宅整備室［2013］「災害公営住宅の整備状況について（平成25年12月31日現在）」https://www.pref.miyagi.jp/uploaded/attachment/243699.pdf（2017年3月16日閲覧）.
宮本匠［2007］「『軸ずらし』と『物語復興』」『復興コミュニティ論入門』浦野正樹・大矢根淳・吉川忠寛（編），26，弘文堂.
室谷龍太郎［2012］「『人間の安全保障』の実践への取り組みとその課題」『国際問題』616: 6-18.
モアイプロジェクト実行委員会［2013］『モアイの絆――チリ・イースター島から南三陸町への贈り物』言視社.
モース，マルセル［(1924) 2009］『贈与論』吉田禎吾・江川純一（訳），筑摩書房.
文部科学省［2008］「中学校学習指導要領解説：理科編」http://www.mext.go.jp/component/a_menu/education/micro_detail/__icsFiles/afieldfile/2011/01/05/1234912_006.pdf（2017年3月16日閲覧）.
文部科学省［2011］『平成22年度文部科学白書』佐伯印刷.
安田政彦［2013］『災害復興の日本史』吉川弘文堂.
柳田国男［1964］「郷土生活の研究法」『定本柳田国男集 第二十五巻』筑摩書房.
山下晋司［2008］「越境する人々――公共人類学の構築に向けて」『人間の安全保障』高橋哲哉・山影進（編），161-173，東京大学出版会.
山下晋司［2014］「公共人類学の構築」『公共人類学』山下晋司（編），3-18，東京大学出版会.
山下晋司［2015］「復興ツーリズム――震災後の新しい観光スタイル」『新しい人間，新しい社会――復興の物語を再創造する』清水展・木村周平（編），

327-356，京都大学出版会.
山下文男［2005］『津波の恐怖——三陸津波伝承録』東北大学出版会.
山下文男［2008］『津波てんでんこ——近代日本の津波史』新日本出版社.
吉田典史［2012］『震災死——生き証人たちの真実の告白』ダイヤモンド社.
吉田典史［2013］『封印された震災死 その「真相」（もの言わぬ2万人の叫び）』世界文化社.
読売新聞［2012］「酔って大声 仮設で孤立——被災地のアルコール依存症」2012年4月12日.
リーチ，エドマンド［1985］『社会人類学案内』長島信弘（訳），岩波書店.
レヴィ＝ストロース，クロード［(1949) 2001］『親族の基本構造』福井和美（訳），青弓社.
若松英輔［2014］『涙のしずくに洗われて咲きいづるもの』河出書房新社.
若松文貴［2007］「4時間の冷めやらぬ熱——第1回人類学バトル観察」『くにたち人類学研究』2: 91-94.
和合亮一［2011］『詩ノ黙礼』新潮社.
渡邉真紀［2011］『みちびき地蔵』気仙沼大島観光協会.

著者略歴

1984年　岡山県生まれ
2008年　福岡教育大学教育学部共生社会教育課程卒業
2017年　東京大学大学院総合文化研究科博士課程修了
　　　　博士（国際貢献）
現　在　麗澤大学外国語学部助教
専　攻　文化人類学，人間の安全保障論

復興と尊厳
震災後を生きる南三陸町の軌跡

2018年11月20日　初　版
2019年 3 月20日　第3刷

［検印廃止］

著　者　内尾太一《うちおたいち》
発行所　一般財団法人　東京大学出版会
　　　　代表者　吉見俊哉
　　　　153-0041 東京都目黒区駒場4-5-29
　　　　http://www.utp.or.jp/
　　　　電話 03-6407-1069　Fax 03-6407-1991
　　　　振替 00160-6-59964
組　版　有限会社プログレス
印刷所　株式会社ヒライ
製本所　誠製本株式会社

ISBN 978-4-13-056117-4　Printed in Japan